現代
株式会社法講義

周　劍龍〔著〕

中央経済社

序　　文

本書執筆の際に，時々遥か昔のオランダ東インド会社に思いを馳せていた。1600年12月に成立したイギリス東インド会社より，１年少し後の1602年３月にオランダ東インド会社（オランダにあった複数の東インド会社の結合体で，正式名称は，連合東インド会社〔V.O.C〕であった）が世に誕生した。にもかかわらず，近代株式会社の起源がイギリス東インド会社ではなく，オランダ東インド会社に遡るとするのは定説である。なぜなら，オランダ東インド会社は最初に株主有限責任の原則を取り入れ，近代株式会社のメカニズムを内包する会社だったからである。時は，まだヨーロッパの対アジア貿易が盛んな大航海時代であった。それまでの対アジア貿易は，一航海または数航海ごとに共同出資の形態で行われ，航海終了後出資金や配当金が分配されていた。これに対して，オランダ東インド会社は，永続企業の形態をとり，株式の譲渡をも認めていた。その後，歳月の経過に伴い，株式会社の企業形態がヨーロッパからアメリカ大陸，そして東アジア，さらにまた全世界へと広まっていた。今日では，日本を含んだ先進諸国はもちろんのこと，新興国など数多くの国が株式会社の企業形態を採用している。株式会社は，市場経済システムに最も適しており，市場経済システムが機能する国や地域においては，当然に存在する企業形態である。

17世紀初頭にオランダ東インド会社が誕生したが，近代株式会社法の成立は，19世紀半ば以降のことである。それに続いて，明治維新後の日本は，19世紀末にドイツ法を継受することを通じて，近代株式会社法を導入した。120年以上の歴史を有する日本株式会社法は，いうまでもなく日本社会にはすでに定着しており，また社会経済の情勢変化に対応するために絶えることなく進化の道を歩んできた。

日本と同様に，世界中の数多くの国には，株式会社法が存在する。しかし，国ごとに株式会社法が存在することは，各国の株式会社法の間に実質的な類似性や統一性を有しないことを意味しない。今日において，経済のグローバル化がますます進んでいる状況下では，各国における株式会社法がその規律内容についてさらなる統一化を実現するに至っている。株式会社法の統一化傾向あるいは世界化傾向は，株式会社法の規律対象である株式会社の起源に由来するが故に，いわば自明のものであるといえよう。その意味において，自国の株式会社法を学び，理解することは，他国の株式会社法に対する理解にもつながり，さらにまた他国の株式会社法との比較を通じて，自国の株式会社法に対する理解がより深くなると考えられる。

本書は，日本株式会社法を体系的に概説する書物である。会社法は，株式会社のみならず，持分会社である合名会社・合資会社・合同会社についても規律を設けている。本書は，会社法における株式会社をめぐる規律を中心に記述しているため，「現代株式会社法講義」と名づけられることになったが，一定の頁数を割いて持分会社および外国会社をめぐる規律についてもその特徴的な部分を述べている。

本書は法学部・経済学部や法科大学院未修者コースなどに所属する会社法の初学者を対象に書かれた書物である。そのため，株式会社の規律をめぐる基本内容・趣旨，従来の学説（通説・多数説が中心である）・判例の立場をできる限り分かりやすく，ならびに体系的に明らかにすることを心がけた。また，本書執筆の間に，2019（令和元）年会社法改正，当該改正を受けての会社法施行規則・会社計算規則の改正などが行われたため，そうした改正の関連内容をも本書に盛り込んだ。

会社法の初学者である読者の会社法に対する理解を助けるために，定款，株券，議決権代理行使の委任状，書面投票用の書面，貸借対照表・損益計算書などの計算書類など数々のサンプルや資料を文中に掲げることは，有用な方法であろう。ただ，本書では，それらのものを文中に掲げないことにした。そのようにしたのは，記述の頁数に制約があることがその理由の１つであるが，主としてIT時代の到来ならびにそのスピーディな進展により，パソコンやスマートフォンが普及し，誰もがインターネットを通じて簡単にものを調べることができるようになったと考えたからである。

本書執筆の依頼を受けてから，数年が経過した。比較的長い間に研究や講義などで関わってきた会社法という法分野を鳥瞰し，体系的に吟味することができる貴重な機会であると考えて，本書を執筆するに至り，そしてようやく完成した。この貴重な機会を下さって，また本書の完成，刊行にあたって格別にお世話になった中央経済社編集部の露本敦氏には，厚く御礼を申し上げて，感謝の意を表したいと思う。

2021年２月

周　剣龍

目　　次

【略語一覧】

〔法令〕

条文番号のみ	会社法
会社則	会社法施行規則
旧商法特例法	株式会社の監査等に関する商法の特例に関する法律（2005〔平成17〕年会社法の成立に伴い廃止）
計算規則	会社計算規則
商	商法
商施	商法施行規則
整備法または整備	会社法の施行に伴う関係法律の整備等に関する法律
一般法人法	一般社団法人及び一般財団法人に関する法律
金商法または金商	金融商品取引法
商登	商業登記法
担信法または担信	担保付社債信託法
非訟	非訟事件手続法
振替	社債，株式等の振替に関する法律
民	民法
民執	民事執行法
民訴	民事訴訟法
民訴費	民事訴訟費用等に関する法律
民保	民事保全法

〔判例・判例集〕

大判	大審院判決
最（大）判・決	最高裁判所（大法廷）判決・決定
高判・決	高等裁判所判決・決定
地判・決	地方裁判所判決・決定

民集	大審院民事判例集・最高裁判所民事判例集
高民集	高等裁判所民事判例集
下民集	下級裁判所民事裁判例集
金判	金融・商事判例
判時	判例時報
判タ	判例タイムズ

第1章

企業と会社

第1節　企業の意義

1　営業（事業）の自由と企業

日本国憲法22条１項によれば，何人も，公共の福祉に反しない限り，居住，移転および職業選択の自由を有するとされる。ここにいう職業選択の自由とは，国民が自分自身の従事すべき職業を決定する自由を意味し，いうまでもなく営業（事業）の自由をも含む。営業（事業）活動は，通常企業というツールを通じて実行されることになる。

2　企業の意義

企業の意義については，学問分野によって説明が異なるが，法学的な説明は，商法の意義についての説明と関係する。講学上，商法の意義の捉え方として形式的意義の商法と実質的意義の商法との２つがある。形式的意義の商法とは，法的形式として存在する商法であって，すなわち国会によって制定された商法典という法律（1899（明治32）年３月９日法律第48号）をいう。これに対して，実質的意義の商法とは，独自の学問分野として存在する商法のことを指し，その中身に関して従来さまざまな議論があったが，現在通説となった商法＝企業法説によれば，実質的意義の商法とは，企業に関する法であると解される。

企業とは，資本主義経済体制の下において統一性と独立性を持つ１個の資本的経済単位として，継続的かつ計画的に営利行為を行うものをいい，商法＝企業法説によって言い換えれば，自己の名をもって企業取引（商行為）をすることを業とするものをいうことになる（商４条１項）。また，商法上の擬似商人（商４条２項）も企業の中に含まれる。擬制商人とは，企業取引（商行為）をすることを業としない者であっても，商人とみなされる者であって，すなわち店舗その他これに類似する設備によって物品を販売することを業とする者または鉱業を営む者をいう。

第２節　企業の分類

企業は，通常，個人企業，共同企業と会社企業に分類される。

1　個人企業

個人企業とは，その出資者である自然人が１人で，かつ法人格を持っておらず，出資者が無限責任を負う企業形態である。そうした企業形態は，法的には企業自体の独立性が認められておらず，営業活動によって生ずる権利義務はもちろんのこと，それによって得た利益や生じた損失もすべて企業の所有者であり経営者でもある個人に帰属する。個人企業は，自然人である個人が迅速に起業することに適した企業形態であるが，その資本と労力にはかなり限界があり，また事業リスクの分散も望めないため，事業の拡大は困難である。

自然人である個人は，もちろん企業を興す権利を有するが，それは，自然人がすべて自らの営業活動によって権利を取得し，義務を負担し得ることを意味しない。営業能力（行為能力）の有無やその範囲は行為能力に関する民法上の一般規定によることになるが，商法は営業能力の公示について若干の特則を設ける（商５条・同６条１項）。また，小商人にあたる個人企業については，商法は商業登記や商業帳簿などに関する規定の適用を排除している（商７条，商施３条）。

2　共同企業

(1)　組合企業

a．民法上の組合である商事組合　　民法上の組合は，いわゆる組合契約により成立する人的結合体である。ここにいう組合契約とは，各当事者（２人以上）が出資して共同の事業を営むことを約することによって，その効力を生じる契約であり，出資は労務をその目的とすることができるとされる（民667条）。民法上の組合にはさまざまなものがあるが，営利事業を営むことを目的とする民法上の組合は，商事組合と呼ばれ，組合企業の一種にあたる。

組合自体は，個人企業と同様に法人格を持たない。組合員の出資した財産や組合の営業活動により取得した財産などによって構成される組合財産は，総組合員の共有に属する（民668条）。また，組合自体は権利義務の主体となることができないため，組合の債権・債務も総組合員に帰属する。商事組合においては各組合員が営業の主体としての商人となる。商事組合の債権者は，組合財産を執行することができるほか，各組合員に対し連帯債務をも追及することができ，すなわち，組合の債務に対し各組合員は無限責任を負担する（連帯債務責任〔商511条1項〕）。なお，組合員全員が原則として業務執行権および組合代理権を有する（民670条1項・670条の2第1項）。

民法上の組合である商事組合は，個人企業と比べて，その資金力や労力の限界という難点を若干克服することができ，また相互に密接な信頼関係のある少数の人が共同で事業を営むのに適した共同企業形態である。しかし，当該組合には法人格がないため，法律関係が相当複雑であり，大規模な営業活動を展開する企業には適さない。

b．匿名組合　　匿名組合は，匿名組合契約によって成立する。匿名組合契約とは，名前を出さない当事者の一方（匿名組合員）が相手方（営業者）の営業のために出資をし，その営業から生ずる利益を分配することを約することによって，その効力を生じる契約をいう（商535条）。

匿名組合は，実質的には営業者と匿名組合員との共同事業であるが，法律的には両者の共同事業ではなく，外部に対してはあくまでも営業者の単独事業として現れ，匿名組合員の出資（金銭とその他の財産に限る）は営業者の財産に属する（商536条1項）。ただ，匿名組合員は，営業者の貸借対照表の閲覧等ならびにその業務および財産状況を検査することを通して営業者の営業活動を監視する権利を有する（商539条）。

匿名組合は，法人格を持たないが，民法上の組合とは異なり，匿名組合員には契約関係が存在しない。匿名組合員は，営業者の債権者とは直接の法律関係を有しないので，債権者に対して責任を負担せず，契約に基づいて営業者に対し出資義務のみを負う（有限責任〔商536条4項〕）。匿名組合は，民法上の組合のような複雑な法律関係を有しないが，基本的には営業者の信用のみに依存しており，また営業者と匿名組合員との信頼関係がその営業活動の基本となるため，大規模な営業活動を展開する企業には適さない。

(2)　会社企業

会社企業とは，会社法上の会社という仕組みをもって営業活動を行う共同企業形態である。会社法は，株式会社，合名会社，合資会社，合同会社という4種類の会社を定めており（2条1号），株式会社以外の3種類の会社をまとめて持分会社と呼ぶ（575条1項）。

a．株式会社　　株式会社とは，社員である株主が会社に対してその有する株式の引受価額を限度として出資する義務（間接・有限の責任）のみを負う会社という（104条）。ここにいう間接責任とは，株主が直接会社債権者への債務弁済を要求されないことを意味する。株主の対会社責任は出資義務にとどまるから，株主は，株主総会を通して会社の基本的な事項を決定する権利を有するが，法律的に株主には会社の業務執行権が付与されず，また株主への出資金の払戻しが原則として禁止される代わりに，株式譲渡自由の原則は規定される（127条）。そのため，株式会社の場合には株主の個性が重視されておらず，会社自体は，持分である株式の発行を通して，大衆から遊休資金を集め，それを会社経営のための機能資本に転化して，大規模な企業経営が可能となるメカニズムを持つ。

他方，会社法は，小規模閉鎖的な会社も株式会社形態を採用することができ，そうした会社における株主の個性が重視されることに鑑み，株式譲渡自由の原則の例外として株式譲渡の制限を認める（107条1項1号・108条1項4号）。

b．合名会社　合名会社とは，その社員全員が無限責任社員であり，会社債権者に対し連帯して直接かつ無限（一定の金額をもって限度としない）の責任を負う会社をいう（576条2項・580条1項）。ここにいう直接の責任とは，社員が会社債権者に対して直接債務を負担する責任を意味する。そうした社員の重い責任に対応して，各社員には原則として業務執行権が付与され（590条1項），業務執行社員は原則として会社を代表する（599条1項）。そのため，会社の社員の個性が重視され，社員の持分の全部または一部の譲渡について他の社員の全員の承諾が必要とされる（585条1項）などといったような制限が加えられている。

c．合資会社　合資会社とは，その社員の一部が無限責任社員で他の社員が有限責任社員である会社をいう（576条3項）。無限責任社員は，合名会社の無限責任社員と同じ意味を有するが，有限責任社員の負担する有限責任は必ずしも株式会社の株主が負担する有限責任とは同じ意味を有しない。すなわち，ここにいう有限責任とは，会社債権者に対して有限責任社員の負担する責任がその出資額を限度とされるものの，直接の連帯責任を負担することを意味する（580条2項）。

社員は，原則として業務執行権を有する（590条1項）が，無限責任社員の経営する合資会社に有限責任社員が出資し，利益の分配に与るのは通常である。合名会社の場合と同様に，業務執行社員は原則として会社を代表する（599条1項）。また，社員の個性は重視されるため，社員の持分の全部または一部の譲渡について他の社員の全員の承諾が必要とされる（585条1項）が，業務を執行しない有限責任社員は，業務を執行する社員の全員の承諾があるのであれば，その持分の全部または一部を譲渡することができる（同条2項）。

d．合同会社　合同会社は，アメリカのLLC（Limited liability Company）をモデルにして，2005（平成17）年に成立した会社法によって新たに導入された会社形態である。合同会社とは，その社員全員が有限責任社員である会社をいう（576条4項）。ここにいう社員の有限責任は，株式会社の場合における株主と同様に，会社債権者に対して間接責任を負うにすぎないことを意味する。それは，会社への出資に関して合同会社の社員が全額払込義務を負うとされるからである（578条・604条３項）。すなわち，合同会社の設立の際に，その社員になろうとする者は，定款の作成後，合同会社の設立の登記をする時までにその出資に係る金銭の全部を払い込み，またはその出資に係る金銭以外の財産の全部を給付しなければならない。また成立後の合同会社が新たに社員を加入させる場合に，新たな社員になろうとする者が社員に関する定款の変更をした時にその出資に係る払込みまたは給付の全部または一部を履行していないのであれば，その者は当該払込みまたは給付を完了したときに合同会社の社員になる。ただ，合名会社と合資会社と同様に社員の個性が重視されるため，合同会社の社員も原則として業務執行権を有し（590条１項），業務執行社員は原則として会社を代表し（599条１項），持分の譲渡が制限されている（585条１項・２項）。

第３節　会社の意義

会社法が成立する以前の商法は，会社が営利を目的とする社団法人であると規定していた（会社法成立前商法52条・54条１項），会社法は，このような会社の定義を明記していない。しかし，通説は，従来と同様に会社とは営利社団法人であると解する。

1　会社の法人性

⑴　意　義

会社は，法人である（３条）。法人とは，自然人以外の，法律によって認められる権利と義務の主体をいう。会社は，法人であるため，会社自体がその社員から独立した法的存在としての権利と義務の主体となる。すなわち，会社は自己固有の名称である商号を有し（６条），その商号（名義）をもって契約の締結など法律行為をしたり，訴訟当事者になったりすることができる。また，会社は，住所を持たなければならず，その住所が会社の本店の所在地にあるとされる（４条）。会社の権利義務が会社自体に帰属するから，会社の法律関係の処理は著しく簡単になり，この点は，組合をめぐる法律関係処理の複雑さと比べてみれば，明白である。

⑵　法人格否認の法理

法人格否認の法理とは，特定の事案において，会社の法人格を貫徹するのであれば，正義や衡平を失する結果を招くとき，こうした結果を生じないように，会社に認められる法人格を否定することをいう。この法理は，会社法が明文の規定をもって定めていないが，判例法がそれを認めているため，判例法理として存在する。その根拠は，民法１条３項が規定する権利濫用禁止の原則から求められる。

法人格否認の法理をどのように適用するかについて，判例は①法人格の濫用（法人格が法律の適用を回避するために濫用されていること）と，②法人格の形骸化（法人格が形骸化されていること）という２つの適用要件を確立した（最判昭和44・２・27民集23・２・511〔百選３事件〕）。法人格の濫用事例は，会社を意のままに利用している株主が（支配要件），違法・不当な目的のために（目的要件），会社の法人格を利用するものであり，法律上・契約上の義務の回避事例，不当労働行為の事例，債権者詐害事例などがこれにあたる。法人格の形骸化事例は，会社の実態が全く個人事業と認められるものであり，会社と株主との財産混同，取締役会・株主総会の不開催などがこれにあたるとされる。裁判実務では，いままで実態が個人企業である零細的な株式会社を法人として扱うことによって不当な結果が生じることを防ぎ，会社債権者の利益を保護するために法人格否認の法理が多く利用されている。もっとも，判例は，法人格否認の法理は慎重にされるべきであるとする（最判昭和49・９・26民集28・６・1306）。

(3)　会社の権利能力

会社は，自然人と違って，法人である以上，その権利能力について自ずと制限を受けることになる。通常，会社の権利能力に対する制限には，①法令による制限，②性質による制限，および③目的による制限という３つあると説かれる。①法令による制限について，たとえば，法人としての株式会社は，取締役，監査役，執行役，清算人になることができない（331条１項１号・335条１項・402条４項・478条４項），清算中の会社および破産手続開始の決定を受けた会社の権利能力は，清算・破産の目的範囲内に限定される（476条・645条・破産35条）といった規定がある。そして②性質による制限について，法人としての会社は，自然人に特有の身体や生命に関する権利，親族法上の権利と義務の主体となることができないことが挙げられる。

さらに③目的による制限について，会社の事業目的は，定款に記載，または記録されることを要するとされる（27条１号・576条１項１号）。目的による制限とは，会社の権利能力が定款に記載，または記録される事業目的に限定されることをいう。民法34条は，通則として，公益法人と営利法人を区別せず，法人が法令の規定に従い，定款その他の基本約款で定められた目的の範囲内において，権利を有し，義務を負うことを規定する。この規定は，イギリス法における能力外の法理（ultra vires doctrine）を受け継いだものであるといわれる。この法理は，特別法によって認められた法人がその目的事業以外に法人財産を用いることを許さないとする判例法をもとにして，法人としての会社の権利能力が定款所定の目的事業に限るとされる形で会社にも適用される。その理由としては，会社財産が定款所定の目的事業のために運用されることを期待して社員・株主の保護を図ることが挙げられる。能力外の法理に反した法人・会社の行為は無効となる。

判例は，一貫して会社が定款に定められた目的の範囲内において行為をする立場を採っており，目的の範囲について初期には厳格に捉えていたものの（大判明治36・１・29民録９・102など），現在の判例は，定款に記載・記録された目的自体に含まれない行為であっても目的遂行に必要な行為が会社の目的の範囲内に属すると解し，会社の行為が目的範囲内の行為にあたるかについて行為の客観的な性質から判断するという判断基準を明らかにした（最判昭和27・２・15民集６・２・77頁〔百選１事件〕，最判昭和45・６・24民集24・６・625〔百選２事件〕）。学説の多数説は，現在の判例と同様な立場を採る。ただ，留意すべきなのは，会社が行った事業目的外の行為を全て無効にすると，取引の安全が害されないかという問題である。そうした危惧を解消するために，営利法人である会社の行為について民法34条の不適用を提唱するなどの見解がある。しかし，判例・多数説は目的による会社の権利能力の制限をかなり弾力的に解しているため，ほとんどあらゆる行為が会社の目的の範囲内とされるようになると思われる。そこで，民法34条が会社の行為に適用されても，取引の安全が害されることはないであろう。

2　会社の営利性

会社の営利性とは，会社が事業活動を通じて，得た利益を社員に分配することをいう。会社は営利を目的として設立されるが，会社法は，会社の営利性に関する規定を設けていない。ただ，会社法は，社員には剰余金配当請求権や残余財産分配請求権があることを明文化しており（株式会社については，105条１項１号・２号。持分会社については，621条・661条），こうした規定から会社の営利性を読み取ることができる。

他方，相互保険会社のような，名称には会社という名がつくが，営利性を有しない会社形態も存在する。相互保険会社の社員は，保険契約者であり（保険業法２条５項），保険契約者の支払う保険料が相互保険会社への基金拠出金（出資）にあたる。相互保険会社は，利益を追求するが，その利益を社員である保険契約者に分配することを目的としていない。また，公法人（市町村など）や公益法人は，対外的な営利事業を行うことができ，そのため商人となり得るが，その利益を構成員に分配することを目的としないため，会社とは異なる。なお，会社は，単に営利目的以外の目的のために設立されることが認められないが，寄付行為や政治献金行為を行うことが認められる（最判昭和45・６・24民集24・６・625〔百選２事件〕）。

3　会社の社団性

社団とは，団体という言葉に言い換えられることができ，共同の目的を有する複数人の結合体をいう。会社の社団性とは，会社が２人以上の社員から構成される結合体を意味する。会社は社団であると一般的に解される。しかし，会社法は，会社は社団であることについて規定を設けておらず，合資会社を除き，会社法上の他のすべての会社について社員（株式会社につき，株主）が１人であるという一人会社の設立・存続を認めている。それは，従来いわゆる一人会社が潜在的な社団性を有するという理由によるものと説明される。すなわち，社員（株主）は現在１人であるが，いずれ持分（株式）を譲渡すれば，社員（株主）が複数人になり得るからである。

第４節　会社の分類

1　株式会社と持分会社

前述したように，会社法は，会社を株式会社と持分会社に大別し，さらに持分会社を合名会社，合資会社および合同会社に分類する。こうした会社が有する主な法的内容は，前述した部分に譲るが，会社を株式会社と持分会社に分ける根本的な点は，株式会社の場合は会社所有と会社経営との分離が法認されており，それを前提にして，会社機関の分化が義務とされるのに対して，持分会社の場合はそうした義務を負わないとされることであると考えられる。

2　人的会社と物的会社

会社法には存在しない分類であるが，講学上，社員と会社との関係および社員間の関係の濃淡の差に応じて，会社を物的会社と人的会社に分類する方法が存在する。社員と会社の関係および社員間の関係が密接である会社は，人的会社という。こうした会社では，社員は自ら会社の経営に参加し，会社債権者に対して重い責任を負担する。合名会社は，人的会社の典型例であり，合資会社も人的会社の一種として認められる。人的会社は，法人格を付与されているが，法的な仕組みは実質的に組合とあまり変わりがない。その意味において，合名会社等の人的会社を組合とする立法例もある（たとえば，ドイツの場合）。

他方，物的会社とは，社員と会社との関係および社員間の関係が希薄である会社をいう。こうした会社では，社員は会社の重要な事項の決定に参加する権利があるが，会社経営には直接あたることをせず，会社債権者に対して間接・有限の責任しか負担しないのである。株式会社は物的会社の典型例である。合同会社は，その法的な仕組みから明らかなように，人的会社の要素も物的会社の要素も兼ね備えており，その中間に位置づけられることができる。

3　公開会社と非公開会社，大会社

会社法上，公開会社に関する定義はあるが，非公開会社については用語も定義もなく，公開会社でない会社など（たとえば，327条２項ただし書。本書ではそれを非公開会社とする）が用いられる。公開会社とは，その発行する全部または一部の株式の内容として譲渡による当該株式の取得について株式会社の承認を要する旨の定款の定めを設けていない株式会社をいう（２条５号)。それによれば，たとえある株式会社が発行する株式の大部分が譲渡制限株式であっても，残りの部分が譲渡制限株式ではないのであれば，当該株式会社は公開会社になる。譲渡制限株式とは，株式会社がその発行する全部または一部の株式の内容として譲渡による当該株式の取得について当該株式会社の承認を要する旨の定めを設けている場合における当該株式であると定義される（同条17号)。これらの定義規定から，非公開会社は，その発行する株式の全部が会社による承認が必要とされる株式会社であると解され，株式譲渡制限会社とも呼ばれる。会社法は，公開会社に対して取締役会の設置義務（327条１項１号）などかなり多くの特別規定を設けている。

株式会社に対する会社法の規定を見るにあたって，公開会社と非公開会社との区別に留意にする以外は，大会社にも留意する必要がある。大会社とは，①最終事業年度に係る貸借対照表に資本金として計上した額が５億円以上である，②最終事業年度に係る貸借対照表の負債の部に計上した額の合計額が200億円以上であるという要件のいずれかを満たす会社のことをいう（２条６号)。大会社であれば，取締役（348条４項)・取締役会（362条５項）が内部統制システムの整備を決する義務，会計監査人を設ける義務（328条）などがあるとされる。

4　親会社と子会社

現在，大企業経営の多くは単体の会社企業よりもむしろ親会社と子会社を中核にして構成される企業集団をもって行われる。会社法では，親会社と子会社に関する定義規定が明文化されている。それによれば，親会社とは，株式会社を子会社とする会社その他の当該株式会社の経営を支配している法人として法務省令（会社則３条２項・３項）で定めるものをいうのに対して，子会社とは，会社がその総株主の議決権の過半数を有する株式会社その他の当該会社がその経営を支配している法人として法務省令（会社則同条１項・３項）で定めるものをいう（２条４号・３号)。

この定義規定から明らかなように，会社法は，親子会社の関係の認定について客観的な基準と主観的な基準を用いることとしている。親子会社の関係が認定された状況の下では，子会社による親会社株式の取得の禁止（135条），親会社の監査役に子会社調査権の付与（381条３項・389条５項），子会社の計算での利益供与の禁止（120条１項）など，数多くの関連規定が適用されることになる。

5　一般法上の会社と特別法上の会社

一般法としての会社法の規定に従う会社は，一般法上の会社をいうが，一般法としての会社法の規定のほか，さらに特別法の規定に従う会社を特別法上の会社をいう。特別法上の会社はなお次のような２種類に分けられる。一種類は，特定の会社だけのための特別法に従うものであり，特殊会社と呼ばれる。たとえば，NTT（日本電信電話株式会社に関する法律に基づく日本電信電話株式会社）や，JT（日本たばこ産業株式会社法に基づく日本たばこ産業株式会社）などはそれにあたる。もう一種類は，特定の種類の事業を目的とする会社のための一般的な特別法（銀行法，保険業法，信託業法など）に従う会社である。

6　内国会社と外国会社

内国会社について，会社法は，定義をしていないが，一般的に日本の法令（たとえば，会社法など）に準拠として設立された会社をいうと解される。これに対して，会社法上外国会社の定義は設けられている。すなわち，外国会社とは，外国の法令に準拠して設立された法人その他の外国の団体であって，会社と同種のものまたは会社に類似するものを指す（２条２号）。会社法は，外国会社との取引上の紛争処理や債権者などの利害関係人の保護のために次のような規定を設けている。

まず，日本における代表者を定めることである。外国会社は，日本において取引を継続する場合に，日本における代表者を定め，かつ日本における代表者のうち１人以上は，日本に住所を有する者であることを要する。外国会社の日本における代表者は，その外国会社の日本における業務に関して一切の裁判上または裁判外の行為をする権限を有し，その権限に加えた制限は，善意の第三者に対抗することができない。外国会社は，日本における代表者がその職務を行うについて第三者に加えた損害を賠償する責任を負う（817条）。

つぎに，外国会社の登記に関することである。外国会社は，登記をするまでは，日本において取引を継続してすることができない。その違反者は，相手方に対し外国会社と連帯して当該取引によって生じた債務を弁済する責任を負う（818条）。

さらに，貸借対照表に相当するものを公告することである。登記をした外国会社

（日本における同種の会社または最も類似する会社が株式会社であるものに限る）は，法務省令（会社則214条）で定めるところにより，定時株主総会の承認（438条2項）と同種の手続またはこれに類似する手続の終結後遅滞なく，貸借対照表に相当するものを日本において公告しなければならない（819条1項）。ただ，有価証券報告書を内閣総理大臣に提出しなければならない外国会社（金商法24条1項）は，そうした公告義務を負担しないとされる（819条4項）。

なお，日本に住所を有する日本における代表者が退任することである。登記をした外国会社は，日本における代表者（日本に住所を有する者に限る）の全員が退任するときは，当該外国会社の債権者に対し異議があれば一定の期間内（1か月以上）にこれを述べることができる旨を官報に公告し，かつ知れている債権者には，各別にこれを催告しなければならない（820条1項）。債権者が上記の期間内に異議を述べたときは，外国会社は，その債権者に対し，弁済し，相当の担保を提供し，またはその債権者に弁済を受けさせることを目的として信託会社等に相当の財産を信託しなければならないが，全員の退任があってもその債権者を害するおそれがないときは，そうした取扱いをする必要はないとされる（同条2項）。全員の退任は，債権者の異議手続が終了した後にその登記をすることによって効力を生じる（同条3項）。

そのほか，擬似外国会社についてである。日本に本店を置き，または日本において事業を行うことを主たる目的とする外国会社は，日本において取引を継続してすることができない（821条1項）。その違反者は，相手方に対し外国会社と連帯して当該取引によって生じた債務を弁済する責任を負う（同条2項）。また，日本にある外国会社の財産の清算についても規定が置かれている（822条）。

第2章

会社法の法源と沿革

第1節　会社法の法源

法源（sources of law）とは，法の存在形式であり，すなわち裁判所が具体的事件を処理する場合においてよるべきとされる裁判の基準（裁判規範）をいう。具体的には，制定法（成文法〔written law〕），判例法・慣習法など（不文法〔unwritten law〕）がそれにあたる。他の法分野の法源を語る場合と同様に，会社法の法源についても，通常，形式的意義の会社法と実質的意義の会社という２つの側面から説かれている。

1　形式的意義の会社法

形式的意義の会社法とは，立法機関である国会が制定した会社法という法令名を有する法律であって，具体的に2005年に成立した会社法（平成17年法律第86号）のことを意味する。会社法は，会社の設立，組織，運営および管理などについて，規定する法律であり，他の法律（たとえば，整備法，金融商品取引法など）に特別の定めがある場合を除いて，会社法の規定を適用するとされる（１条）。会社に関する法律は，主に会社法成立前商法第２編（52条以下500条まで）および旧有限会社法などを指していたが，2005（平成17）年に会社法制の現代化を図るための法改正が行われたことによって，旧有限会社法が廃止され[1)]，会社に関する規定が商法から分離された上で，

1)　特例有限会社　旧有限会社法により設立された旧有限会社は，整備法の施行日以降には，定款の変更や登記申請等の特段の手続を経ることなく，会社法の規定に基づいて株式会社として存続することになった（整備２条１項）。それにもかかわらず，株式会社として存続する旧有限会社は，従来と同様にその商号の中に有限会社という文字を用いることを要し（整備３条１項），特例有限会社と呼ばれる（整備３条２項かっこ書）。整備法は，特例有限会社の柔軟性を維持するために，会社法の規定の適用を排除する規定を多く設けている。

会社に関する包括的な法律として会社法が誕生した。

2　実質的意義の会社法

実質的意義の会社法とは，会社をめぐる利害関係者間の利害を調整する私法的な諸規範をいい，具体的に，①法律として会社法のほか，商法，「社債，株式等の振替に関する法律」，担保付社債信託法，金融商品取引法，会社更生法，民事再生法，商業登記法など，②各種の内閣府令や各種の省令（会社則，計算規則など），③ソフト・ローとして金融商品取引所の上場規則など，④商慣習，⑤自治法規として会社の定款などといったものがこれに含まれる。会社をめぐる利害関係者とは，社員（株式会社の場合は株主），経営者の取締役，会社債権者などを指す。

3　会社法の構成

会社法は，全８編を有し，それが第１編「総則」（１条～24条），第２編「株式会社」（25条～574条），第３編「持分会社」（575条～675条），第４編「社債」（676条～742条），第５編「組織変更，合併，会社分割，株式交換・株式移転及び株式交付」（743条～816条の10），第６編「外国会社」（817条～823条），第７編「雑則」（824条～959条）および第８編「罰則」（960条～979条）となる。第２編は株式会社に関する規定，第３編は持分会社に関する規定をそれぞれ設けているが，第１編と第４編以下は，株式会社と持分会社に関する共通規定である。会社法は，成立時にすでに条文数が979条を有した法典であるが，その後2014（平成26）年と2019（令和元）年の改正を経て，また相当数の条文が新たに盛り込まれたため，いまは1000条以上の条文数を有する大法典となった。

会社法は，小規模な株式会社の設立を許容し，かつそれが株式会社の大部分を占めることを前提にして，株式会社の規律については，小規模な株式会社の規定を原則とし，大規模な株式会社の規定を例外とする二段階の規律を設ける。たとえば，株主総会の権限に関する295条は，１項で株式会社に関する一切の事項について決議をすることができると規定した上で，２項で１項の規定にかかわらず，取締役会設置会社においては会社法（会社則，計算規則をも含む）に規定する事項および定款で定めた事項に限り，決議することができると定める。１項は一般規定であって，２項は例外規定となる。

第２節　会社法の沿革

日本における会社法制は，明治維新を経て，イギリス，フランス，ドイツなどの西洋強国に立国のモデルを求め，西洋強国が構築した近代法を継受する一環として導入され，日本における資本主義経済体制の構築やその発展に大きく寄与した。その沿革は，これまでの展開を顧みると，４つの時期に大別することができると考えられる。

第１の時期は，明治初期から1899（明治32）年の商法典成立までの期間で，日本会社法制が生成した時期である。日本における近代的会社制度の嚆矢といわれる1872（明治５）年国立銀行条例などのような個別的な会社立法を経て，一般会社法の制定は，ドイツ人法学者のヘルマン・ロエスラー（Hermann Roesler）の起草した商法草案に基づく1890（明治23）年商法典（通常，旧商法と呼ばれる）に遡る。ただ，旧商法は，法典論争に巻き込まれ，厳しく批判されたため，その会社法の部分のみが若干の修正を経て1893（明治26）年に施行された。日本への会社法制の本格的な導入は，ドイツ商法典の強い影響を受けた1899（明治32）年商法典の成立によって実現され，その第２編に会社に関する規定が置かれていた。

第２の時期は，1899（明治32）年商法典の成立から1950（昭和25）年商法改正前までの期間であり，ドイツ法型の会社法制の定着が図られた時期である。この時期においては，経済社会の状況変化に応じて，商法第２編の会社法部分に関して，1911（明治44）年改正（発起人，取締役，監査役の民事責任の明確化，それらの者の刑事責任の新設など），1938（昭和13）年改正（株主総会権限の拡大，取締役権限の制約など）などがなされたほか，同年にドイツ有限責任会社法（Gesetz betreffend die Gesellschaft mit beschränkter Haftung,GmbH-Gesetz, GmbHG）に倣った有限会社法が成立した。ただ，この時期においては，会社法制をめぐって注意すべきであると思われるのは，第二次世界大戦の戦時中に商法の規定自体の改正が行われなかったものの，その周辺において会社経理統制令・統制会社令・軍需会社令などのような統制色の強い特別法令が数多く制定されたほか，営団や金庫などのような企業形態も現れたことである。

第３の時期は，1950（昭和25）年商法改正から2005（平成17）年会社法の成立前までの期間である。この時期における日本会社法制の特徴は，1950（昭和25）年商法改正を皮切りに，ドイツ法的な構造を維持しながらも，アメリカ会社法の内容を大量に導入すると同時に，日本独自の会社法制を創出したことにあるということができる。この時期においては，商法（会社法の部分）は，数多くの改正が行われ，主として1950（昭和25）年改正（株主総会万能主義の廃止，授権資本および無額面株式・株式買取請求・累積投票・取締役会・株主代表訴訟・株主差止請求などの制度の新設），1967（昭和42）年改正（額面株式・無額面株式の転換，株式の譲渡制限，議決権の不統一行使など），1974（昭和49）年改正（業務全般に対する監査権の付与を内容とする監査役権限の拡張，旧商法特例法の制定など），1981（昭和56）年改正（大会社に対する会計監査人監査，書面投票，株主提案権，取締役・監査役の説明義務，株主権利行使に関する利益供与の禁止，株式相互保有場合における議決権行使の制限など)，1990（平成２）年改正（最低資本金制度の新設など)，1993（平成５）年改正（株主代表訴訟制度の活用化など)，2002（平成14）年改正（委員会等設置会社〔いまは，指名委員会等設置会社と呼ばれる〕の導入など）がある。

第４の時期は，2005（平成17）年会社法が成立してから現在までの期間である。グローバル経済の時代に見合うような会社法制の現代化を実現するために，2005（平成17）年会社法が成立したのはこの時期の始まりである。会社法制の現代化を目的とする会社法の制定によって，具体的に①会社法制の一本化（商法第２編，旧有限会社法，旧商法特例法等の各規定が１つの法典へと統合されたこと)，②会社法規定の現代語化（片仮名文語体で表記されていた商法第２編等関連法の各規定を平仮名口語体にしたこと)，③会社法制の自由化（定款自治の拡大，組織再編における対価の柔軟化など)，④小規模株式会社の法認（有限会社を廃止し，株式会社と有限会社を１つの会社類型に統合し，最低資本制度を廃止したことなど)，⑤新たな会社形態である合同会社の創設，⑥株主代表訴訟の合理化などが実現された。そして，2014（平成26）年に，会社法は，その成立後初の改正をされた（監査等委員会設置会社，多重代表訴訟など多くの制度が新設された)。

また，それに続いて2019（令和元）年に，会社をめぐる社会経済情勢の変化に鑑み，株主総会の運営および取締役の職務執行の一層の適正化等を図るため，株主総会資料の電子提供制度の創設，株主提案権の濫用的な行使を制限するための規定の整備，取締役に対する報酬の付与や費用の補償等に関する規定の整備，監査役会設置会社の一部における社外取締役の設置の義務付け等の措置を講ずることを内容とする会社法改正が行われた。

第3章

株式会社の法的特徴

近代以降，株式会社が資本主義経済体制におけるメイン・プレーヤーとして経済の発展を大いに推進してきたのは，いうまでもなく不特定多数者が有する遊休資金を機能資本に転化させ，その自身が大きく成長するメカニズムによるところが大きい。そのため，株式会社は，持分会社と違って，大規模な企業に適した会社形態であると認められる。株式会社の特質を生かすために，会社法は，株式会社をめぐる法制の基礎をなす諸原則や規律を設けており，主として以下で述べるようなものがある。

第1節　株主有限責任の原則

株主の有限責任は，株式会社の最も基本的な特徴の1つであり，会社法は，最も重要な原則の1つとしてそれを法定し，不動なものとしている。すなわち，株主有限責任の原則とは，株主がその有する株式の引受価額を限度として有限責任を負担するというものである（104条）。

当該原則の下では，株主は会社から追加出資を請求されたり，会社債権者から会社債務につき負担を要求されたりすることがなく，たとえ請求・要求されても当然にこれを拒むことができる。また，会社が定款や株主総会の決議によって当該原則を変更，廃止することは許されない（当該原則の強行法規性）。株主有限責任の原則があるために，株主にとっては，投資のリスクを分散，限定することができ，その結果，株式会社は，不特定多数者に存在する遊休資金を集合し，機能資本化して，大規模な企業経営を実現することができる。株主有限責任の原則は，人々の投資意欲を高め，事業活動を活発化し，国民経済の発展を促す社会的な作用を果たしている。その反面，会社債権者に犠牲を強いる点をも有することは否定できない。したがって，制定法や判例法を通して会社債権者の保護を目的とする制度（たとえば，資本制度，計算書類等の開示制度，取締役の対第三者責任制度など）の構築や判例法理の確立（たとえば，法人格否認の法理）は必要である。

第2節　資本の制度

株主有限責任の原則がゆえに，会社債権者にとってその債権の支払いを担保できる責任財産は，株主の出資で形成された会社財産のほかには存在しない。したがって，会社債権者の利益を保護するために，会社は少なくとも一定の金額に相当する財産を保持する必要がある。ここにいう一定の金額に相当する会社財産とは資本を意味し，会社法上，資本金と称される。会社法上の資本金とは，原則として会社の設立や株式の発行に際して株主となる者が株式会社に対して払込みまたは給付をした財産の額を指す（445条1項。なお，設立時について計算規則43条1項・募集株式発行時について同14条1項）。資本金の額は，定款には記載，記録されないが，登記されなければならず（911条3項5号），貸借対照表にも記載され，公告される（440条1項）。ただ，注意すべきなのは，資本金が一定の計算上の数字であって，事業によって常に変動する実際の会社財産とは異なることである。資本金の額に相当する財産を会社に保持するために，会社法は，以下のような原則に基づいて資本の制度が設けている。

第1の原則は，資本充実・維持の原則である。この原則とは，資本金の額に相当する財産が株主である出資者から確実に拠出され，かつそれが会社に保持されることをいう。発行価額の全額払込みまたは現物出資の全部給付の要求（34条1項・63条1項・208条1項・2項），現物出資等の調査（33条・207条），不足額塡補責任（52条・103条1項・212条・213条），相殺の禁止（208条3項），法定準備金制度・剰余金分配規制（445条・446条など）等に関する諸規定がその現れである。

第2の原則は，資本不変の原則である。この原則とは，いったん定められた資本金の額を自由に減少することを禁止することをいう。なぜなら，自由に資本金の額を減らせるのであれば，資本充実・維持の原則が無意味にされることになるからである。ただ，会社は，まったく資本金の額を減らすことができないのではなく，厳格な法定手続を経てそれが認められる（447条・449条）。

第3の原則は，資本確定の原則である。この原則は，従来全額引受主義ともいわれ，会社設立や増資の際に定款に記載された資本金の額に相当する株式がすべて引き受けられ，かつそれにつき資本拠出者が確定されなければ，会社設立や募集株式発行の効力が否定されることをいう。しかし，授権資本制度（37条），募集株式の発行に対する打切発行制度（208条5項）が導入されたため，この原則はすでに相当変容した。会社の設立について，定款に設立に際して出資される財産の価額またはその最低額を記載，記録すること（27条4号）が要求され，その範囲内においてのみ当該原則の適用が認められるといわれる。

なお，会社債権者の利益を保護するための制度として最低資本金制度もあった（株式会社の設立について1000万円，有限会社の設立について300万円が要求された)。しかし，会社法を制定する際に，それが新規事業の起業を妨げるという政策的な理由により当該制度が廃止された。もっとも，株式会社の純資産額が300万円を下回る場合には，剰余金の配当は認められないとされる（458条)。

第３節　株式の自由譲渡性

資本充実・維持の原則との関連において，当然のことながら，会社は株主へ出資金を払い戻すことをできないという解釈が成り立つ（出資金の払戻し禁止の原則)。そこで，株主のためには，株式化された出資金を自由に譲渡し，それを回収する道が用意されなければならない。会社法は，株主がその有する株式を譲渡することができるという明文規定を置いている（127条)。

株式の自由譲渡性と相まって，株式の譲渡がスムーズにできるようにする株式市場の存在も必要となる。したがって，株式会社制度にとって株式の自由譲渡性と株式市場は不可欠なものである。ただし，会社法は，株式会社のほとんどが中小規模な会社であること，こうした会社の株主が好ましくない者の入社を拒否し，会社の閉鎖性を維持したい心理に配慮して，株式の自由譲渡性の例外として株式の譲渡に対し会社による承認が必要とする定款の定めを認める（107条１項１号・108条１項４号)。

第４節　所有と経営との分離

株式会社は，大規模な企業に適した会社形態である。株式会社に資本が集中して，その巨大化がもたらされる当然の帰結として，その所有と経営との分離が生じる。それは，すでに1930年代にアメリカのバーリーとミーンズの研究である『近代株式会社と私有財産』(A.A.Berle & G.C.Means, The Modern Corporation and Private Property）によって実証されたのである。それによれば，株式会社の規模が大きくなればなるほど，必ずしも会社経営に直接参加したいと思わない多数の株主（会社の所有者）が集まるため，会社経営が自ずとそのプロである経営者に委ねられることになるという。要するに，会社所有と会社経営との分離は，株式会社の発展の結果であり，それと同時に効率的な会社経営の要請でもある。

会社法が会社所有と会社経営との分離を促すように作用していることも否定できない。たとえば，定款で取締役になる者が必ず株主である旨を定めることの禁止（331条２項。ただし，非公開会社の場合を除く)，会社機関の分化を法定すること（最高意思決定機関としての株主総会，経営機関として取締役会，代表取締役，取締役などの設置要求），取締役会設置会社における株主総会の権限限定（295条２項）などがその現れである。他方，会社法は，小規模な株式会社の場合における所有と経営との統合に鑑みて，株主総会の権限を限定しない株主総会万能主義を採用する（同条１項）。また，１つ留意すべきことは，会社所有と会社経営との分離が行き過ぎた結果としてのいわゆる経営者支配（management control）である。それに関して注目された近時の例として，経営者による大株主の選定事例がある（たとえば，ベルシステム24事件〔東京高決平成16・８・４金判1201・４［百選98］〕）。

第５節　強行法規性と定款自治

従来，株式会社の外部関係（会社・会社債権者間の関係）に関する規定も，会社の内部関係（会社・取締役等間，会社・株主間の関係）に関する規定もともに強行法規であると解されている。その根拠は，外部関係に関する規定については取引の安全，会社債権者など第三者の保護の必要性，そして内部関係に関する規定については，経営者や大株主の専横から一般株主という少数者を保護する必要性に求められる。1990年代半ば以降，会社法とりわけ株式会社法の強行法規性を見直し，定款自治を拡大すべきであるという説が有力に展開されるようになった。その背景には，①経済のグローバル化に伴い，ヨーロッパから東アジアに至るまで自国企業の国際競争力を増強させるために会社法制の自由化という潮流が生じたこと，②会社を「契約の束（nexus of contracts）としてみる法と経済学（law and economics，economic analysis of law）の会社理論の影響を受けたことがあると考えられる。法と経済学の会社理論によれば，会社は労働者，経営者，資本提供者（株主），物品提供者，顧客など（ステーク・ホルダーと呼ばれる）の双務契約の集合体に過ぎず，契約の自由は関係者の富の最大化をもたらすことができ，会社法は主として任意法規によって構成される一種の標準契約のモデルであり，会社法の意義はいわゆる「取引費用の節減」にあるとされる。

株式会社法の強行法規性を見直すべきという考えを受けて，2005（平成17）年会社法は，多くの強行法規を維持しながらも，定款の定めによるという内容を数多くの条文に盛り込み，定款自治の拡大を実現し，かつ定款の定めに関する一般規定（29条）をも明文化した。その一般規定とは，株式会社の定款には①会社法の規定により定款の定めがなければその効力が生じない事項（相対的記載・記録事項），および②その他の事項で会社法の規定に違反しないものを記載，または記録することができるという内容のものであるとされる。会社法の規律対象である株式会社は，小規模会社から大規模会社まで，また株式譲渡が制限されている会社から株式が上場されている会社まで実に多種多様な株式会社を含める。こうした会社ならびに会社関係者のニーズに応え，その会社に見合ったルールを選択することができ，効率的な会社経営が実現できるという観点から考えると，株式会社法の定款自治の拡大化は妥当なことである。ただ，定款自治に関する一般規定は設けられているが，ある事項に関する定款自治の可否については，その一般規定に照らし合せるのであれば結論が自ずと出るという簡単なことがなく，解釈に委ねられるべきとされる場面がなお少なくないであろう。

第６節　コーポレート・ガバナンス

コーポレート・ガバナンス（corporate governance，企業統治とも呼ばれる）は，現在よく耳にする言葉となっている。コーポレート・ガバナンスをめぐる議論は，1960年代のアメリカに由来するが，それが日本で社会的な関心事となったのは，1980年代後半からのバブル経済が崩壊した1990年代初頭以降のことである。コーポレート・ガバナンスの意義についてさまざまな見解がある。たとえば，OECDは，その作成，公表した「コーポレート・ガバナンスの原則（2015年版）」においてコーポレート・ガバナンスを「会社の経営陣，取締役会，株主およびその他のステーク・ホルダーとの間における一連の関係に関わるものであり，会社の目標を設定し，当該目標を達成するための手段や会社の業績を監視するための手段を決定する仕組みを提供するもの」として捉えており，また，日本で公表された「コーポレート・ガバナンス・コード」は，「会社が，株主をはじめ顧客，従業員，地域社会等の立場を踏まえた上で，透明，公正かつ迅速，果敢な意思決定を行うための仕組みを意味する」と定義する。このようにコーポレート・ガバナンスの意味を広く捉えることは，１つの流れになったようである。

会社の出資者である株主は経営の効率性，すなわち利益の最大化を求めるのに対して，会社経営を委ねられる経営者は株主の利益の最大化よりも自己の報酬の最大化を追求しがちである。こうした株主・会社経営者間の利害の不一致は，いわゆる経営者支配の場面においてはより顕著になる。会社経営者が会社・株主の利益を犠牲にして自己の利益を追求しないように手立てをいかにして講じるかは，コーポレート・ガバナンスの原点である。経済学上，株主・経営者間（プリンシプル・エージェント間）の利害の対立がエージェンシー問題として捉えられ，こうした問題を解消することがエージェンシー・コストと呼ばれる。商法・会社法において，こうした問題に対処するために株主総会による取締役の選任・解任，取締役の善管注意義務，義務違反した場合の損害賠償責任などの諸制度が会社法制導入の当初からあった。そういう意味において，本書では，コーポレート・ガバナンスとは，会社経営者（日本法では取締役・執行役を指す）がいかにして適法に会社経営を行い，その経営業績を挙げるかを規律する法的な枠組みであると解したい。

1990年代以降，コーポレート・ガバナンスを改善するために日本の会社法制はたびたび改正されていた。たとえば，モニタリング･モデルとしての伝統的な監査役（会）設置会社と新型の委員会設置会社（監査等委員会設置会社，指名委員会等設置会社）の選択制，取締役の内部統制システム構築義務，株主代表訴訟の活用化方策，多重代表訴訟など新たな法制度が導入された。また，ソフト・ローの役割も高く評価され，「コーポレートガバナンス・コード」や「スチュワードシップ・コード」が近年相次いで策定，公表された。これらの措置は，いうまでもなく日本における企業とりわけ上場会社のコーポレート・ガバナンスの改善を大いに促したに違いないが，不正経理や製品の検査不正など企業不祥事関連の出来事が後を絶たない。したがって，株式会社をめぐる病理現象が常に生じてくることに備えて，コーポレート・ガバナンスの強化や改善を継続的に行うことが必要となる。

第4章 会社法総則

第1節　通　則

会社法は，通則として会社法の趣旨（1条）や会社関連用語の定義（2条）について規定するほか，法人性（3条），住所（4条）および商行為性（5条）に関して規定をも設けている。

1　法人性

会社は法人である（3条）。その詳細についてはすでに記述した（第1章第3節1）。

2　住　所

会社の住所は，その本店の所在地にあるとされる（4条）。本店の所在地は，定款の絶対的記載事項で（27条3号・576条1項3号），ならびに登記事項（911条3項3号・912条3号・913条3号・914条3号）である。

3　商行為性

外国会社を含む会社がその事業としてする行為およびその事業のためにする行為は，商行為であるとされる（5条）。したがって，商行為に関する商法第2編の規定は，会社がする行為に対して適用されることになる。会社の行為は，商法503条2項によりその事業のためにするものと推定されるため，商法503条2項にいう「営業」は，会社についていう「事業」と同義であると解される（最判平成20・2・22民集62・2・576〔商法百選29〕）。

会社は商人である（5条，商4条1項）が，商法総則のうち会社に適用されるべき規定は会社法総則においても設けられたため，商法総則（第4章ないし第7章）は，外国会社を含む会社以外の商人（個人商人）のみに適用されることになる（商11条1

項かっこ書)。それは，規定の重畳的な適用を避けるためであるといわれる。

第2節　会社の商号

1　商　号

会社法では，会社の名称が商号とされる（6条1項)。商号は，個人でいうところの姓名にあたり，個人商人は，その氏，氏名その他の名称をもってその商号とすることができ，会社は，事業において自己を表示するために商号を用いることができる。商号は，会社が自由に決めることができる（商号選定自由の原則)。

2　商号選定に関する規制

まず，会社は，会社の種類（株式会社，合名会社，合資会社または合同会社）に従い，それぞれその商号中に会社の種類を示す文字を用いなければならず，また他の種類の会社であると誤認されるおそれのある文字を用いてはならない（6条2項)。つぎに，会社でない者は，その名称または商号中に会社であると誤認されるおそれのある文字を用いてはならない（7条)。

これらの規定は，会社はその種類に応じて社員の責任態様や業務執行機関・代表機関などが異なるため，会社の種類を明確にして会社の取引の相手方を保護する必要があることを考慮したからである。さらに，何人も，不正の目的をもって他の会社であると誤認されるおそれのある名称または商号を使用してはならない（8条1項)。これに違反する名称または商号の使用によって営業上の利益を侵害され，または侵害されるおそれがある会社は，その営業上の利益を侵害する者または侵害するおそれがある者に対し，その侵害の停止または予防を請求することができる（同条2項)。こうした規定は，不正競争を防止することを目的とするものである。

3　自己の商号の使用を他人に許諾した会社の責任

自己の商号を使用して事業または営業を行うことを他人（名板借人（ないた））に許諾した会社（名板貸人）は，当該会社が当該事業を行うものと誤認して当該他人と取引をした者（取引の相手方）に対し，当該他人と連帯して，当該取引によって生じた債務を弁済する責任を負うとされる（9条)。このような場合で会社が負う責任は，通常名板貸責任と呼ばれ，禁反言の法理（doctrine of estoppel）または権利外観の法理（Rechtsscheintheorie）に基づくものである。

第３節　会社の使用人と代理商

通常，会社は，事業を成し遂げるために，会社に従属してその内部において会社の事業を補助する者，ならびに会社に従属せず，その外部において会社の事業を補助する者を利用する。会社法は，前者を会社の使用人（10条～15条），後者を会社の代理商（16条～20条）と呼び，関連規定を設けている。

１　会社の使用人

⑴　支配人

会社（外国会社を含む）は，支配人を選任し，その本店または支店において，その事業を行わせることができる。たとえば，某銀行某支店の支店長などがそれにあたる。支配人には，包括的な代理権として会社に代わってその事業に関する一切の裁判上または裁判外の行為をする権限（11条１項）のほか，他の使用人を選任し，または解任することができる権限も与えられる（同条２項）。ただ，善意の第三者保護のため，支配人の代理権に加えた制限は善意の第三者に対抗することができない（同条３項）。これに対して，支配人は，会社の許可を受けなければ，次のような行為をすることが許されない（12条）。すなわち，①自ら営業を行うこと，②自己または第三者のために会社の事業の部類に属する取引をすること（競業取引），③他の会社または商人（会社を除く）の使用人となること，④他の会社の取締役，執行役または業務を執行する社員となること，である。支配人が前記②の行為をしたときは，当該行為によって支配人または第三者が得た利益の額は，会社に生じた損害の額であると推定される。

会社の本店または支店の事業の主任者であることを示す名称を付した使用人（表見支配人）は，当該本店または支店の事業に関し，一切の裁判外の行為をする権限を有するものとみなされる（13条本文）。その趣旨は，信頼した相手方の保護，ひいては取引の安全を図るためである。ただし，悪意の相手方は，こうした保護から除外される（同条ただし書）。

⑵　ある種類または特定の事項の委任を受けた使用人

事業に関するある種類または特定の事項の委任を受けた使用人は，当該事項に関する一切の裁判外の行為をする権限を有するが，この使用人の代理権に加えられた制限は，善意の第三者に対抗することができない（14条）。

⑶ 物品の販売等を目的とする店舗の使用人

物品の販売等（販売，賃貸その他これらに類する行為）を目的とする店舗の使用人は，その店舗に在る物品の販売等をする権限を有するものとみなされるが，相手方が悪意であった場合は，このような取扱いは認められない（15条）。

2 会社の代理商

会社の代理商とは，会社のためにその平常の事業の部類に属する取引の代理または媒介する者をいう（16条かっこ書）。代理商は，締約代理商（特定の商人のために取引の代理を行う）と媒介代理商（特定の商人のために取引の媒介を行う）に分類される。ただ，後者は代理商の名前が用いられていても，代理ではなく媒介を行う者である。会社とその代理商との法律関係について，会社と締約代理商とは委任関係を有し，会社と媒介代理商とは準委任関係を有すると解される。そのため，会社とその代理商との法的関係処理には，民法上の委任関係に関する規定（643条以下）が適用，または準用されるが，商法・会社法に特則がある場合には，商法・会社法の規定が優先的に適用される。

⑴ 代理商の義務

代理商は，通知義務を負い，すなわち取引の代理または媒介をしたときは，遅滞なく会社に対してその旨の通知を発しなければならない（16条）。

代理商は，また競業禁止の義務を負い，すなわち会社の許可を受けなければ，次のような行為をしてはならない（17条１項）。①自己または第三者のために会社の事業の部類に属する取引をすること，②会社の事業と同種の事業を行う他の会社の取締役，執行役または業務を執行する社員となること，である。代理商がこうした義務に違反して，会社に損害を与えた場合には，損害賠償責任が発生する。その際に代理商または第三者が得た利益の額は，会社に生じた損害の額であると推定される（17条２項）。

⑵ 代理商の権限・権利

物品の販売またはその媒介の委託を受けた代理商は，物品の瑕疵等の通知（商526条２項）その他の売買に関する通知を受ける権限を有する（18条）。また，代理商は，留置権を有し，すなわち取引の代理または媒介をしたことによって生じた債権の弁済期が到来しているときは，その弁済を受けるまでは，会社のために当該代理商が占有する物または有価証券を留置することができる（20条本文）。ただし，当事者が別段の意思表示をしたときは，このような取扱いは認められない（同条ただし書）。

⑶　契約の解除

会社および代理商は，契約の期間を定めなかったときは，２か月前までに予告し，その契約を解除することができる。ただ，やむを得ない事由があるときは，会社および代理商は，その法的関係が委任または準委任であるため，いつでもその契約を解除することができる（19条，民651条）。

第４節　事業譲渡

１　事業譲渡の意義

事業譲渡とは，会社の事業の全部またはその事業の重要な一部を譲渡することをいい，会社合併のような組織行為とは異なって，取引行為である。事業譲渡にあたるかどうかについては争いがある。判例は，①一定の営業（事業）の目的のために組織化され，有機的一体として機能する財産を譲渡すること，これによって②譲渡会社がその財産によって営んでいた営業（事業）的活動を譲受人に受け継がせること，③譲渡会社がその譲渡の限度に応じて法律上当然に競業避止義務を負うこと，という３つの要件を満たせば，会社の事業の全部またはその事業の重要な一部の譲渡が事業譲渡にあたると解する（最（大）判昭和40・９・22民集19・６・1600〔百選85〕）。会社法は，事業譲渡について，総則の部分において取引的側面（21条〜24条），そして株式会社の事業譲渡等の部分において組織的側面（467条〜470条）をそれぞれ規律する。

会社と商人との間における事業の譲渡または譲受けについて，会社法は，また次のような規定を設ける。すなわち，①会社が商人に対してその事業を譲渡した場合には，当該会社を商法16条１項に規定する譲渡人とみなして，商法17条から18条の２までの規定を適用する，②会社が商人の営業を譲り受けた場合には，当該商人を譲渡会社とみなして，会社法22条から23条の２までの規定を適用する，とされる（24条）。この①と②は，いずれも事業譲渡の譲受側を基準にして，法の適用を明確にするものである。

２　譲渡会社の競業の禁止

譲渡会社は，当事者の別段の意思表示がない限り，同一の市町村（特別区を含むものとし，地方自治法252条の19第１項の指定都市にあっては，区または総合区）の区域内およびこれに隣接する市町村の区域内においては，その事業を譲渡した日から20年間は，同一の事業を行ってはならない（21条１項）。そして，譲渡会社が同一の事業を行わない旨の特約をした場合には，その特約は，その事業を譲渡した日から30年の期間内に限り，その効力を有する（同条２項）。さらに，譲渡会社は，不正競争の目的をもって同一の事業を行ってはならない（同条３項）。

3　譲渡会社の商号を続用する譲受会社の責任

商号に対する第三者の信頼を保護するために，譲受会社が譲渡会社の商号を続用する場合には，その譲受会社も，譲渡会社の事業によって生じた債務を弁済する責任を負うとされる（22条１項）[1)]。ただ，事業を譲り受けた後，遅滞なく，譲受会社がその本店の所在地において譲渡会社の債務を弁済する責任を負わない旨を登記した場合には，譲受会社はこうした責任を負わない（同条２項前段）。事業を譲り受けた後，遅滞なく，譲受会社および譲渡会社から第三者に対しその旨の通知をした場合において，その通知を受けた第三者に対しても譲受会社はこうした責任を負わない（同条２項後段）。また，譲受会社が譲渡会社の商号の継続使用により譲渡会社の債務を弁済する責任を負う場合には，譲渡会社の責任は，事業を譲渡した日後２年以内に請求または請求の予告をしない債権者に対してはその期間を経過した時に消滅する（同条３項）。

なお，譲受会社による譲渡会社の商号の継続使用の場合において，譲渡会社の事業によって生じた債権について，譲受会社になされた弁済は，弁済者が善意でかつ重大な過失がないときは，その効力を有する（同条４項）。

4　譲渡会社の商号を続用しない譲受会社の責任

譲受会社が譲渡会社の商号を続用しない場合においても，譲渡会社の事業によって生じた債務を引き受ける旨の広告をしたときは，譲渡会社の債権者は，その譲受会社に対して弁済の請求をすることができる（23条１項）。これによって譲受会社が譲渡会社の債務を弁済する責任を負うことになる場合に，譲渡会社の責任は，上記の広告があった日後２年以内に請求または請求の予告をしない債権者に対してその期間を経過した時に消滅する（同条２項）。

5　詐害的事業譲渡における譲受会社の責任

譲渡会社が残存債権者（譲受会社に承継されない債務の債権者）を害することを知って事業を譲渡した場合には，残存債権者は，その譲受会社に対して，承継した財産の価額を限度として，当該債務の履行を請求することができる（23条の２第１項本文）。ただし，譲受会社が事業の譲渡の効力が生じた時において残存債権者を害する

1）　特段の事情という前提を置きながらも，会社法22条１項を類推適用して，分割会社の事業主体を表す名称を続用した承継会社の責任を認めた判例がある（最判平成20・6・10判時2014・150〔百選A37〕）。

事実を知らなかったときは，このような取扱いは認められない（同項ただし書）。また，譲受会社が残存債権者に対し債務を履行する責任を負う場合には，当該責任は，譲渡会社が残存債権者を害することを知って事業を譲渡したことを知った時から２年以内に請求または請求の予告をしない残存債権者に対しては，その期間を経過した時に消滅し，さらに事業の譲渡の効力が生じた日から10年を経過したときも同様であるとされる（同条２項）。もっとも，譲渡会社について破産手続開始の決定，再生手続開始の決定または更生手続開始の決定があったときは，残存債権者は，もはや譲受会社に対して債務履行の請求をする権利を行使し得ないとされる（同条第３項）。

詐害的事業譲渡における譲受会社の責任の規定は，2014（平成26）年会社法改正により詐害的会社分割における残存債権者の保護のための規定が新設されたことにあわせて新たに設けられたものである。

第5節　登　記

1　趣　旨

会社法は，会社の登記事項についてまとまった規定を設けている（907条～938条）。その趣旨は，当該事項を公示することを通して，会社と第三者との利害調整を図るところにある。会社法の規定により登記すべき事項（938条３項の保全処分は除かれる）は，当事者の申請または裁判所書記官の嘱託により，商業登記法に従い，商業登記簿に登記される（907条）。登記した事項に変更が生じ，またはその事項が消滅したときは，当事者は，遅滞なく変更の登記または消滅の登記をしなければならない（909条）。

登記すべき事項のうち官庁の許可を要するものの登記期間の起算は，その許可書の到達した日から行われる（910条）。2019（令和元）年会社法改正を受けて，支店の所在地における登記に関する規定は，削除されたため，会社の登記は，本店の所在地においてのみ行うとされることになった（911条～929条）。

2　登記の効力

登記すべき事項は，登記の後でなければ，これをもって善意の第三者に対抗することができない（908条１項前段）。これは，登記の消極的公示力と呼ばれる。その趣旨は，登記すべき事項が登記されるまでは，登記の当事者が当該事項を知らずに取引に入った第三者に対して当該事項を主張することができないとすることにより，当該第三者を不測の損害から保護しようとすることにある。

登記すべき事項は，登記の後であっても，第三者が正当な事由によってその登記があることを知らなかったときは，当該第三者に対して対抗することができない（908条１項後段）。これは，登記の積極的公示力と呼ばれる。すなわち，登記後の事項について，会社は，善意の第三者に対しても対抗できる（悪意の擬制）が，正当な事由によってその登記があることを知らなかった第三者に対し対抗できないことになる。ここにいう正当な事由とは，交通の途絶，登記簿の滅失汚損などの客観的事由に限ると解される（正当な理由がないとされた判例として，最判昭和52・12・23判時880・78〔商法百選７〕がある）。

会社法908条１項と13条（表見支配人）・354条（表見代表取締役）などのような外観保護規定との関係について議論がある。通説は，会社法上の外観保護規定が908条１項の例外規定であって，外観保護規定の定める表見責任が認められる限度で908条１項の適用が排除されると解する。

3　不実の登記

故意または過失によって不実の事項を登記した者は，その事項が不実であることをもって善意の第三者に対抗することができない（908条２項）。不実登記とは，登記した事項が事実上存在しないことを意味する。事実上存在しない事項を登記しても，当然効力が生じない。しかし，それを貫くと不実登記を信頼した第三者が不測の損害を被るおそれがある。したがって，908条２項は，こうした第三者を保護する要請に応えるためのものであり，その根拠は，禁反言の法理または権利外観の法理である。

「不実の事項を登記した者」は，通常登記申請者の会社であるが，不実登記に加担したなどのことを行った取締役本人は，908条２項を類推適用することにより，善意の第三者に対抗できず，会社法429条１項に規定する損害賠償責任を負うとされる事例がある（たとえば，最判昭和47・６・15民集26・５・984〔商法百選８〕）。

第5章

会社の誕生と消滅

第1節　会社の設立

1　総　説

(1)　株式会社設立の意義

株式会社の設立とは，会社法の定める手続を履行して，会社という一個の実体を形成した上で，法人格を取得することをいう。定款を作成すれば，会社の実体形成が終了するという比較的簡単な手続が採られる持分会社設立の場合（〔575条1項〕ただ，合同会社の場合は出資の履行が必要とされる）とは異なって，株式会社の設立は，①定款の作成，②株式の引受けと株主の確定，③出資の履行，④設立時役員の選任，⑤会社の設立登記と法人格の取得という複雑な手続を経ることを要する。それは，株式会社が大企業に適した会社形態という特質によるものである。

会社法が会社の設立について採用する立法主義は準則主義である。準則主義の下では，会社法の定める会社設立の要件を充足する手続が履行されれば，当然に会社が成立し，法人格を取得することになる。準則主義は，会社設立に関する立法主義の歴史的な変遷において存在していた特許主義や免許主義と比べて，最も市場経済体制に見合った立法主義である[1)]。

---

1)　特許主義とは，初期の株式会社の設立に関して，国王の特許状（ヨーロッパの場合），または議会の個別立法（アメリカの場合，各州の州議会）により会社の設立を認める立法主義をいう。ただ，現在特許主義が完全なくなったわけではなく，たとえば日本において個別的な特別立法に基づいて設立された会社がある（たとえば，日本たばこ産業株式会社など）。免許主義とは，株式会社の設立に関して，会社ごとに官庁が実質的に審査を行い，その裁量に基づいて設立を認める立法主義をいう。

(2) 設立の方法

株式会社は，発起設立と募集設立のいずれかの方法により設立することができる(25条1項)。発起設立とは，発起人が設立時発行株式（株式会社の設立に際して発行する株式）の全部を引き受ける方法である。これに対して，募集設立とは，発起人が設立時発行株式を引き受けるほか，設立時発行株式を引き受ける者を募集する方法である。

各発起人は，会社設立の際に，設立時発行株式を1株以上引き受けることを要する(25条2項)。その趣旨は，いわゆる無責任な株式会社の設立を防ぐことにある。

(3) 発起人

a．発起人の意義　会社の設立には発起人が必要である。発起人とは，書面定款に署名し，または記名押印した者（電磁的記録である定款に電子署名したものをも含む〔会社則225条1項1号〕）をいう（26条）。法律上，発起人の員数についてとくに明文規定がないので，1人でも足りるとされる。そのため，一人会社の設立が可能となる。

b．発起人の権限　発起人が後述する設立中の会社の執行機関として行動することになるが，問題は，発起人の権限の範囲をどこまで画するかである。通常，発起人が会社の設立を目的とする必要な行為をする権限を有し，その行為の効果は成立後の会社に当然に帰属すると一般的に解される。

たとえば，定款の作成，株式の引受け，創立総会の招集などが必要な行為にあたり，また設立事務所の借入れ，その事務員の雇入れなどのような会社設立に経済的必要な行為も発起人の権限内に属する。発起人に設立中の会社の機関として成立後の会社が行おうとする事業に関する行為をする権限がないのは明白である。設立中の会社の名義で事業行為を行った場合に，発起人が過料に処されることになる（979条1項）。

また，開業準備行為が発起人の権限に属するかについては，学説上争いがある。会社成立後，事業活動がすぐできるように，工場を建設し，設備を備え，人員を雇い入れ，広告宣伝をするなどのような行為は，開業準備行為と呼ばれる。判例は，発起人の権限が開業準備行為には及ばないとする（最判昭和33・10・24民集12・14・3228〔百選5〕)。発起人の権限に制約を加える趣旨は，設立中の会社の財産的基盤が比較的弱いため，その債権者の保護を図るべきことにある。

c．発起人組合　発起人が2人以上存在する場合には，民法上の組合（民667条以下）である発起人組合が形成される。発起人組合は，会社の設立を目的とする組合契約の履行として，定款の作成，株式の引受け，設立事務の執行などに関する設立行為を行う。発起人組合は，会社が成立するまでに設立中の会社と並存する。

(4) 設立中の会社

設立中の会社とは，会社法に存在する概念ではなく，会社が設立の段階において形成された法律関係が法律上特別な権利義務の移転手続を経ることなく成立後の会社にスムーズに包括承継されることを説明できるように考案された講学上の概念である。この概念を主張する学説は，同一性説と呼ばれ，多くの賛同を得ている。同一性説によれば，設立中の会社は，その法的性質が権利能力なき社団であると解されるが，発起人が設立中の会社の執行機関となり，成立後の会社と同一性を保つため，発起人が会社設立のために作り上げた権利義務関係が成立後の会社をめぐる権利義務関係となる。

2　設立の手続

(1) 定款の作成

a．定款の意義　定款には，２つの意義がある。１つは，会社の組織および行動に関する根本規則としての実質的意義の定款であって，もう１つは，その根本規則を記載した書面，または記録した電磁的記録としての形式的な意義の定款である。

定款の作成とは，実質的意義の定款を定め，かつ形式的意義における定款を作ることをいう（大判昭和５・９・20新聞3191・10）。定款は，発起人が作成し，かつそれに署名または記名捺印（電磁的記録の場合は，電子署名〔会社則225条１項１号〕）しなければならない（26条）。また，定款が真正に作成され，かつ内容が適法であることを確保するために，公証人による定款認証を受ける必要もあるとされる（30条１項）。いったん公証人の認証を受けた定款を設立段階に変更することも可能であるが，それは，①変態設立事項につき裁判所の変更決定があった場合（33条７項・９項），②発行可能株式総数の定めを設けまたは変更する場合（37条１項・２項），③募集設立における創立総会決議により変更する場合（96条）に限るとされる。

会社設立の段階に作成された定款は，通常原始定款と呼ばれる。会社の成立後，定款の変更は，必要に応じて当然可能であるが，株主総会の特別決議によって行われるという厳格な手続を経なければならない（466条・309条２項11号）。

b．定款の内容　定款の内容は，絶対的記載事項，相対的記載事項および任意的記載事項に分類される。

(a) 絶対的記載事項

絶対的記載事項とは，定款に必ず記載，または記録（電磁的定款の場合）されなければならず，記載，または記録されないと，定款自体の無効を招くものである。たとえば，①目的，②商号，③本店の所在地，④設立に際して出資される財産の価額またはその最低額，ならびに⑤発起人の氏名・名称および住所が絶対的記載事項にあたる（27条）。さらに，これらの事項に加えて，会社の発行可能株式総数も絶対的記載事項とされる（37条）。

発行可能株式総数は，定款の認証時に定款に定められなくてもいい（30条２項）が，会社の成立の時までに定められなければならない（37条１項）。また，いったん定款に定められた発行可能株式総数は，会社の成立の時までに発起人全員の同意があれば，定款の変更も可能である（同条２項）。こうなると，発起人は，設立過程における株式の引受状況や失権状況を見極めながら，設立手続の完了時までに定款に発行可能株式数を定めればよい。

設立される会社が公開会社である場合には，設立時発行株式の総数は，発行可能株式総数の４分の１を下ることができないとされる（いわゆる４倍ルールと呼ばれる〔37条３項〕）。

⒝　相対的記載事項

相対的記載事項とは，定款に記載，または記録されなくとも定款自体の無効を招くことがないが，定款に記載，または記録されないと，当該事項の無効を招くものである。会社法は，相対的記載事項について事項ごとに定めており，変態設立事項がそれにあたる（28条）。

⒝－１　変態設立事項

① 現物出資（28条１号）　現物出資とは，金銭以外の財産による出資である。その目的となる財産は，動産・不動産・債権・有価証券・知的財産権等だけではなく，事業の全部または一部でもよい（最判昭和47・３・２民集26・２・183）。しかし，現物出資には，過大評価により，会社の財産的基盤を危うくし，資本充実の原則に反するおそれがある。すなわち，過大評価により会社の資本金を多く見せかけ会社債権者を害することが起こり得る。またそれにとどまらず，財産の拠出者に不当に多くの株式が与えられるから，他の株主の利益も害されるおそれがある。したがって，会社法は，定款上現物出資する者の氏名または名称，当該財産およびその価額ならびにその者に対して割り当てる設立時発行株式の数を定めることを規定するほか，検査役による厳しい調査をも要求する（33条）。

② 財産引受（28条２号）　財産引受とは，発起人が会社の成立後にある財産を譲り受けることを約した契約である。出資行為である現物出資と違って，財産引受は，ある財産の譲渡を目的とする売買契約に基づく取引行為であるが，現物出資と同様に目的物を過大に評価して，不当な支払により会社の財産的基盤を危うくし，会社の債権者や他の株主を害するおそれもあるほか，現物出資の規制を潜脱する方法として財産引受が濫用される可能性もある。したがって，会社法は，それを定款上，株式会社の成立後に譲り受けることを約した財産およびその価額な

らびにその譲渡人の氏名または名称を定めることを規定するほか，厳しい検査役による調査をも要求する（33条）。なお，定款に記載されていない財産引受は，絶対的に無効であり，会社の成立後それを追認することができないとされる（最判昭和28・12・3民集7・12・1299，最判昭和61・9・11判時1215・125〔百選6〕）。

③　発起人の報酬・特別利益（28条3号）　発起人の報酬・特別利益とは，発起人が会社設立のために費やした労務・行った貢献に対する見返りや報いである。発起人のお手盛りの防止のために，定款に株式会社の成立により発起人が受ける報酬・特別利益，その発起人の氏名または名称を記載することを要する。

④　設立費用（28条4号）　設立費用とは，発起人が会社設立のために支出した費用であって，事務所の賃借料，株式募集広告費，株式申込書の印刷費などがそれにあたる。しかし，無制限にその支出を許すと会社の財産的基盤を危うくするおそれがあるため，定款に設立費用を記載することを要する。ただ，定款の認証の手数料その他株式会社に損害を与えるおそれがないものとして法務省令で定めるもの（定款の印紙税，設立登記の登録免許税など。会社則5条）が除かれる。こうした費用の金額は，法定されており，恣意に操作されることが難しいからである。

(b)－2　変態設立事項に対する検査役の調査

発起人は，変態設立事項についての記載または記録があるときは，公証人の認証（30条1項）の後遅滞なく，当該事項を調査させるため，裁判所に対し，検査役の選任の申立てをしなければならない（33条1項）。

この申立てに対して，裁判所は，これを不適法として却下する場合を除き，検査役を選任しなければならない（同条2項）。検査役は，必要な調査を行い，当該調査の結果を記載し，または記録した書面・電磁的記録（法務省令で定めるものに限る）を裁判所に提供して報告をする義務を負う（同条4項）。

検査役は，報告をしたときは，発起人に対し，報告書面の写しを交付し，または報告の電磁的記録に記録された事項を法務省令（会社則229条）で定める方法により提供しなければならない（33条6項）。

裁判所は，報告を受けた場合において，報告された事項（検査役の調査を経ていないものを除く）を不当と認めたときは，これを変更する決定をしなければならない（33条7項）。発起人は，この変更決定により報告された事項の全部または一部が変更された場合には，当該決定の確定後1週間以内に限り，その設立時発行株式の引受けに係る意思表示を取り消すことができる（同条8項）。発起人は，その全員の同意によって，変更決定の確定後1週間以内に限り，当該決定により変更された事項についての定めを廃止する定款の変更をすることができる（同条9項）。

ただ，次のような場合には，現物出資財産等（現物出資と財産引受用財産を指す）に対しての検査役による調査は免除される（33条10項）。すなわち，①現物出資財産等について定款等（電磁的記録も含む）に記載され，または記録された価額の総額が500万円を超えない場合，②現物出資財産等のうち，市場価格のある有価証券（金商２条１項に規定する有価証券をいい，同条２項の規定により有価証券とみなされる権利を含む）について定款に記載され，または記録された価額が当該有価証券の市場価格として法務省令（会社則６条）で定める方法により算定されるものを超えない場合，③現物出資財産等について定款等に記載され，または記録された価額が相当であることについて弁護士，弁護士法人，弁護士・外国法事務弁護士共同法人（2020〔令和２〕年法律第33号により，2022〔令和４〕年11月28日までに施行予定である），公認会計士，監査法人，税理士または税理士法人の証明（当該財産が不動産である場合にあっては，当該証明および不動産鑑定士の鑑定評価）を受けた場合（ただし，当該証明を受けた現物出資財産等に限る），である。

なお，発起人，財産引受の場合の譲渡人，設立時取締役・設立時監査役などは，③の証明をすることができない（33条11項）。

(c)　任意的記載事項

絶対的記載事項と相対的記載事項以外の記載事項は，任意的記載事項と呼ばれる。当然のことながら，任意的記載事項は，会社法の強行法規や公序良俗に反しないことが前提とされる。従来，会社の定款には，株式，機関，計算などに関して多くの任意事項が記載されている。こうした多くの事項は，定款に記載されていなくとも効力を生じるが，定款に記載すると，明確性が高まり，また定款変更手続によらない限り変更できないという効果もある。

c．定款の開示　定款は，一定の場所（発起人が定めた場所，会社の成立後その本店および支店）に備え置かれることを要し，会社の利害関係人（発起人，設立時募集株式の引受人，会社の成立後その株主および債権者）は，一定の時間内に（発起人が定めた時間，会社の成立後その営業時間）いつでも定款の閲覧，その謄本または抄本の交付などを請求することができる（31条１項・２項，102条１項本文）。

会社の成立後，当該会社の親会社社員（親会社の株主その他の社員）がその権利を行使するために必要があるときは，当該親会社社員は，裁判所の許可を得て，当該会社の定款について閲覧，その謄本または抄本の交付などの請求をすることができる（31条３項本文）。

⑵　株式の引受けと出資の履行

a．発起設立の場合

⒜　株式の引受け

発起人は，設立時発行株式に関する事項（定款に定めがある事項を除く）として，①発起人が割当てを受ける設立時発行株式の数，②設立時発行株式と引換えに払い込む金銭の額，③成立後の会社の資本金・資本準備金の額に関する事項を定款に定めることができ，その際に発起人全員の同意が必要とされる（32条１項）。発起設立の場合には，発起人が設立時発行株式の全部を引き受けることになる（25条１項１号）。

⒝　出資の履行

発起人は，設立時発行株式を引き受けた後に遅滞なく，その引き受けた設立時発行株式につき，その出資に係る金銭の全額を払い込み，またはその出資に係る金銭以外の財産の全部を給付して，出資を履行しなければならない。ただし，現物出資に対して，発起人全員の同意があれば，登記，登録その他権利の設定または移転を第三者に対抗するために必要な行為は，会社の成立後にすることができるとされる（34条１項）。

出資に係る金銭の払込みが確実にされるように，発起人は，その定めた払込取扱銀行等（銀行，信託会社その他これに準ずるものとして法務省令（会社則７条）で定めるもの）において当該払込みをしなければならない（34条２項）。当該払込みに関して，募集設立の場合に要求される払込取扱銀行等による払込金保管証明が要求されず，払込みがあったことを証明する書面（たとえば，銀行口座の預金通帳の写し）があれば足りるとされる（商登47条２条５号）。発起設立の場合には，出資者が発起人のみであるので，払込金の保管について特段の措置を講ずる必要がないと考えられるからである。出資の履行をした発起人は，会社の成立時に設立時発行株式の株主となる（50条１項）。

しかしながら，出資の履行によって得た設立時発行株式の株主となる権利（通常，権利株と呼ばれる）の譲渡は，成立後の会社に対抗することができない（35条）。その趣旨は，株式発行事務の円滑化を図ることにある。また，会社法は，出資を履行しない発起人に対し失権手続を用意している（36条）。すなわち，発起人のうち出資の履行をしていない者がある場合に，発起人は，当該出資の履行をしていない発起人に対して，定めた期日までに当該出資の履行をしなければならない旨を通知する。当該通知は，その期日の２週間前までにされることを要する。その通知を受けた発起人は，当該期日までに出資の履行をしないときは，本来当該出資の履行によって設立時発行株式の株主となる権利を失う。

なお，民法93条１項ただし書（相手方が悪意・有過失である場合における心裡留保の無効）および94条１項（虚偽表示の無効）の規定は，設立時発行株式の引受けに係る意思表示について適用されず，発起人は，株式会社の成立後は，錯誤（民95条）を理由として設立時発行株式の引受けの無効を主張し，または詐欺・強迫（民96条）を理由として設立時発行株式の引受けの取消しをすることができないとされる（51条）。その趣旨は，設立時発行株式の引受けを確保することにある。

b．募集設立の場合

発起人による設立時発行株式の引受けは，発起設立の場合と同様であるが，募集設立の場合には，発起人が株式の引受けをするほか，株式の引受けをする者を募集するため，複雑な手続が規定されている。

(a)　設立時発行株式を引き受ける者の募集

発起人は，設立時発行株式を引き受ける者を募集する旨を定めることができるが，その募集の旨を定める際にその全員の同意を得ることを要する（57条）。発起人は，設立時発行株式を引き受ける者を募集する場合には，そのつど設立時募集株式（設立時発行株式の募集に応じて設立時発行株式の引受けの申込みをした者〔株式申込者〕に対して割り当てられる設立時発行株式）について，①設立時募集株式の数，②設立時募集株式の払込金額（設立時募集株式１株と引換えに払い込む金銭の額），③設立時募集株式と引換えにする金銭の払込みの期日またはその期間，④一定の日までに設立の登記がされない場合において，設立時募集株式の引受けの取消しをすることができることとするときは，その旨およびその一定の日といった事項を，全員の同意のもとで定めなければならない（58条１項・２項）。

発起人は，株式申込者に対し，①定款の認証の年月日およびその認証をした公証人の氏名，②商号，目的などに関する記載・記録事項（27条各号），現物出資などの記載・記録事項（28条各号）等，③発起人が出資した財産の価額，払込取扱銀行等（63条１項），④その他法務省令（会社則８条）で定める事項を通知する（59条１項）。もっとも，発起人のうち出資の履行をしていない者がある場合には，発起人は，発起人が履行すべき期日後（36条１項）でなければ，通知をすることができない（59条２項）。そして，株式申込者は，①申込みをする者の氏名・名称および住所，②引き受けようとする設立時募集株式の数を記載した書面を発起人に交付する（同条３項）。ただ，この場合に，その書面の交付に代えて，政令で定めるところにより，発起人の承諾を得て，その書面に記載すべき事項を電磁的方法により提供することもでき，その際には，株式申込者は，その書面を交付したとみなされる（同条４項）。

設立時募集株式の割当てについて，いわゆる割当自由の原則がある。すなわち，発起人は，申込者の中から設立時募集株式の割当てを受ける者，ならびにその者に割り当てる設立時募集株式の数を定める。この場合に，発起人は，株式申込者に割り当てる設立時募集株式の数を，株式申込者の引き受けようとする設立時募集株式の数よりも減少することもできる（60条１項）。ただ，発起人は，設立時募集株式と引換えにする金銭の払込みの期日（58条１項３号。その期間を定めた場合にあっては，その期間の初日）の前日までに，株式申込者に対し，その申込者に割り当てる設立時募集株式の数を通知する（60条２項）。株式申込者は，発起人の割り当てた設立時募集株式の数について，または設立時募集株式の総数引受契約を締結した者（ただし，この者に対して株式割当自由の原則が不適用とされる〔61条〕）は，当該契約により引き受けた設立時募集株式の数について，設立時募集株式の引受人となる（62条）。

(b)　出資の履行

設立時募集株式の引受人は，設立時募集株式と引換えにする金銭の払込みの期日またはその期間内（58条１項３号）内に，発起人が定めた払込取扱銀行等において，それぞれの設立時募集株式の払込金額の全額の払込みを行う（63条１項）。また，発起設立の場合と同様に，設立時募集株式の引受人に対しても，権利株譲渡の制約（同条２項）と失権手続（同条３項）に関する規定がある。

発起人は，出資金の払込取扱銀行等に対し，発起人と設立時募集株式の引受人から払い込まれた金額に相当する金銭の保管に関する証明書の交付を請求することができる（64条１項）。この払込金保管証明書は，会社設立の登記の際に提出される必要がある（商登47条２項５号）。また，払込金保管証明書を交付した銀行等は，この証明書の記載が事実と異なること，または払い込まれた金銭の返還に関する制限があることをもって成立後の会社に対抗することができない（64条２項）。すなわち，法は，このように払込取扱銀行等に保管証明責任を負わせることによって，銀行と発起人との共謀による仮装払込を防止し，資本充実の原則を確実に貫こうとする。

設立時募集株式の引受人は，株式会社の成立時に，関連規定（63条１項）による払込みを行った設立時発行株式の株主となる（102条２項）。ただ，設立時募集株式の引受人は，その払込み（63条１項）を仮装した場合には，102条の２第１項（払込みを仮装した設立時募集株式の引受人の責任）または103条２項（払込みの仮装に関与した発起人または設立時取締役として法務省令で定める者の連帯責任）による支払がされた後でなければ，払込みを仮装した設立時発行株式について，設立時株主および株主の権利を行使することができない（102条３項）。もっとも，この場合に，設立時発行株式またはその株主となる権利を譲り受けた者は，当該設立時発行株式についての設立時株主および株主の権利を行使することができる（102条４項本文）。ただし，その者に悪意・重大な過失があるときは，そうした取扱いは認められない（同条４項ただし書）。

なお，創立総会において，変態設立事項（28条）を変更する定款の変更の決議がされた場合には，当該創立総会においてその変更に反対した設立時株主は，当該決議後２週間以内に限り，その設立時発行株式の引受けに係る意思表示を取り消すことができる（97条）。ただ，民法93条１項ただし書（相手方が悪意有過失である場合における心裡留保の無効）および同法94条１項（虚偽表示の無効）の規定は，設立時募集株式の引受けの申込みおよび割当てならびに総数引受契約（61条）に係る意思表示については，適用されないとされる（102条５項）。

(3) 設立時役員等の選任

設立時役員等とは，設立時取締役，設立時会計参与，設立時監査役および設立時会計監査人であって，会社の設立に際して取締役，会計参与，監査役および会計監査人となる者をいう（38条参照。ただ，募集設立について設立時取締役等の表現が用いられる。88条参照）。

a．発起設立の場合　発起人は，出資の履行が完了した後，遅滞なく，設立時取締役を選任する（38条１項）。設立される会社が監査等委員会設置会社である場合には，設立時取締役の選任は，設立時監査等委員（会社の設立に際して監査等委員となる者）である設立時取締役とそれ以外の設立時取締役とを区別して行われる（同条２項）。また，発起人は，出資の履行が完了した後，遅滞なく，次のような各場合にあたるときには，該当者をそれぞれ選任する（同条３項）。すなわち，①設立される会社が会計参与設置会社である場合の設立時会計参与，②設立される会社が監査役設置会社である場合の設立時監査役，③設立される会社が会計監査人設置会社である場合の設立時会計監査人，である。もっとも，定款で設立時役員等として定められた者は，出資の履行が完了したときに，設立時役員等に選任されたものとみなされる（同条４項）。

設立時役員等の選任は，発起人の議決権の過半数をもって決定され，この場合には，発起人は，出資の履行をした設立時発行株式１株につき１個の議決権を有するとされるが，単元株式数を定款で定めている場合には，１単元の設立時発行株式につき１個の議決権を有する（40条１項・２項）。

設立時取締役等（設立され会社が監査役設置会社である場合には，設立時監査役を含む）は，その選任後遅滞なく，①現物出資財産等（33条10項１号）または有価証券（〔同項２号〕。現物出資財産等が有価証券に限る場合を指す）について定款に記載され，または記録された価額が相当であること，弁護士などによる証明（同項３号）が相当であること，③出資の履行が完了していること，④そのほか，会社設立の手続が法令・定款に違反していないこと，という事項を調査しなければならない（46条１項）。

設立時取締役は，調査により，前記各事項について法令・定款に違反し，または不当な事項があると認めるときは，発起人にその旨を通知する（同条2項）。なお，設立される会社が指名委員会等設置会社である場合には，設立時取締役は，前記調査を終了したときは，その旨を，前記の通知をしたときは，その旨およびその内容を，設立時代表執行役（48条1項3号）に通知する（46条3項）。

b．募集設立の場合

(a)　創立総会

発起設立と違って，募集設立については，会社法は，創立総会の制度を採用し，株主総会の規律に類似する形で創立総会に関する規定を設けている。

発起人は，払込みの期日またはその期間（58条1項3号）の末日のうち最も遅い日以後，遅滞なく，設立時株主（株式会社の株主となる者〔65条1項かっこ書〕）が構成する創立総会を招集するほか，必要があると認めるときは，いつでも創立総会を招集することもできる（同条）。創立総会は，募集設立に関連して会社法が規定する事項および会社設立の廃止，創立総会の終結その他会社の設立に関する事項に限り，決議をすることができる（66条）。発起人は，創立総会を招集する場合には，①創立総会の日時および場所，②創立総会の目的である事項，③創立総会に出席しない設立時株主が書面によって議決権を行使することができることとするときは，その旨，④創立総会に出席しない設立時株主が電磁的方法によって議決権を行使することができることとするときは，その旨，⑤その他法務省令（会社則9条）で定める事項を定める（67条1項）。もっとも，発起人は，設立時株主（創立総会において決議をすることができる事項の全部につき議決権を行使することができない設立時株主を除く）の数が1000人以上である場合には，前記③の事項を定めなければならない（同条2項）。

設立時株主（成立後の会社がその総株主の議決権の4分の1以上を有することその他の事由を通じて成立後の会社がその経営を実質的に支配することが可能となる関係にあるものとして法務省令（会社則12条）で定める設立時株主を除く）は，創立総会において，その引き受けた設立時発行株式1株につき1個の議決権（ただ，単元株式数を定款で定めている場合には，1単元の設立時発行株式につき1個の議決権）を有する（72条1項）。創立総会の決議は，通常当該創立総会において議決権を行使することができる設立時株主の議決権の過半数であって，出席した当該設立時株主の議決権の3分の2以上に当たる多数をもって行われる（73条2項）。

発起人は，株式会社の設立に関する事項を創立総会に報告するほか，①定款に現物出資等事項（〔28条各号〕。ただ，33条10項各号に掲げる場合における当該各号に定める事項を除く）の定めがある場合に，所定の検査役の報告内容（33条2項・4

項），②弁護士等による現物出資財産等の評価額に関する証明を受けた場合に（同条10項３号），その証明内容に関する事項を記載し，または記録した書面等（電磁的記録を含む）を創立総会に提出しなければならない（87条）。

(b) 設立時取締役等の選任

設立時取締役等（設立時会計参与，設立時監査役，設立時会計監査人を含む）の選任は，創立総会の決議によって行われるが，設立する会社が監査等委員会設置会社である場合には，当該設立時取締役の選任は，設立時監査等委員である設立時取締役とそれ以外の設立時取締役とを区別して行われなければならない（88条）。なお，設立時取締役の選任は，累積投票によって行うこともできる（89条）。

(c) 設立時取締役等による調査

設立時取締役（設立する会社が監査役設置会社である場合に，設立時取締役・設立時監査役）は，その選任後遅滞なく，①現物出資財産等（33条10項１号）または有価証券（〔同２号〕。現物出資財産等が有価証券に限る場合を指す）について定款に記載され，または記録された価額が相当であること，②弁護士などによる証明（33条10項３号）が相当であること，③出資の履行（発起人による出資の履行および63条１項による払込み）が完了していること，④会社の設立の手続が法令・定款に違反していないこと，という事項を調査しなければならない（93条１項）。設立時取締役は，当該調査の結果を創立総会に報告し，創立総会において，設立時株主から当該調査に関する事項について説明を求められた場合に，当該事項について必要な説明をすることを要する（同条２項・３項）。

なお，設立時取締役（設立する会社が監査役設置会社である場合に，設立時取締役・設立時監査役）の全部または一部が発起人である場合には，創立総会の場でその決議によって前述の事項を調査する者を選任することができ，選任された者は，必要な調査を行い，当該調査の結果を創立総会に報告する（94条）。

(4) 設立の登記

これまで述べたような会社設立のプロセス，すなわち定款の作成，株式の引受けと出資の履行および設立時役員等の選任を経て，会社という実体が形成されることになったが，会社が法人格を取得するためには，最後の手続としては設立の登記がされることを要する。その設立登記の事項については，会社法は詳細な規定を設けている（911条）。会社は，その本店の所在地において設立の登記をすることによって成立する（49条）。

3　会社の設立に関する責任

(1)　現物出資財産等の価額が不足する場合の責任

会社の成立時における現物出資財産等の価額が当該現物出資財産等について定款に記載され，または記録された価額（定款の変更があった場合に，変更後の価額）に著しく不足するときは，発起人および設立時取締役は，当該会社に対し，連帯して当該不足額を支払う義務を負う（52条1項）。

しかし，次のような場合には，発起人（現物出資のための財産を給付した者，または財産引受のための財産の譲渡人を除く）および設立時取締役は，現物出資財産等について不足額の支払義務を負わない（52条2項）。すなわち，①現物出資または財産引受について検査役の調査を経た場合，②当該発起人または設立時取締役がその職務を行うについて注意を怠らなかったことを証明した場合（過失責任），である。もっとも，募集設立の場合については，①は適用されるが，②は適用されない（無過失責任〔103条1項〕）。

また，現物出資財産等について定款に記載され，または記録された価額が相当であることを証明した者（弁護士など〔33条10項3号〕）は，発起人，設立時取締役，設立時監査役と連帯して，不足額の支払義務を負う（52条3項本文）。ただ，当該証明をした者が証明につき注意を怠らなかったことを証明した場合は，連帯責任を負わないとされる（過失責任〔同項ただし書〕）。

(2)　出資の履行を仮装した場合の責任

出資履行の仮装とは，すなわち仮装の払込みであり，その形態として預合いと見せ金があると解される。預合いとは，発起人や株式の引受人等が払込取扱銀行等から借入金をし，それを払込金として会社の預金に振り替えることにし，かつ借入金を返済するまでは預金を引き出さないことを約束する行為をいう。見せ金とは，発起人や株式の引受人等が払込取扱銀行等以外の者から借入金をし，それを払込金に充て，会社の成立や新株発行の後，直ちにそれを引き出して借入金を借入先に返済することをいう。預合いと見せ金との違いは，預合いの場合には資金の移動があり，見せ金の場合にはその移動がないところにあるが，そのいずれもが出資を見せかけるものにすぎず，資本充実の原則に反するので，通説・判例はそれらが払込みとして無効であると解する。

会社法は，預合いを防止するため，預合罪を設けて，重い刑事責任を課すこととする（〔965条〕。関係判例として最判昭和42・12・14刑集21・10・1369〔百選A40〕がある）。見せ金は，形式的に払込みをしているが，実質的に預合罪の脱法行為である

（また，典型的な見せ金には当たらないが，実質的に見せ金である払込みに対して公正証書原本不実記載罪を認めた事例として最判平成３・２・28判時1379・141〔百選103〕がある）。

会社法は，2014（平成26）年の改正を経て，会社設立の段階における仮装の払込みをした者の責任を明文化した。まず，発起人は，①金銭の払込みを仮装した場合には当該払込みを仮装した出資に係る金銭の全額の支払を，②財産の給付を仮装した場合には当該給付を仮装した出資に係る金銭以外の財産の全部の給付をする義務を負う（52条の２第１項）。②に関連して，会社が当該給付に代えて当該財産の価額に相当する金銭の支払を請求した場合に，請求された者は，当該金銭の全額の支払をする義務を負う（同項２号かっこ書）。

つぎに，発起人のした出資履行の仮装行為に関与した発起人または設立時取締役として法務省令（会社則７条の２）で定める者は，会社に対し支払をする義務をも負う（52条の２第２項）。ただし，その者（当該出資の履行を仮装した者を除く）は，その職務を行うについて注意を怠らなかったことを証明した場合に，責任を負わないとされる（過失責任〔同項ただし書〕）。なお，支払義務を負うこれらの者は連帯債務者であるとされる（同条３項）。

さらに，設立時募集株式の引受人は，払込みを仮装した場合に，会社に対し払込みを仮装した払込金額の全額の支払をする義務を負う（102条の２第１項）。当該義務は，総株主の同意がなければ，免除することができない（同条２項）。設立時募集株式の引受人のした払込みの仮装行為に関与した発起人または設立時取締役として法務省令（会社則18条の２）で定める者は，会社に対し，当該引受人と連帯して，支払をする義務を負う（103条２項）。ただし，その者（当該払込みを仮装した者を除く）がその職務を行うについて注意を怠らなかったことを証明した場合は，責任を負わないとされる（過失責任〔同項ただし書〕）。これらの者が負う義務は，総株主の同意がなければ，免除されない（同条３項）。

⑶　発起人等の損害賠償責任

発起人，設立時取締役または設立時監査役は，会社の設立についてその任務を怠ったことによって会社に損害を被らせた場合に，会社に対し賠償責任を負うほか，その職務を行うについて悪意または重大な過失があったことによって第三者に損害を被らせた場合に賠償責任をも負う（53条）。

発起人，設立時取締役または設立時監査役が会社または第三者に生じた損害を賠償する責任を負う場合には，他の発起人，設立時取締役または設立時監査役も当該損害を賠償する責任を負うときは，これらの者は，連帯債務者とされる（54条）。なお，発起人・設立時取締役・設立時監査役の負う責任は，総株主の同意がなければ，免除されない（55条）。

⑷　会社不成立の場合の責任

会社の不成立とは，会社設立の手続が途中まで進んでいたが，何らかの原因でそれが挫折して結局会社設立の登記に至らなかったことをいう。会社が成立しなかった場合に，発起人は，連帯して会社の設立に関してした行為についてその責任を負い，会社の設立に関して支出した費用を負う（56条）。

⑸　擬似発起人の責任

いわゆる擬似発起人とは，発起人ではないが，募集設立の場合において，当該募集の広告その他当該募集に関する書面・電磁的記録に自己の氏名・名称および会社の設立を賛助する旨を記載し，または記録することを承諾した者をいう。擬似発起人は，発起人とみなされ，前述の発起人に関する義務や責任を負うとされる（57条）。

4　瑕疵のある会社設立の救済

瑕疵のある会社の設立とは，会社設立の過程において違法なことがあったにもかかわらず，会社の設立登記によって会社が成立したことである。瑕疵のある会社の設立に対する救済措置としては，会社設立の無効の訴えと不存在の訴えが挙げられる。

⑴　会社設立の無効の訴え

会社法は，会社設立の無効の訴えを規定する（828条１項１号・２号）。それによれば，会社設立の無効の訴えを主張できるのは，会社の成立の日から２年以内であり，その提訴権者が株主，取締役または清算人（監査役設置会社の場合には株主，取締役，監査役または清算人，指名委員会等設置会社の場合には，株主，取締役，執行役または清算人）に限るとされる。

無効原因となる事由については，法は特に明文化していないが，①定款の絶対的記載・記録事項が欠けたり，その記載・記録が法に違反したりする場合，②定款につき認証がない場合，③株式発行事項につき発起人全員の同意がない場合，④創立総会が適法に開催されない場合，⑤設立登記が無効の場合などのような重大な瑕疵に限定すると解される。このように，提訴期間，提訴権者および無効原因となる事由について制限的な立法主義や学説の姿勢は，会社の設立が多数の利害関係人の利害に関わっているため，法的安定性を確保し，法律関係の混乱の発生を防ぐ必要性があることを考慮した結果である。

また，当該訴えの被告は，会社である（834条1号）。管轄裁判所（835条1項）や担保提供の命令（836条）等に関して会社法が規定も設けている。

(2) 会社設立の不存在

会社設立の不存在とは，会社の実体がないこと，すなわち設立登記をしないで会社として活動している，または設立登記はあるが設立手続がまったくなされていないなど，設立手続の外形が存在しないような場合を指す。会社設立の不存在についての提訴は，会社法が規定していない。一般原則に基づいて，誰でもいつでもその不存在を訴えることができると解される。

第2節　会社の解散

1　解散の意義

会社の解散とは，会社の法人格の消滅をもたらすべき原因となる法律事実のことをいう。会社の法人格は，解散によって直ちに消滅しないで，会社は，後述する清算の手続に入り，その結了によって消滅する。ただ，合併によって生ずる会社の解散については，清算の手続は不要であるとされる。

2　解散の事由と効果

(1) 解散の事由

会社法は，次に掲げる事由を会社の解散事由として規定する（471条）。すなわち，①定款で定めた存続期間の満了，②定款で定めた解散の事由の発生，③株主総会の決議（特別決議〔309条2項11号〕），④合併（ただ，合併により当該株式会社が消滅する場合に限るとされる），④破産手続開始の決定，および⑤裁判による解散命令（824条1項）や裁判による解散判決（833条1項），である。

以上のほか，会社法は，休眠会社のみなし解散制度をも設けている。休眠会社とは，株式会社に関する登記が最後にあった日から12年を経過したものをいう（472条1項本文かっこ書）[2)]。このような解散制度を導入した趣旨は，事業を廃止したいわゆる休眠会社が残存することが登記の信頼性を害する等の弊害をもたらすことを是正するため

2)　会社法では，株式会社の取締役の任期が最長のものとして選任後10年以内に終了する事業年度のうち最終のものに関する定時株主総会の終結時までとされる可能性があり，少なくとも10年に1度変更登記の必要が生ずることに照らして（332条2項），このように休眠会社の定義が法定されたと推測される。

である。法務大臣が休眠会社に対し２か月以内に法務省令（会社則139条）で定めるところによりその本店の所在地を管轄する登記所に事業を廃止していない旨の届出をすべき旨を官報に公告した場合に，当該休眠会社は，その届出をしないとき，その２か月の期間の満了時に解散したものとみなされる（472条１項本文）。しかし，当該休眠会社が２か月内にそれに関する登記をした場合は，このような取扱いはなされない（同項ただし書）。なお，登記所は，前述の公告があったときは，休眠会社に対しその旨を通知する（同条２項）。

(2)　解散の効果

会社は，解散により，合併と破産手続開始決定の場合を除いて，清算手続に入る（475条１号）。ただ，会社は，いったん解散しても，前述の①～③の解散事由によって解散した場合（休眠会社のみなし解散の場合も含む）には，清算が結了するまで（休眠会社のみなし解散の場合にあっては，解散したものとみなされた後３年以内に限る），株主総会の決議（特別決議〔309条２項11号〕）によって，株式会社を継続することができる（473条）。また，解散になった会社は，①合併（合併により当該会社が存続する場合に限る），②吸収分割による他の会社がその事業に関して有する権利義務の全部または一部の承継，という行為をすることができない（474条）。

3　解散命令

裁判所は，次のような場合において，公益を確保するために会社（法文上，持分会社も含まれる）の存立を許すことができないと認めるときは，法務大臣または株主，債権者その他の利害関係人の申立てにより，会社の解散を命ずることができる（824条１項）。すなわち，①会社の設立が不法な目的に基づいてされた場合，②会社が正当な理由がないのにその成立の日から１年以内にその事業を開始せず，または引き続き１年以上その事業を休止した場合，③業務執行取締役，執行役または業務を執行する社員が，法令・定款で定める会社の権限を逸脱し，濫用する行為または刑罰法令に触れる行為をした際に，法務大臣から書面による警告を受けたにもかかわらず，なお継続的にまたは反覆して当該行為をした場合，である。解散命令の申立ての濫用を防ぐために，裁判所は，会社の申立てにより，申立てをした者に対し，相当の担保を立てるべきことを命ずることができる（824条２項・４項）。この際に，会社は，解散命令の申立てが悪意によるものであることを疎明する義務を負う（同条３項）。

なお，会社法は，解散命令に関して，会社の財産に関する保全処分（825条），官庁等の法務大臣に対する通知義務（826条）をも規定する。ただ，解散命令制度は，実際にあまり利用されていないため，休眠会社のみなし解散制度が用意されていると考えられる。

4　解散判決

解散判決による会社の解散とは，株主が訴訟を提起して法定の会社解散請求権を行使し，裁判所が当該請求を認める判決を言い渡して，会社の解散を命ずることである。不当な取扱いを受けて，利益を害された株主は，株主総会の特別決議を成立させて会社の解散を実現することができるが，このような決議を成立させることができない場合には，次の救済手段としては株主の会社解散請求権を行使することになる。したがって，株主の会社解散請求権は株主の正当な利益を保護する手段であると位置づけられる。

株主の会社解散請求権は，少数株主権であるとされる。すなわち，当該権利を行使できる者は，総株主（株主総会において決議をすることができる事項の全部につき議決権を行使することができない株主を除く）の議決権の10分の１（これを下回る割合を定款で定めることが可能である）以上の議決権を有する株主，または発行済株式（自己株式が除かれる）の10分の１（これを下回る割合を定款で定めることが可能である）以上の数の株式を有する株主に限るとされる（833条１項）。また，会社解散請求権の行使は，会社を被告とする訴えのみをもって実現される（同条１項・834条20号）。

保有議決権数・持株数の要件を満たした株主は，①会社が業務の執行において著しく困難な状況に至り，当該会社に回復することができない損害が生じ，または生ずるおそれがあるとき，②会社の財産の管理または処分が著しく失当で，当該会社の存立を危うくするときのいずれかにあたることであって，しかも「やむを得ない事由」があることを主張しなければならない。このような厳格な要件が置かれたのは，株主の会社解散請求権が株主の正当な利益を保護する最後の手段であることを意味するものである。

①についての例として，取締役や株主間に激しい対立があり，会社としての意思決定ができないような場合（デット・ロックと呼ばれる）が挙げられる（東京地判平成１・７・18判時1349・148〔百選95〕）。また，「やむを得ない事由」とは，通常解散以外に打開策が存在しないことを指すと解される。「やむを得ない事由」にあたる例として，持分会社の例（最判昭和61・３・13判タ597・31〔百選82〕）が参考になるが，株主間に激しい対立があり，会社の業務執行が多数派株主によってコントロールされ，かつ不公正・利己的に行われ，その結果少数派株主が恒常的な不利益を被っているような場合が挙げられる。

第３節　会社の清算

1　清算の意義

通常，株式会社が解散すると，合併や破産手続開始の決定による解散の場合を除き，清算の手続が開始される。会社の清算は，解散した会社の既存の法律関係を後始末する手続である。その手続は，基本的に会社の現務を結了し，債権を取り立て，債権者に対し債務を弁済し，株主に対し残余財産を分配するという流れで進められることになる。清算株式会社は，従前の会社と同様に法人格を有するが，清算の目的は，会社の一切の権利義務を処理して残余財産を株主に分配することにあるので，その権利能力の範囲はその清算目的の範囲内に限定され（最判昭和42・12・15判時505・61），会社が清算の結了までは存続する（476条）。

任意清算が認められる持分会社の場合（668条～671条）と違って，株式会社の清算については，株主間の利害が激しく対立することや，会社資産だけが会社債権者に対する責任財産であることを考慮して，大株主横暴を防止し，会社債権者を保護するために，会社法は，厳格な法定手続に従い行われる法定清算のみを規定する。法定清算は，裁判所の監督に服さない通常清算と裁判所の監督のある特別清算を指す。

2　通常清算

⑴　清算株式会社の機関

清算株式会社は，営業を行わないため，取締役はその地位を喪失し，その代わりに清算事務を行う清算人を１人または２人以上置く（477条１項）。株主総会は，従来と同様に置かれる。それ以外に，定款の定めによって，清算人会，監査役または監査役会を置くことができる（同条２項）。ただ，解散した公開会社または大会社であった清算株式会社は，監査役を置かなければならない（同条４項）。なお，清算株式会社には，監査等委員会または指名委員会等も置くことができない（同条５項・６項・７項）。

⑵　清算人

a．清算人の就任と解任　通常，会社の解散時の取締役は，清算人となる（478条１項１号）。しかし，清算人になる者が定款で定められた，または株主総会の決議によって選任された場合には，そうした者は清算人となる（同条１項２号・３号）。そのほか，裁判所による清算人の選任の場合もある（同条２項・３項・４項）。

清算人は，前述の裁判所による選任の場合を除き，いつでも株主総会の決議によって解任され得る（479条1項）。ただ，重要な事由がある場合に，裁判所は，次の株主の申立てにより，清算人を解任することができる（同条2項）。すなわち，①清算人を解任する旨の議案について議決権を行使することができない株主と当該申立てに係る清算人である株主を除き，総株主の議決権の100分の3（これを下回る割合を定款で定めたことが可能である）以上の議決権を6か月（これを下回る期間を定款で定めたことが可能である）前から引き続き有する株主，②当該清算株式会社である株主と当該申立てに係る清算人である株主を除き，発行済株式の100分の3（これを下回る割合を定款で定めたことが可能である）以上の数の株式を6か月（これを下回る期間を定款で定めたことが可能である）前から引き続き有する株主，である。もっとも，非公開清算株式会社の場合は，清算人の解任を申し立てる株主に対し6か月の株式継続保有の要件は不要であるとされる（同条3項）。

清算人の選任と解任は，登記事項である（928条・915条1項）。

b．清算人の地位　清算人の地位は，おおむね取締役と同様である。すなわち，会社と取締役との関係に関する規定（330条），取締役の資格に関する規定（331条1項）は，清算人に準用される（478条8項）。他に代表清算人がある場合，その他清算株式会社を代表する者を定めた場合を除き，清算人は，清算株式会社を代表し，清算人が2人以上ある場合には，各自清算株式会社を代表する（483条1項・2項）。

清算人は，その任務を怠ったときは，清算株式会社に対しこれによって生じた損害を賠償する責任を負うほか（486条1項），その職務を行うについて悪意または重大な過失があったときは，これによって第三者に生じた損害を賠償する責任をも負う（487条1項）。清算人の損害賠償責任に対して他の清算人は連帯責任を負うとされる（488条1項）。

c．清算人の職務　清算人の職務は，①現務の結了，②債権の取立ておよび債務の弁済，③残余財産の分配（①～③につき，481条），④会社財産の現況の調査・財産目録等（財産目録と貸借対照表）の作成（492条1項），帳簿資料の保存（508条1項）等，である。清算株式会社の業務執行について，清算人は，清算株式会社の業務を執行し，清算人が2人以上ある場合に，清算株式会社の業務は，定款に別段の定めがある場合を除き，清算人の過半数をもって決定される（482条2項・3項）。

⑶　清算手続

清算手続の流れは，前述のとおりであるが，さらなる具体的な内容は以下のようになる。

まず，現務を結了し，すなわち解散の時点で継続中の事務や取引関係を完結することである。つぎに，債権の取立ておよび債務の弁済をすることである（499条～503条）。その方法としては，清算株式会社は，解散開始後遅滞なくその債権者に対し，一定の期間内（2か月以上）にその債権を申し出るべき旨を官報に公告し，知れている債権者には，各別にこれを催告し（499条1項），その一定の期間を過ぎると，その債権者に対し債務の弁済をする（500条1項）。ただ，知れている債権者を除き，一定期間内にその債権の申出をしなかった者は，清算から除斥される（503条1項）。以上の手続を終えると，清算株式会社に残余財産があれば，清算株式会社は，基本的に株主の有する株式の数に応じて残余財産を割り当てる（504条～506条）。

以上の流れとは別に，清算株式会社の財産がその債務を完済するのに足りないことが明らかになったときは，清算人は，直ちに破産手続開始の申立てをする義務を負う（484条1項）。

(4)　清算事務の終了等

清算株式会社は，清算事務が終了したときは，遅滞なく，法務省令（会社則150条）で定めるところにより，決算報告を作成し（507条1項），清算人は，決算報告を株主総会に提出し，または提供し，その承認を受けることを要する（同条3項）。ただし，清算人会設置会社の場合に，決算報告は，清算人会の承認を受けることを要する（同条2項）。

清算人は，清算株式会社の本店の所在地における清算結了の登記の時から10年間，清算株式会社の帳簿ならびにその事業および清算に関する重要な資料を保存する（法文上，帳簿資料と呼ばれる（〔508条1項〕)。ただ，裁判所は，利害関係人の申立てにより，清算人に代わって帳簿資料を保存する者を選任することができる（同条2項）。

3　特別清算

裁判所は，清算株式会社に①清算の遂行に著しい支障をきたすべき事情がある，または②債務超過の疑いがあるという事由があると認めた場合に，申立てにより，当該清算株式会社に対し特別清算の開始を命ずる（510条・514条）。いわゆる債務超過とは，清算株式会社の財産がその債務を完済するのに足りない状態をいう。特別清算開始の申立てをできる者は，債権者，清算人，監査役または株主であるとされるが，清算株式会社に債務超過の疑いがある場合に，清算人は，特別清算開始の申立てをする義務を負う（511条）。

特別清算は，原則として従前の清算人によって行われるが，特別清算の特徴は，それが裁判所の監督に属することにある（519条1項）。たとえば，清算事務および財産の状況の報告命令，清算上必要な調査（520条），清算人の解任（524条1項），監督委員・調査委員の選任（527条1項・533条），清算株式会社の行為や事業譲渡等の制限（535条1項・536条1項），清算の監督上必要な処分等（540条〜545条）などは，その特徴の現れである。

また，債務の弁済についても，清算株式会社は，協定債権者（一般債権者）に対して，その債権額の割合に応じて弁済をしなければならないが，裁判所の許可を得て，少額の協定債権，清算株式会社の財産につき存する担保権によって担保される協定債権その他これを弁済しても他の債権者を害するおそれがない協定債権に係る債務について，債権額の割合を超えて弁済をすることができる（537条）。債務弁済の内容（協定債権者権利の変更など〔564条〕）は，債権者集会において，①出席した議決権者の過半数の同意と②議決権者の議決権の総額の3分の2以上の議決権を有する者の同意を得て可決された協定をもって決められ（567条1項），協定は，裁判所による認可の決定の確定によりその効力を生ずる（570条）。その効力は，清算株式会社およびすべての協定債権者に対して及ぶ（571条1項）。

協定が成立し，効力を生ずると，清算株式会社は，協定を実行し，清算事務が終了する。裁判所は，①特別清算が結了した場合，または②特別清算の必要がなくなった場合に，清算人，監査役，債権者，株主または調査委員の申立てにより，特別清算終結の決定をする（573条）。

もっとも，裁判所は，特別清算開始後，①協定の見込みがないとき，②協定の実行の見込みがないときなどといった場合において，清算株式会社に破産手続開始となる事実があると認めたのであれば，職権で破産法に従い，破産手続開始の決定を行うことを要するとされる（574条1項・2項）。

第6章

株　式

第1節　総　説

1　株式の意義

株式とは，一般的に株式会社における社員の地位を意味するものと解され，株式を所有する者は，株主と呼ばれる。株主が株式を所有することによって株式会社に対して有する諸権利の総体は，株主権と称される。株式は均一の割合的単位の形をとる。それを持分均一主義といい，すなわち巨額の投資をする者にとっても少額の投資をする者にとっても，1株当たりの価値は同じである。また，各株主は，複数の株式を有することが認められる。それを持分複数主義という。これに対して，合名会社や合資会社などといった持分会社においては，その社員はその持分を1個しか持つことができない。それを持分単一主義という。

株式に対して持分均一主義をとるのは，多数の者が株式会社の社員（株主）になる場合の法律関係を簡便に処理するためであり，その意味で技術的なものであると考えられる。なお，株式不可分の原則に基づいて，株主側が単位である株式を勝手にさらに細分化することは認められない。ただ，会社が株式の分割や併合等を行うことにより，1株に満たない端数が生じる場合がある。このような場合には，会社は，その端数の合計数に相当する数の株式を競売し，かつその端数に応じてその競売により得られた代金を株主に交付しなければならない（235条1項）。端数の合計数に1に満たない端数が生ずる場合にあってはこれを切り捨てるものとされる（同項かっこ書）。

2　無額面株式

会社法成立前商法の1950（昭和25）年改正により無額面株式が導入されてから同法の2001（平成13）年改正までは，額面株式と無額面株式が併存し，会社はそのいずれか，またはその両方を発行することができるとされていた。額面株式とは，文字通り額面のある株式，すなわち定款に１株の金額の定めがあり，かつ株券に券面額が表示される株式である。無額面株式とは，文字通り額面のない株式，すなわち定款に１株の金額の定めがなく，株券にも券面額の記載がなく単にその表章する株式数のみが記載される株式である。しかし，2001（平成13）年改正によって，会社法成立前商法が制定されてから存在していた額面株式制度が廃止された。額面株式の廃止は，①株式が均一の割合的単位の形をとるため，額面株式と無額面株式とでは，１株の大きさおよびその権利の内容については差異がなく，株券に「１株の金額」（券面額）が記載されるか否かという券面の記載上の差異しかない。②額面株式による資金調達は困難である，③無額面株式の場合には会社が株式分割により出資単位を調整する際の手続が簡単になるという理由によるとされる。ただ，会社法成立前商法の2001（平成13）年改正は，すでに発行された額面株式を無効にすることをしておらず，会社法はそれを引き継いでいる。

3　株主平等の原則

会社法は，株主平等の原則を明文化している（109条１項）。すなわち，株式会社は，株主を，その有する株式の内容および数に応じて平等に取り扱わなければならない。従来，会社法成立前商法は，株主平等の原則を明文化せず，学説は，その意義について，株主が株主としての資格に基づく法的関係についてその持株数に応じて会社から平等に取扱いを受けることと解してきた。会社法が株主平等の原則を明文化した理由として，①会社法が同一の種類の株式を有する株主について株主ごとに異なる取扱いをすることを許容すること（同条２項），②種類株式の内容をより一層多様化する等，形式的な株主平等の原則とは抵触するおそれのある制度が設けられていること，③会社法が多様な内容の株式の発行を認めたことになったので，その権利内容によっては実質的に株主の平等やその利益が害されるおそれがあることが挙げられている。

株主平等の原則は，会社法における重要な原則の１つであり，従来その根拠が正義・衡平の理念に求められる。会社法においてもう１つ重要な原則として資本多数決の原則がある。多数派株主は，資本多数決を濫用して少数派株主や会社の利益を犠牲にし，自己の利益を追求する危険がある。株主平等権の原則は，多数派株主が資本多数決を濫用することを阻止することに役立つと一般的に期待される。また，株主平等の原則は，株主の対会社の関わり方として，頭数主義による平等ではなく，株主の持株数に応じることを基準とするため，誰もが安心して会社に出資することができる。したがって，株主平等の原則は，株式制度の存続を維持するには欠かせないものである。

株主平等の原則は，株主の有限責任制度と同様に強行法規性を有する。すなわち，定款または株主総会決議をもって会社法が認める一般的な例外や制限以外の事項をさらに設けることは許されない。この原則に反する定款の定めや株主総会の決議などは無効である。たとえば，会社が特定の大株主だけと締結した贈与契約は株主平等の原則に反し，無効であるとした判例がある（最判昭和45・11・24民集24・12・1963)。また，差別的な行使条件に基づく新株予約権の無償割当て（最決平成19・8・7民集61・5・2215〔百選100〕）や株主優待制度[1]などが株主平等の原則に違反するのではないかとの問題がある。

株主平等の原則の例外として認められる場合がある。たとえば，会社法105条1項各号に規定する剰余金配当請求権，残余財産分配請求権と議決権について株主ごとに異なる取扱いをする旨を定款で定めることができるとされる非公開会社の場合（109条2項)，一定の議決権・株式数を有する株主のみが行使できる少数株主権の場合，単元株制度などがそれにあたる。

4 株式の共有

株式の共有とは，株式が2人以上の者の共有に属することをいう（106条)。2人以上の者が共同で株式を引き受け，相続し，または組合が株式を所有するような場合は株式の共有にあたる。株主権は所有権の以外の財産権であるから，株式の共有は，準共有であり，民法の共有規定を準用する（民264条)。

株式の共有が生じる場合には，共有者全員が株主権を行使すると，会社の事務処理が複雑になる。そこで，会社の事務処理の便宜を図るため，会社法は，下記のような方策を用意している。すなわち，株式の共有者は，当該株式についての権利を行使する者（権利行使者）1人を定め，株式会社に対し，その者の氏名・名称を通知しなければ，当該株式についての権利を行使することができないとされる（106条)。ただ，問題となるのは，権利行使者をいかにして定めるかである。これについて学説上主として全員一致説と株式・持分価格多数決説との争いがある。全員一致説は，株主の全員一致により権利行使者が定められなければならないとする考えである。ただ，全員一致説には共同相続人の全員一致が得られず権利行使者が選定できない場合に，結局

1）株主優待とは，会社（主に上場会社）が株主に対して自社の商品を手土産としてあげることである。自社の商品とは，食品会社の場合は食品，デパート会社の場合は商品券，航空会社の場合は割引航空券などのようなものである。株主優待の目的は，個人株主を増やすこと，会社の宣伝を行うこと，個人株主に長期間自社株式を保有させることにより安定株主を増やすことなど多岐にわたる。株主優待が上記のような合理的な目的を有しており，その金額が比較的少額であり，また株主に周知されているのであれば，株主優待は株主平等原則に反するものではないと一般的に解されている。

共同相続人全員が会社に対する株主権等を行使できないことになるという問題があると指摘されている。そして，株式・持分価格多数決説は，権利行使者の選定を共有物の管理行為として持分価格に従いその過半数でなすべきであると考える（民252条本文）。その主な理由は，代表者を選ばないときには株主権等の行使ができないからというものである。ただ，この説には，株式の共同相続の場合に遺産分割により準共有関係が解消されるまでの間，少数派株主はその利益が無視される危険にさらされるという問題がある。判例は，株式・持分多数決説と同様な立場をとる。判例によれば，準共有者の全員が一致しなければ権利行使者を指定することができないとすると，準共有者のうちの１人でも反対すれば全員の社員権の行使が不可能となるのみならず，会社の運営にも支障をきたすおそれがあり，会社の事務処理の便利を考慮して設けられた規定の趣旨にも反する結果となるからであるとされる（最判平成９・１・28金判1019・20〔百選11〕）。

権利行使者の指定・通知を欠く場合には，株式会社の同意があれば，共有者は当該株式についての権利を行使することができる（106条ただし書）。たとえば，共有者全員がその共有する株式について権利を行使する場合はこれにあたると考えられる。そしてまた，判例はいわゆる「特段の事情」が存在するのであれば，各共有者による株主としての権利行使（たとえば株主総会決議の不存在確認の訴えの提起）を認めている（最判平成２・12・４判時1389・140〔百選10〕）。この裁判例における特段の事情とは，具体的に準共有株式が会社の発行済株式の全部に相当し，共同相続人のうちの１人を取締役に選任する旨の株主総会決議がなされたとしてその旨登記されていることを指す。なお，権利行使者は，共同相続人の意思に拘束されることなく自己の判断に基づき権利行使をなしうるものと解される。

株式が共有されている場合に，株主名簿には共有者全員の住所・氏名が記載，記録されることになる。株主名簿への記載・記録請求は保存行為であるから共有者が単独になすことができる（民252条ただし書）。なお，会社の通知・催告もその受領者の指定と会社への通知が必要である（126条３項）。その通知がないときは，会社の通知または催告は共有者の１人に対してすれば足りるとされる（同条４項）。

第２節　株主の権利と義務

1　株主の権利

(1)　共益権と自益権

株主は，その有する株式につき，①剰余金の配当を受ける権利，②残余財産の分配を受ける権利，③株主総会における議決権その他会社法の規定により認められた権利を有する（会社105条1項）。会社に対して株主が有する各種の権利は，講学上共益権と自益権に分類される。

共益権（Gemeinnütziges Recht）とは，株主が会社の経営に参与することを目的とする権利をいい，具体的には次のような権利があげられる。すなわち，議決権（308条），株主提案権（303条），総会招集権（297条），総会検査役選任請求権（306条1項），総会決議取消訴権（831条），累積投票請求権（342条1項），代表訴訟提起権（847条），取締役等の違法行為差止請求権（360条・422条）などがある。これらの権利の中に，議決権のような会社の経営に参与する権利もあれば，株主代表訴訟提起権のような監督是正権もある。それは，広い意味で共益権の内容を捉えるからである。

自益権（Selbstnütziges Recht）とは，株主が会社から直接経済的な利益を受けることを目的とする権利である。「直接経済的な利益を受けること」を直接金銭の給付を受けることに限定せず，広い意味で捉える必要がある。そこで，具体的には，剰余金配当請求権（453条），残余財産分配請求権（504条）をはじめ，名義書換請求権（133条1項），株式買取請求権（116条等），単元未満株式買取請求権（192条），単元未満株式売渡請求権（194条），新株予約権の割当てを受ける請求権（241条）などを自益権としてあげることができる。

通説の社員権説によれば，上記の諸権利は，株主の地位に基づくものであり，1個単一の社員（株主）権を構成する。したがって，それらの諸権利を個別に処分することは認められない。たとえば，株主権のうち議決権だけを，また剰余金配当請求権だけを処分することはできない。判例の立場は，通説と同様である（最判昭和45・7・15民集24・7・804〔百選13〕）。

(2)　単独株主権と少数株主権

株主権は，株主の保有する議決権数や株式数に応じて単独株主権と少数株主権に分類されることができる。単独株主権とは，1株の株主でも行使できる権利をいう。剰余金配当請求権（453条），残余財産分配請求権（504条3項）などのような自益権はすべて単独株主権であるほか，共益権のうちでも単独株主権とされる権利がある。たとえば，議決権（308条1項）や取締役・執行役の違法行為差止請求権（360条・422条），株主代表訴訟提起権（847条），などがそれにあたる。

少数株主権とは，発行済株式総数の一定割合以上または総株主の議決権の一定割合以上・一定数以上を有する株主のみが行使できる株主権をいう。たとえば，株主提案権（取締役会設置会社の場合〔会社303条2項・305条1項ただし書〕）の行使について総株主の議決権の1％以上または300個，会計帳簿閲覧請求権（433条），業務財産調査のための検査役選任請求権（358条）の行使について総株主の議決権の３％以上または発行済株式総数の３％以上，会社解散請求権（833条１項）の行使について総株主の議決権の10％以上または発行済株式総数の10％以上が要求されている。

元来，株主の権利はすべて単独株主権のはずであるが，株主の権利のうち，とくに共益権を中心にかなりの部分が少数株主権とされていることは，法がそうした権利が濫用されることを危惧して，その濫用防止を重視することを意味するものと考えられる。

単独株主権の一部（たとえば，株主代表訴訟提起権など）や，少数株主権の一部（たとえば，株主提案権，総会検査役選任請求権など）について，６か月という株式保有期間の要件も課されている。これは，短期間にしか株式を有しない株主による権利濫用を防止するための措置である。

少数株主権を行使する株主がその権利の行使要件さえ満たせるのであれば，株主は，単独でまたは数人で共同して権利を行使することができると解される。

2　株主の義務

株主の義務とは，株主が株主たる地位において会社に対して負う義務である。こうした義務は，株主の第三者的義務，たとえば会社との取引によって生じた義務とは異なる。

株主の会社に対する義務は，ただ１つの出資義務に限られ，しかもそれがその有する株式の引受価額を限度とされる（104条）。株主の出資義務は，会社成立前または株式発行の効力発生前に全部履行されなければならないため（34条１項・36条・63条１項３項・208条１項・２項・５項・280条３項～５項・282条），法的には株主の義務というより株式引受人（設立時募集株式引受人，募集株式引受人）としての義務である。株式引受人の側から，出資する債務（金銭の場合は払込み，現物出資の場合は給付）と会社に対する債権を相殺することは許されない（208条３項）。この趣旨は，会社の債権者を保護するためである。

3　株主等の権利の行使に関する利益供与の禁止

株式会社が何人に対しても株主等（当該株式会社に係る適格旧株主〔847条の２第９項〕，当該株式会社の最終完全親会社等の株主〔847条の３第１項〕を含む）の権利の行使に関し，財産上の利益を供与すること（当該株式会社またはその子会社の計算においてするものに限る）は禁止される（120条１項）。このように，会社から財産上の利益が供与される者は「何人」とされるため，その範囲は限定されていない。この規定は，会社法成立前商法の1981（昭和56）年改正によっていわゆる総会屋対策の一環として導入され，会社法に受け継がれた。会社法は，さらに2014（平成26）年改正を経て，権利を行使する株主の範囲を適格旧株主と最終完全親会社等の株主までに広げた。この規定の趣旨は，会社経営の健全性を確保し，会社財産の浪費を防止することにある。したがって，この規定は，総会屋対策のために導入されたが，株主等の権利行使に関して会社が利益を供与したのであれば，総会屋以外にも適用されることは可能である。たとえば，会社から見て好ましくないと判断される株主が議決権等の株主の権利を行使することを回避する目的で，当該株主から株式を譲り受けるための対価を何人かに供与する行為は，この規定の適用を受けることになる（最判平成18・4・10民集60・4・1273〔百選14〕）。

株式会社が特定の株主に対して無償で財産上の利益の供与をした場合に，または特定の株主に対して有償で財産上の利益の供与をしたが，当該株式会社またはその子会社の受けた利益が当該財産上の利益に比して著しく少ない場合に，当該株式会社は，株主の権利の行使に関し，財産上の利益の供与をしたものと推定される（120条2項）。

株式会社が利益供与の禁止の規定に違反して財産上の利益の供与をした場合に，当該利益の供与を受けた者は，これを当該株式会社またはその子会社に返還しなければならない。当該利益の供与を受けた者は，当該株式会社またはその子会社に対して当該利益と引換えに給付をしたものがあるとき，その返還を受けることができる（120条3項）。また，当該利益の供与をすることに関与した取締役・執行役として法務省令（会社則21条）で定める者は，当該株式会社に対して，連帯して供与した利益の価額に相当する額を支払う義務を負う（120条4項）。ただ，その者がその職務を行うについて注意を怠らなかったことを証明した場合は，このような責任を負わないとされる（過失責任〔同項ただし書〕）。なお，利益を供与した取締役・執行役の責任は無過失責任である（同項ただし書中のかっこ書）。この責任は，総株主の同意がなければ，免除することができない（同条5項）。

利益供与を受けた者，利益供与をした取締役・執行役，またそれに関与した取締役・執行役は，株主代表訴訟または多重代表訴訟によって返還義務や支払義務を追及され得るほか（847条・847条の2・847条の3），刑事罰も科せられる（970条）。

第3節　株式の内容と種類

株式としての基本的な内容を備えた標準的な株式は，会社法上明確な定義が置かれていないが，通常普通株式または普通株と呼ばれる。会社法は，経済や会社支配などのためといったさまざまな理由により株式の多様化を求めることに応じるように，普通株式とは異なる株式，すなわち①特別の内容の株式（会社が発行するすべての株式の内容が特別のものである）と②種類株式（会社の発行する一部の株式の権利内容が異なる複数の種類の株式）を規定する。

1　特別の内容の株式

会社法は，特別の内容の株式を３つ認めている。それは，①株式の譲渡（法文上，譲渡による株式の取得と呼ばれる）について会社の承認を要することを内容とする株式（107条１項１号），②株主が会社に対して取得請求をできることを内容とする株式（同１項２号），③会社が一定の事由が生じたことを条件として取得できることを内容とする株式（同１項３号），である。①を譲渡制限株式（２条17号），②を取得請求権付株式（同条18号），③を取得条項付株式（同条19号）という。会社法は，会社がこれらの株式の内容のほか，さらに決めるべき事項を定款によって定めることを規定する（107条２項）。

なお，定款を変更してその発行する全部の株式の内容を取得条項付株式とする事項（107条１項３号）について定款の定めを設け，またはその事項について定款の変更（ただ，その事項についての定款の定めの廃止を除く）をする場合には，株主全員の同意を得なければならない（110条）。このように厳格な要件を設けたのは，取得条項付株式に強制取得性があるため，原始定款の場合はともかく，定款変更によってそれを導入するのが既存株主の利益を害するおそれがあることを考慮したからである。

2　種類株式

会社は，次のような事項を権利の内容とする異なる複数の種類の株式を発行することができる（108条１項）。すなわち，①剰余金の配当，②残余財産の分配，③株主総会において議決権を行使できる事項（議決権制限種類株式），④譲渡による株式の取得について会社の承認を要すること（譲渡制限種類株式），⑤株主が会社に対して株式の取得を請求することができること（取得請求権付種類株式），⑥会社が一定の事由が生じたことを条件として株式を取得することができること（取得条項付種類株式），⑦会社が株主総会の決議によってその全部を取得すること（全部取得条項付種類株式），⑧株主総会等の決議のほか，当該種類株式の種類株主を構成員とする種類株主総会の決議を必要とすること（通称，拒否権付種類株式），⑨種類株主総会において取締役または監査役を選任すること（取締役・監査役選解任種類株式），である。会社の発行できる種類株式は，これらのものに限定されるが，会社は異なる内容を組み合わせた種類株式を発行することが可能である。もっとも，指名委員会等設置会社および公開会社は，⑨の種類株式を発行することができないとされる（同項ただし書）。

⑴　剰余金の配当・残余財産の分配に関する種類株式

従来利用されてきた優先株式や劣後株式が剰余金の配当・残余財産の分配に関する種類株式にあたるものである。優先株式とは，配当や残余財産の分配について，普通株式より優先的な扱いを受ける株式である。これに対して，劣後株式とは，配当や残余財産の分配について，普通株式より劣後的な扱いを受ける株式である。

会社は，剰余金の配当に関する種類株式を発行する場合には，当該種類株式の株主に交付する配当財産の価額の決定方法，剰余金の配当をする条件その他剰余金の配当に関する取扱いの内容，そして残余財産の分配に関する種類株式を発行する場合には，当該種類株式の株主に交付する残余財産の価額の決定方法，当該残余財産の種類その他残余財産の分配に関する取扱いの内容，ならびにこれらの種類株式の発行可能株式総数を定款で定めなければならない（108条２項１号・２号）。

⑵　株主総会において議決権を行使できる事項に関する種類株式

これを議決権制限種類株式という。この種類株式を発行する場合には，会社は，株主総会において議決権を行使することができる事項，そして当該種類の株式につき議決権行使の条件を定めるときは，その条件，ならびに当該種類株式の発行可能株式総数を，定款で定めなければならない（108条２項３号）。議決権制限種類株式は，通常優先株式と合わせて発行される場合が多い。

そうした種類株式の発行は，会社の経営に関心を持たないが，剰余金の配当を優先的に受けたい一般株主のニーズに応えることができる。しかし，会社法は，議決権制限種類株式の発行について規制を設けている。すなわち，こうした種類株式発行会社が公開会社である場合において，議決権制限株式の数が発行済株式の総数の２分の１を超えるに至ったときは，会社は，直ちに議決権制限株式の数を発行済株式の総数の２分の１以下にするための必要な措置をとらなければならない（115条）。その趣旨は，わずかな出資で会社を支配できる歪んだ支配構造の出現を防止することにある。

⑶　譲渡による株式の取得について会社の承認を要する種類株式

これを譲渡制限種類株式という。株式譲渡自由の原則（127条）の例外として，会社法成立前商法は，会社のほとんどが同族的な閉鎖会社であり，その株主間に緊密的な関係性を有するが故に，既存株主が好ましくない者による会社への参入を嫌うことに配慮して，1966（昭和41）年改正を経て，すべての株式の譲渡について会社の承認が要るという株式譲渡制限会社を認めるに至り，会社法は，それを引き継いだ（２条17号・107条１項１号）。

すべての株式の譲渡制限のみならず，会社法は，一部の株式の譲渡制限を内容とする譲渡制限種類株式も認める。この種類株式を発行する場合に，会社は，当該株式を譲渡により取得することについて当該会社の承認を要する旨，そして一定の場合において会社が承認をしたものとみなすときは，その旨および当該一定の場合，ならびに当該種類株式の発行可能株式総数を定款で定めなければならない（108条２項４号）。また，種類株式発行会社において，定款を変更してある種類株式に株式譲渡を制限する定めを定款に設ける場合に，定款変更のための株主総会の特別決議の他に，当該種類株式の株主を構成員とする種類株主総会の特殊決議も必要となる（111条２項・324条３項１号）。

⑷　株主が会社に対してその取得を請求することができる種類株式

これを取得請求権付種類株式という。すべての株式のみならず，一部の株式についても，株主に取得請求権を付与する株式を発行することができる（２条18号・107条１項２号・108条１項５号）。たとえば，取得請求権付非参加型優先株式がその例であろう。こうした株式を保有する株主は，議決権を有しないが会社の業績が一般の状況にあるときに普通株式を保有する株主より優先的配当を受けることができ，会社の業績がかなり向上したときに普通株式への転換を請求することできる。

会社は，この株式を発行する場合に，この株式の取得請求の旨や対価などの事項（107条２項２号），そして当該種類の株式１株を取得するのと引換えに当該株主に対して当該会社の他の株式を交付するときは，当該他の株式の種類および種類ごとの数またはその算定方法，ならびに当該種類株式の発行可能株式総数を定款で定めなければならない（108条２項５号）。この株式の発行手続についても，会社法は，規定を設けている（166条～167条）。

⑸　会社が一定の事由が生じたことを条件として株式を取得することができる種類株式

これを取得条項付種類株式という。全ての株式のみならず，一部の株式についても，会社が株主に取得条項付株式を発行することができる（２条19号・107条１項３号・108条１項６号）。優先株式に強制償還条項や普通株式への強制転換条項をつけてこの種類株式が利用される例が考えられる。会社は，この株式を発行する場合に，この株式の取得の旨，取得事由，取得日，対価などの事項（107条２項３号），そして当該種類の株式１株を取得するのと引換えに当該株主に対して当該株式会社の他の株式を交付するときは，当該他の株式の種類および種類ごとの数またはその算定方法，ならびに当該種類株式の発行可能株式総数を定款で定めなければならない（108条２項６号）。

また，種類株式発行会社において，定款を変更して，ある種類株式に取得条項を付すための定めを定款に設け，または当該取得条項について定款の変更（ただ，取得条項の廃止を除く）をする場合に，定款変更のための株主総会の特別決議の他に，当該種類株式の株主全員の同意を得なければならない（111条1項）。なお，この株式の発行手続について，会社法は，詳細な規定を設けている（168条～170条）。

⑹　会社が株主総会の決議によってその全部を取得する種類株式

これを全部取得条項付種類株式という。この種類株式は，会社法の成立前に用いられていた「私的整理等における100％減資」の方法が整理されて会社法に新しい制度として導入されたものであるが，会社法の成立後，MBO[2] などの場面において，少数派株主を締め出す方法（スクイーズ・アウト）として多く利用されている。2014（平成26）年会社法改正で少数派株主の保護のために，差止請求権の付与などが新たに導入された（171条の3など）。

この株式を発行する場合に，会社は，取得対価の価額の決定方法，株主総会で決議をすることができるか否かについての条件，ならびに発行可能種類株式総数を定款で定めなければならない（108条2項7号）。また，定款を変更してある種類株式に全部取得条項を付すための定めを定款に定める場合に，定款変更のための株主総会の特別決議の他に，当該種類株式の株主を構成員とする種類株主総会等の特別決議も必要となる（111条2項・324条2項1号）。なお，全部取得条項付種類株式の発行手続等について，会社法は，詳細な規定を設けている（171条～173条の2）。

⑺　株主総会等の決議事項の一部について株主総会等の決議のほか，当該種類株式の種類株主を構成員とする種類株主総会の決議を必要とする種類株式

通常，これを拒否権付種類株式というが，黄金株という場合もある。ここにいう株主総会等の決議とは，取締役会設置会社にあっては株主総会または取締役会，清算人会設置会社にあっては株主総会または清算人会においてなされる決議を指す（108条2項8号かっこ書）。この種類株式を発行する場合に，会社は，当該種類株主総会の決

2）MBO（Management Buyout）は，会社の経営者が金融支援（投資ファンド等からの出資や金融機関からの借入れなど）を受けることによりその経営する会社を買収することで，企業買収（M&A, Mergers and Acquisitions）の手法の1つである。具体的には，グループの経営方針により親会社が子会社や一事業部門を切り離す際，第三者に売却せず，経営者がその株式を取得し，会社から独立するとか，株式公開のメリットが薄れた上場会社が自ら株式の非公開（going private）に踏み切るなどの場合には，MBOが多く利用されるといわれる。MBOでは，経営者である取締役が自社の株式の買手，株主が株式の売手になるため，取締役と株主との利害が構造的に対立する。そのため，MBOが実行される際に取締役は株主に対して公正価値移転義務や適性情報開示義務を負うと解される（東京高判平成25・4・17判タ1392・226〔百選54〕）。

議があることを必要とする事項，そして当該種類株主総会の決議を必要とする条件を定めるときは，その条件，ならびに発行可能種類株式総数を定款で定めなければならない（同項8号）。

株主総会等の決議事項の一部について株主総会等の決議のほか，種類株主総会の決議を必要とすることは，当該種類株主総会の決議が株主総会等の決議の効力発生の要件となる。ただ，拒否権付種類株式の拒否権の行使範囲（あるいは対象）に対して法が明らかにしていないため，その範囲をどのようにして画するかという問題がある。

(8) 種類株主総会において取締役または監査役を選任，解任することができる種類株式

これを取締役・監査役選解任権付種類株式という。この種類株式は，合弁会社やベンチャー企業などで利用されるといわれる。この株式を発行する場合に，会社は，①当該種類株主を構成員とする種類株主総会において取締役・監査役を選任することおよび選任する取締役・監査役の数，②選任され得る取締役・監査役の全部または一部を他の種類株主と共同して選任することとするときは，当該他の種類株主の有する株式の種類および共同して選任する取締役・監査役の数，③①と②の事項を変更する条件があるときは，その条件およびその条件が成就した場合における変更後の①または②に掲げる事項，④法務省令（会社則19条）で定める事項，ならびに④発行可能株式総数を定款で定めなければならない（108条2項9号）。ただ，指名委員会等設置会社および公開会社は，この種類株式を発行することができないとされる（同条1項ただし書）。

この種類株式の内容に関わる取締役（監査等委員会設置会社にあっては，監査等委員である取締役またはそれ以外の取締役）・監査役は，当該種類株式の株主を構成員とする種類株主総会の決議だけで選任，解任される（347条）。

第4節　株　券

1　株券の意義

株券とは，株式，すなわち株式会社の株主としての地位を表章する有価証券である。株式の有価証券化は，株主の会社に対する権利関係の明確化や株式の譲渡の円滑化に資するものであるが，上場会社の株式取引の増大化に伴い，株式を譲渡するたびに要求される株券の交付は，煩雑さを増すことになり，それがかえって株式の流通を阻害する要因にもなる。また，数多くの中小規模な株式会社が株券を発行していないのも

事実である。こうしたことを踏まえて，まず，株式会社成立後の株券発行の法定義務が会社法成立前商法の2004（平成16）年改正により緩和され，定款の定めがあれば，会社は，株券を発行しなくてもいいようになった（原則発行の立法主義）。会社法は，さらに進んで会社成立後の株券不発行の原則を採用するに至り，会社が株券を発行する場合にその旨を定款で定めれば，足りるとしている（原則不発行の立法主義〔214条〕）。また，コンピュータ技術の著しい進展に伴い，2009（平成21）年1月に上場会社については，株券の廃止・ペーパーレス化（電子化）が強制的に実現され，株主等の管理について新しい振替株式制度（振替法）が導入された。

種類株式発行会社は，株券発行の旨を定款で定める場合にその発行する種類株式の一部に限らず，すべての種類株式について株券を発行することになる（214条かっこ書）。

2　株券の発行

株券を発行する会社は，株券発行会社と呼ばれ，会社法上，その株式に係る株券を発行する旨の定款の定めがある会社であると定義される（117条7項かっこ書）。

(1)　株券発行の時期

株券発行会社は，株式を発行した日以後遅滞なく，株券を発行しなければならない（〔215条1項〕。なお，株式の併合・分割があった場合は同様である〔同条2項・3項〕）。ここにいう株券の発行とは，会社が法定の形式（216条）を具備した文書を株主に交付することをいう（最判昭和40・11・16民集19・8・1970〔百選25〕）。ただ，非公開会社である株券発行会社は，株主から株券発行の請求がある時までは，株券を発行しないことができる（215条4項）。株券の成立時期について，学説上争いがあるが，判例は交付説を採用する（前掲・最判昭和40・11・16）。それによれば，法定の形式（216条）を具備した文書が作成され，株主に交付されたとき初めて株券となる。

株券の占有者は，適法な所持人であると推定され（資格授与的効力〔131条1項〕），株券の占有者を株式の所有者すなわち株主と信じて，株券の交付を受けた者は，当該株券に係る株式についての権利を取得する（善意取得〔同条2項〕）。株券を伴う株式取引の安全を保護する必要があるからである。また，会社が株券の占有者から株券の呈示を受けて株主名簿の書換えを行った場合に，たとえその占有者が株式の所有者でなかったとしても，それについて悪意・無過失がなければ，会社の責任は問われない（免責的効力〔手形法40条3項類推適用〕）。

(2)　株券の記載事項

株券には，次の事項およびその番号を記載し，株券発行会社の代表取締役（指名委員会等設置会社には，代表執行役）がこれに署名し，または記名押印しなければならない（216条）。すなわち，①株券発行会社の商号，②当該株券に係る株式の数，③譲渡による当該株券に係る株式の取得について株式会社の承認を要すること（株式の譲渡制限）を定めたときは，その旨，④種類株式発行会社の場合には，当該株券に係る株式の種類およびその内容，である。これは，株券が法定様式を具備するという要式証券であることをも意味する。また，株券には，株主の記名が要求されていないため，発行される株券は無記名株券である。したがって，株式の譲渡は，原則として株券を交付すれば，その効力を生じる（128条１項）。

3　株券不所持制度

紛失や盗難などのおそれを回避するため，株券不所持制度が置かれている（217条）。この制度を利用するにあたって，まず，株券発行会社の株主は，会社に対し，その有する株式に係る株券の所持を希望しない旨を申し出る。この申出は，その申出に係る株式の数を明らかにするとともに，株券を株券発行会社に提出しなければならない。

つぎに，株主からの申出を受けた会社は，遅滞なく当該株式に係る株券を発行しない旨を株主名簿に記載し，または記録する。それを経て，会社は，当該株式に係る株券を発行することができない。また，提出された株券は，発行されない旨が株主名簿に記載または記録をした時点で無効となる。ただ，株券の不所持の申出をした株主は，いつでも会社に対し，株券を再発行することを請求することができる。株券発行会社は，定款の変更で株券を発行する旨の定款の定めを廃止することもできる（218条）。

4　株券の提出

株券が発行された場合に，株式の併合・分割，組織再編など一定の行為（219条１項各号）が行われるときに，古い株券を回収して混乱を防ぐために株主に株券を提出させる必要がある。その際に，株券発行会社は，その行為の効力発生日までに会社に対し株券を提出する旨を株券提出日の１か月前までに，公告し，かつ当該株式の株主およびその登録株式質権者には，各別にそれを通知することを要する（同項本文）。株券提出日までに株券を提出しない者に対して，会社（株式売渡請求の場合には，特別支配株主）は，株券の提出があるまでの間，当該株券に係る株式の株主が受けることのできる金銭等の交付を拒むことができる（同条２項）。株券提出日に提出を要求される株券は無効となる（同条３項）。

株券を提出できない者は，利害関係人に対し異議があれば一定の期間内に（３か月以上）これを述べることができる旨を公告することを株券発行会社に請求することができる（220条１項）。こうした公告がされたにもかかわらず，一定の期間内に利害関係人が異議を述べなかった場合には，会社または特別支配株主は，請求をした者に対し，金銭等を交付することができる（同条２項）。株券を提出できない株主は，この異議催告手続を利用すれば，次に述べる株券喪失登録よりは早く権利を実現し得る。

5　株券喪失登録制度

紛失や盗難などによって，株主は株券を喪失する場合がある。このような株主を救済する制度は，株券喪失登録制度である。株券を喪失した株主には，会社は株券を再発行しなければならない。株券の再発行に至るまでの経過は次のようなものである。ちなみに，非訟事件手続法４編（99条〜118条）の規定は，株券には適用しないとされる（233条）。

(1)　株券喪失登録簿の作成

株券発行会社は，株券喪失登録簿を作成し，その登録簿には，①株券の番号，②株券喪失者の氏名・名称および住所，③名義人（株券に係る株式の株主・登録株式質権者として株主名簿に記載され，または記録されている者）の氏名・名称および住所，④株券喪失登録日を記載し，または記録するという義務を負う（221条）。株券喪失者は，会社に対し，前記の記載事項を株券喪失登録簿に記載し，または記録することを請求し得る（223条）。

(2)　名義人への通知

株券発行会社が株券喪失者の請求に応じて株券喪失登録をしたが，株券喪失登録者が株券に係る株式の名義人でない場合には，株券発行会社は，遅滞なく名義人に対し株券の喪失登録をした旨，ならびに前記①②④の登録事項を通知する（224条１項）。また，株式についての権利を行使するために株券が株券発行会社に提出された場合に，株券発行会社は，遅滞なく株券を提出した者に対し，株券喪失登録がされている旨を通知する（同条２項）。

(3)　株券喪失登録の抹消

a．株券喪失登録がされた株券を所持する者による抹消申請　株券喪失登録がされた株券の所持者は，法務省令（会社則48条）で定めるところにより，株券喪失登録日の翌日から起算して１年以内に，株券発行会社に対し，株券喪失登録の抹消を申請することができる。この申請にあたって，会社への株券の提出が要求される。株券発行会社は，抹消の申請を受けた後，遅滞なく株券喪失登録者に対して申請者の氏名・名称および住所，ならびに株券の番号を通知する。通知の日から２週間を経過した日に，提出された株券に係る株券喪失登録を抹消する。株券発行会社は，当該株券を抹消申請者に返還しなければならない（225条）。

b．株券喪失登録者による抹消申請　株券喪失登録者は，株券発行会社に対し株券喪失登録の抹消を申請することができる。申請を受けた株券発行会社は，申請を受けた日に申請に係る株券喪失登録を抹消する（226条）。

c．株券を発行する旨の定款の定めを廃止した場合における株券喪失登録の抹消　その株式に係る株券を発行する旨の定款の定めを廃止する定款の変更をする場合には，株券発行会社は，当該定款の変更の効力が生ずる日に，株券喪失登録を抹消する（227条）。

(4)　株券の無効

株券喪失登録（抹消されたものを除く）がされた株券は，株券喪失登録日の翌日から起算して１年を経過した日に無効となる。その場合には，株券発行会社は，株券喪失登録者に対し，株券を再発行しなければならない（228条）。

(5)　株券喪失登録をめぐる法律関係の処理

a．異議催告手続との関係　株券喪失登録者が利害関係人に対する異議の催告を株券発行会社に請求した場合に（220条１項），株券発行会社は，その場合における所定の期間（３か月以上）の末日が株券喪失登録日の翌日から起算して１年を経過する日前に到来するときに限って，異議催告の公告（同条１項）をすることができる。当該公告をするにあたって，株券発行会社は，公告をした日に，公告に係る株券についての株券喪失登録を抹消しなければならない（229条）。

b．株券喪失登録の効力　株券喪失が登録されると，株券発行会社は，次に掲げることを行うにつき制限を受けることになる（230条）。すなわち，①株券喪失登録が抹消された日と株券喪失登録日の翌日から起算して１年を経過した日のいずれか早い日（法文上，登録抹消日と呼ばれる）までの間は，株券喪失登録がされた株券に係る株式を取得した者の氏名・名称および住所を株主名簿に記載し，または記録することができないこと，②登録抹消日後でなければ，株券喪失登録がされた株券を再発行することができないこと，③株券喪失登録者が株券喪失登録をした株券に係る株式の名義人でないときは，当該株式の株主は，登録抹消日までの間は，株主総会または種類株主総会において議決権を行使することができないこと，④株券喪失登録がされた株券に係る株式については，競売または売却をすることができないこと，である。

⑹　株券喪失登録簿の開示等

株券発行会社は，株券喪失登録簿をその本店（株主名簿管理人がある場合にあっては，その営業所）に備え置き，何人も株券発行会社の営業時間内は，いつでも株券喪失登録簿（利害関係がある部分に限る）について，①株券喪失登録簿が書面をもって作成されているときは，その書面の閲覧・謄写の請求，②株券喪失登録簿が電磁的記録をもって作成されているときは，その電磁的記録に記録された事項を法務省令（会社則226条）で定める方法により表示したものの閲覧・謄写の請求をすることができ，この場合は，当該請求の理由が明らかにされなければならない（231条）。

なお，株券発行会社が株券喪失登録者に対してする通知・催告は，株券喪失登録簿に記載し，または記録した株券喪失登録者の住所にあてて発すれば足りるとされ，その通知・催告は，通常到達すべきであった時に，到達したものとみなされる（232条）。

第５節　株式の譲渡

1　株式譲渡自由の原則

株主は，その有する株式を譲渡することができる（127条）。これは株式譲渡自由の原則をいう。株式の譲渡とは，株主たる地位の移転を目的とする法律行為であると解されており（最判平成18・4・10民集60・4・1273〔百選14〕），株主は，それを通してその投下資本を回収することができる。ただ，株式譲渡の方法は，次に述べるように会社が株券を発行するか否かによって異なる。また，株式譲渡自由の原則に対して株式の譲渡を制限する例外的な場合がある（後述）。

まず，株券発行会社の場合である。譲渡当事者間の意思表示が前提となるが，株式の譲渡は，株券を交付することによって，その効力を生じる（効力要件〔128条1項〕。ただし，自己株式の処分による株式の譲渡について特則がある〔129条〕）。ただ，株券の発行前に株主がした株式の譲渡は，株券発行会社に対し，その効力を生じない（128条2項）。したがって，株券未発行や株券不所持の場合に，株券の交付を受けてから株式を譲渡することになる。また，株式の譲渡が株式会社に対抗できるために，株式を取得した者の氏名・名称および住所を株主名簿に記載し，または記録することが必要である（対抗要件〔130条〕）。

つぎに，株券不発行会社の場合である。株式譲渡をめぐる当事者間の意思表示によって譲渡の効力が生じると解される（効力要件）。また，会社その他の第三者に対抗できるために，譲受人（取得者）の氏名と住所を株主名簿に記載，または記録する必要がある（対抗要件〔130条1項〕）。なお，株券不発行会社の株主は，会社に対し，自分についての株主名簿に記載，記録された事項を記載した書面の交付，または記録した電磁的記録の提供を請求することができる（122条１項)。

2　株式の譲渡制限

(1)　法令による譲渡制限

法令による譲渡制限は，主として譲渡時期に対する制限からそれをみることができ，権利株の譲渡制限（35条・63条２項・208条４項）の場合と株券発行会社における株券発行前の株式譲渡の制限の場合（128条２項）が挙げられる。権利株の譲渡は，契約自由の原則に基づいて当事者間では有効であるが，会社には対抗できず，また株券発行前の株式譲渡は，同じく当事者間では有効であるが，会社には効力を生じないと規定される。こうした制限措置は，いずれも会社の株式・株券の事務処理に配慮して，その混乱を回避するために政策的に導入されたものである。ただ，株券発行会社は，株式を発行した日以後遅滞なく株券を発行しなければならないと規定されているので（215条１項)，株券の発行を不当に遅延したなど会社に帰責事由がある場合に，会社は，株式引受人を株主として処遇する義務を負うと解される（最（大）判昭和47・11・８民集26・９・1489〔百選Ａ４〕)。

(2)　定款による制限

ａ．総説　　会社法上，会社は，定款で定めることによりすべての株式または一部の種類の株式の譲渡（法文上，譲渡による株式・種類株式の取得と呼ばれる）を制限できるという規定を設けている（107条１項１号・108条１項４号)。その趣旨は既述した（本章本節２(3)）が，定款でその旨を定める際に，下記のような事項を具体的に定めることが要求される。まず，すべての株式の譲渡を制限する場合には，①譲渡による株式の取得について会社の承認を要する旨，②一定の場合において会社が株主や株式取得者からの請求に基づいて承認をしたものとみなすときはその旨およびその一定の場合，である（107条２項１号)。つぎに，一部の種類の株式の譲渡を制限する場合には，発行可能種類株式総数および前記①と②の事項，である（108条２項４号)。会社による承認とは，定款に別段の定めがあることを除いて，取締役会設置会社の場合には取締役会の決議，取締役会非設置会社の場合には株主総会の決議による承認を指す（139条１項)。

ｂ．手続　　承認請求が株主または株式取得者によってなされ得る（136条・137条)。株主からの請求があった場合に，当該株主は，①譲渡する譲渡制限株式の数，②譲渡制限株式を譲り受ける者の氏名・名称，③会社が承認をしない旨の決定をする際に，当該会社または指定買取人（会社の指定する対象株式の全部または一部の買取人〔140

条4項〕）が譲渡制限株式を買い取ることを請求する旨を明らかにする（138条1項1号）。そして，株式取得者からの承認請求があった場合に，当該株式取得者は，①当該請求をする株式取得者の取得した譲渡制限株式の数，②株式取得者の氏名・名称，③株式会社が承認をしない旨の決定をした際に，会社または指定買取人が譲渡制限株式を買い取ることを請求し得る旨を明らかにする（同項2号）。ただ，この場合の請求は，利害関係人の利益を害するおそれがないものとして法務省令（会社則24条）で定める場合を除いて，その取得した株式の株主として株主名簿に記載，記録された者またはその相続人その他の一般承継人と共同してすることが要求される（137条2項）。

会社は，定款に別段の定めがある場合を除いて，株主総会または取締役会（取締役会設置会社の場合）の決議によって，上記の承認請求を決定し，その決定の内容を承認請求者に対し通知する（139条）。会社が当該請求を承認しない旨を決定した場合に，会社自身または指定買取人は，承認請求の対象となった株式の全部または一部を買い取らなければならない（140条）。その際に，承認請求者に対し，会社または指定買取人が買取りの通知をする（141条・142条）。承認請求者は，買取りの通知を受けてから，会社または指定買取人の承諾があれば，その承認請求を撤回することができる（143条）。それは，濫用的な承認請求を防止する措置である。

会社による買取りの通知がなされた場合に，承認請求の対象とされる株式の売買価格については，通常会社と承認請求者は，協議して定めることになるが，協議が調わないのであれば，会社または承認請求者は，会社による買取りの通知があった日から20日以内に，裁判所に対し売買価格の決定の申立てをすることができる（144条1項・2項）。裁判所は，売買価格の決定をするには，承認請求の時における会社の資産状態その他一切の事情を考慮し，申立てにより裁判所が定めた額をもって対象株式の売買価格とする（同条3項・4項）。上記の期間内に申立てがない場合（当該期間内に上記の協議が調った場合を除く）に，1株当たり純資産額に対象株式の数を乗じて得た額が対象株式の売買価格とされる（同条5項）。指定買取人と承認請求者との間における対象株式の売買価格の決定プロセスはそれと同様とされる（同条7項）。

なお，会社と承認請求者との合意による別段の定めがあることを除き，会社が承認請求を認めたとみなされる場合がある（承認の擬制〔145条〕）。すなわち，①承認請求の日から2週間（定款の定めによる期間の短縮が可能である）以内に承認するか否かの決定通知をしなかった場合，②会社が承認可否の決議内容を通知する日から40日（定款の定めによる期間の短縮が可能である）以内に会社が買い取るという通知をしなかった場合（ただ，指定買取人が承認可否の決議内容を通知する日から10日（定款の定めによる期間の短縮が可能である）以内に指定買取人による買取通知（142条1項）をした場合を除く），③前記①と②の場合のほか，法務省令（会社則26条）で定める場合，である。

c．譲渡制限株式の譲渡の効力　会社の承認を得ることなく，換言すれば会社法の所定の手続（136条）によらずに，株主が譲渡制限株式を譲渡した場合に，その譲渡には効力が生ずるかという問題がある。判例は，これについて，会社に対する関係では効力を生じないが，当事者間では効力を生じると解する（最判昭和48・6・15民集27・6・700〔百選18〕）。株式の譲渡について会社の承認を要するのは，あくまでもそれを制限することを意味するものであって，禁止することを意味するものではない。その立法趣旨は，閉鎖的中小規模な会社に配慮して，もっぱら会社にとって好ましくない者が株主になることを防ぐことにあると説かれる。

他方，株式の譲渡は，財産の譲渡であり，契約自由の原則に照らして保障されるべきである。会社法が株式取得者による承認請求を認めること（137条1項）はその現れであるといえよう。また，会社の承認を受けずになされた譲渡制限株式の譲渡が会社に対し効力を生じないという旨は，当該株主または当該株式取得者による会社に対する株主名簿の書換えを請求できないとする会社法の規定（134条1項1号・2号）から読み取ることができる。

d．相続人等に対する売渡請求　会社法は，株式譲渡制限会社の特殊性を考慮して，相続その他の一般承継（たとえば，合併）により会社の譲渡制限株式を取得した者（相続人等取得者）に対し，その株式を会社に売り渡すことを，会社が請求し得る旨を定款で定めることができると規定する（174条）。会社は，その場合において，株式の売渡しを請求するとき，そのつど株主総会の決議によって，①請求をする株式の数，②その株式を有する者の氏名・名称，といった事項を定める（175条1項）。その際に，相続人等取得者は，相続人等取得者以外の株主の全部が株主総会において議決権を行使することができない場合を除いて，その株主総会において議決権を行使することができない（同条2項）。

また，会社が相続その他の一般承継があったことを知った日から1年を経過した場合に，会社は売渡しの請求をできないとされる（176条1項ただし書）。なお，売渡しの請求について，会社は，その請求に係る株式の数を明らかにする必要があるが，いつでもそうした請求を撤回することができる（同条2項・3項）。そのほか，売買価格の決定のプロセスについては，前記の会社と承認請求者との間の株式譲渡の場合におけるそれと同じような取扱いが規定されている（177条・144条1項～6項）。

(3)　契約による株式譲渡の制限

会社法が用意した定款による株式譲渡制限の制度を利用しないで，契約によって株式譲渡を制限する場合がある。このような契約が効力を生じるかが問題となる。これについて，従来の多数説は，会社と株主との間の契約は株式譲渡自由の原則を規定する会社法127条の趣旨に反する脱法行為となりやすく，原則として無効であるとする一方，契約自由の原則があるため，株主間の契約，または株主・第三者間の契約は，原則として有効であるとするが，会社が契約当事者となる契約の脱法手段としてそれが利用されていると認められる場合には例外的に無効であるとする。こうした従来の多数説に対し，会社が当事者となる契約も契約自由の原則により妥当であり，民法90条の公序良俗に反する契約が無効になるとする有力説がある。

裁判実務上，いわゆる従業員持株制度[3)]と関連して，株式譲渡を制限する契約の有効性が問われる場合が多い。判例は，会社が契約の当事者か否かを特に意識せず，こうした契約が株式譲渡自由の原則を規定する会社法127条に違反するものではなく，公序良俗にも反しないから有効であるとの立場を採用する（最判平成７・４・25裁判集民175-91〔百選20〕，また最判平成21・２・17判時2038・144）。株式譲渡自由の原則，そしてその例外としての定款による株式譲渡の制限を認める会社法の趣旨に照らして，株主の投下資本回収の機会を不当に奪うような契約による株式譲渡の制限は無効とすべきである。

3　株式の担保化

株主は，株式の財産的価値を利用して，株式の担保化を実現することができる。株式の担保化について，会社法は，株主がその有する株式に質権を設定することができると規定する（146条１項）。質権設定には，略式質と登録質の２種類がある。さらに，株式の譲渡担保もある。

(1)　略式質

略式質とは，株券発行会社に限って利用され，質権の設定が質権設定者の株主と株式の質権者が合意した上で，株式に係る株券を交付して，その効力を生じるものである（146条２項）。略式質は，その事実が会社に知られていないため，株式の質権者は，その質権をもって株券発行会社その他の第三者に対抗するためには，継続して当該株式に係る株券を占有する必要がある（147条２項）。略式質の場合に，会社は，質権設定者を株主として取り扱うため，株式の質権者は，剰余金の配当などについて物上代位権を行使することができる（151条１項）が，そのつど株式を差し押える必要がある（民362条２項・同350条・同304条１項ただし書）。

---

3)　従業員持株制度とは，会社がその従業員に何らかの便宜や経済的な援助を与え，自社の株式を取得，保有させる制度である。その目的は，従業員の財産形成，従業員の勤労意欲や経営参加の意識の高揚，安定株主の形成などさまざまであるといわれる。

⑵ 登録質

登録質とは，質権を設定するにあたって質権設定者の株主と株式の質権者が合意したほか，質権者の氏名・名称および住所，ならびに質権の目的である株式が株主名簿に記載され，または記録されることを必要とするというものである。株主名簿に記載され，または記録された質権者は，登録株式質権者と呼ばれる（149条1項）。株券発行会社，株券不発行会社の株主はいずれも登録質を利用することができる。

登録株式質権者は，株式会社その他の第三者に対抗するために，その氏名・名称および住所を株主名簿に記載し，または記録する必要がある（147条1項）。登録株式質権者の氏名・名称および住所，ならびに質権の目的である株式を株主名簿に記載し，または記録することは，質権設定者の株主の請求によって行われる（148条）。また，株券発行会社を除いて，登録株式質権者は，質権者であることを確実に証明するために，会社に対し，登録株式質権者についての株主名簿に記載，記録された事項を記載した書面の交付または当該事項を記録した電磁的記録の提供を請求できる（149条1項・4項）。

会社が登録株式質権者に対してする通知・催告は，株主名簿に記載し，または記録した当該登録株式質権者の住所にあてて発すれば足り，その通知・催告は，その通知・催告が通常到達すべきであった時に，到達したものとみなされる（150条）。登録株式質権者は，剰余金の配当などについて物上代位権を直接行使することができ（151条1項，民350条・同304条1項ただし書），その受領した金銭については，それを他の債権者に先立って自己の債権の弁済に充てること，またその債権の弁済期が到来していない場合には，それを会社等に供託させることができる（154条1項・2項）。

⑶ 株式の譲渡担保

株式の譲渡担保には，略式譲渡担保と登録譲渡担保がある。ただ，株式の質入れと異なって，株式の譲渡担保は，株式の譲渡に該当すると解されるため（最判昭和48・6・15民集27・6・700〔百選18〕），会社に対する対抗要件として，株主名簿への記載は必要であると解される（130条参照）。

第6節　自己株式の取得

1　総　説

自己株式とは，株式会社が有する自己の株式をいう（113条4項かっこ書）。自己株式の取得とは，従来一般的に会社が発行した株式を取得することであると解されてきた（ただ，厳密に会社法の自己株式の定義に従えば，会社が発行した株式を取得した時点でその株式が自己株式となる。本書では便宜上従来の表現を用いることとする）。

会社法成立前商法の2001（平成13）年６月改正までは，幾つかの場合を除いて，自己株式の取得について，法は原則禁止の立法主義を採用していた。その主な理由としては，①会社債権者の保護のため，②株主間の平等の確保のため，③不公正な株式取引の防止のため，④会社の支配権をめぐる不公正な取引の防止のためというものが挙げられていた。

①について，自己株式の取得が株主の出資の払戻しと等しく，それを無制限に許すと，資本充実の原則に反し，債権者の利益を害するおそれがある，②について，特定の株主から自己株式を取得すると，株主平等の原則に反し，さらに会社の株式の価格が下がると，会社が二重の損害を被るおそれがある，③について，相場操縦やインサイダー取引などを招くおそれがある，④について，会社の経営者がその地位保持のために自己株式の取得を利用するおそれがあると説明されていた。

1990年代に入ってから，社会経済情勢が大きく変わったことを受けて，1994（平成６）年改正を皮切りに，1997（平成９）年改正を経て，ついに2001（平成13）年改正によって，自己株式の取得は，全面解禁されて，その立法主義が原則禁止から原則自由へと変わった。その後，自己株式の取得に関して2003（平成15）年に改正もなされたが，2005（平成17）年会社法は，原則自由の立法主義を引き継いだ上で，自己株式の取得に関する規定を整理した（155条～178条）。ただ，子会社による親会社株式の取得は，従来と同様に原則として禁止される（135条）。

会社法では，会社は，次に掲げる場合に限り，当該会社の株式を取得することができると規定される（155条）。すなわち，①取得条項付株式の場合，②譲渡制限株式の場合，③株主総会決議があった場合，④取得請求権付株式の場合，⑤全部取得条項付種類株式の場合，⑥株式相続人等への売渡請求があった場合，⑦単元未満株式の買取請求があった場合，⑧所在不明株主の株式の買取りの場合，⑨端数処理手続に基づく買取りの場合，⑩他の会社（外国会社を含む）の事業の全部を譲り受ける際に当該他の会社が有する当該株式会社の株式を取得する場合，⑪合併後消滅する会社から当該株式会社の株式を承継する場合，⑫吸収分割をする会社から当該株式会社の株式を承継する場合，⑬法務省令（会社則27条）で定める場合，である。ただ，上記③の株主総会決議による取得は通常いう自己株式の取得にあたる。その詳細について会社法156条～165条が規定する。

2　株主との合意による取得

会社が株主との合意により会社の株式を有償で取得するには，予め株主総会の決議によって，①取得する株式の数，②株式を取得するのと引換えに交付する金銭等（その会社の株式等を除く）の内容およびその総額，③株式を取得することができる期間（ただ，1年を超えることができない）といった事項を定めることが要求される（156条1項）。

会社は，前記事項に関する決定に従い，実際に株式を取得する際に，そのつど，①取得する株式の数，②株式1株を取得するのと引換えに交付する金銭等の内容および数・額またはこれらの算定方法，③株式を取得するのと引換えに交付する金銭等の総額，④株式の譲渡しの申込みの期日といった事項を定める（157条1項）。取締役会非設置会社の場合には，取締役がこれらの事項を定めることになるが，取締役会設置会社の場合には，これらの事項の決定は，取締役会の決議によると要求される（同条2項）。また，株式取得の条件は，会社の当該決定ごとに，均等に定めることを要する（同条3項）。

会社は，株主に対し，株式の取得に関するそのつどの決定事項を通知しなければならないが，公開会社の場合においては，その通知は，公告をもってこれに代えられる（158条）。

通知を受けた株主は，その有する株式の譲渡しの申込みをしようとするときは，会社に対し，その申込みに係る株式の数を明らかにしなければならない（159条1項）。株式会社は，株式の譲渡しの申込みの期日において，当該申込みをした株主から株式を取得するが，株主の譲渡しの申込総数が会社のそのつどの取得総数を超えた場合に，按分比例の方法により，株式を取得することになる（同条2項）。

3　特定の株主からの取得

会社は，株主総会の決議を経て株式取得事項を決定することに併せて，同決議（特別決議〔309条2項2号〕）によって特定の株主から取得すること，かつそれを当該特定の株主に対して行う旨を通知することを定めることができる（160条1項）。ただ，株主間の公平を保つための措置として，会社は，この決定をする場合に，法務省令（会社則28条・29条）で定める時までに，会社の株主に対して特定の株主に自己をも加えるのを株主総会の議案とすることを請求できる旨を通知することを義務づけられるほか（他の株主の売主追加請求権〔160条2項・3項〕），当該特定の株主は，特定の株主以外の株主の全部が株主総会において議決権を行使することができない場合を除いて，株主総会において議決権を行使することができないとされる（議決権の排除〔160条4項〕）。もっとも，このような売主追加請求権の付与と議決権の排除といった措置は，取得する株式が市場価格のある株式である場合において，当該株式1株を取得するのと引換えに交付する金銭等の額が当該株式1株の市場価格として法務省令（会社則30条）で定める方法により算定されるものを超えないときは，講じられる必要がないとされる（161条）。

また，特定の株主が株主の相続人やその他の一般承継人である場合に，他の株主に売主追加請求権を付与する必要もないが，①株式会社が公開会社である場合，②当該相続人やその他の一般承継人が株主総会または種類株主総会において当該株式について議決権を行使した場合のいずれかに該当したのであれば，他の株主への売主追加請求権の付与は必要であるとされる（162条）。

なお，株式会社は，特定株主からの株式取得の際にして，他の株主に売主追加請求権を付与しない旨を定款で定め得るが，その旨を定款で設けるか，またはその定めについて定款の変更をするかの場合には，株主全員の同意を得なければならない（164条）。

そのほか，子会社からの株式の取得は，特定の株主からの取得とされるが，その決定をできるのは，株主総会（取締役会設置会社の場合は，取締役会）であり，会社法上の関連規定内容（157条～160条）を適用しないとされる（163条）。

4　市場取引等による株式の取得

会社が市場取引または公開買付け[4)]（金商法27条の２第６項）の方法で自己株式を取得する場合には，株主総会の決議によって自己株式の取得を決定すれば足り（156条１項），そのつどの決定事項，通知，他の株主の売出参加請求権に関する規定（157条～160条）を適用しないとされる（165条１項）。市場という公の場において，自己株式を取得するため，会社のすべての株主が株式の譲渡しに参加できるからである。また，取締役会設置会社は，市場取引や公開買付けにより自己株式を取得することを取締役会の決議によって定め得る旨を定款で定めることができるとされる（同条２項）。こうして，自己株式の取得の効率性も向上することになる。

5　取得財源の規制

会社債権者の保護を図るために，会社法は，基本的に自己株式の取得の財源を分配可能額に限定するという厳しい規制を設けている。それによれば，自己株式の取得により会社が株主に交付する金銭等の帳簿価額の総額がその取得の効力発生日における分配可能額（461条２項）を超えてはならないと規定される（同条１項）。ただ，同規定においてこうした規制を受けると明文化されたのは，前記の自己株式の取得のすべて

4）　公開買付け（TOB，Take Over Bid）とは，不特定かつ多数の者に対して，公告により株券等の買付け等の申込みまたは売付け等（売付けその他の有償の譲渡）の申込みの勧誘を行い，取引所金融商品市場外で株券等の買付け等を行うことをいう。

の場合（本節１総説）ではなく，従来の自己株式の取得の場合，すなわち株主総会の決議があった場合（前出１中の③）のほか，譲渡制限株式の場合（②），全部取得条項付種類株式の場合（⑤），株式相続人等への売渡請求があった場合（⑥），所在不明株主の株式の買取りの場合（⑧），端数処理手続に基づく買取りの場合（⑨）にとどまる[5)]。

6　違法な自己株式取得の効果

(1)　私法上の効力

違法な自己株式の取得に関する効力について，会社法は規定を設けていない。学説は，譲渡側である株主の善意の場合を除いて，原則として手続規制や財源規制に違反した自己株式の取得が無効であり，その無効を主張できるのが会社のみであると解する。これに対して，財源規制に違反する自己株式の取得を有効とする見解もあるが，取引の安全を考慮しなくてもいい場合まで，違法な自己株式の取得を有効とするのは疑問である。

(2)　取締役等の責任

違法な自己株式の取得を行った取締役や執行役（指名委員会等設置会社の場合）は，その違法行為によって会社に損害を被らせた場合に，会社に対し任務懈怠による損害賠償責任を負う（423条１項）。そのほか，会社法は，特別の法定責任をも規定する。すなわち，業務執行者（業務執行取締役または執行役〔462条１項かっこ書〕）と提案取締役は，461条の財源規制に違反する自己株式の取得（株主との合意に基づく取得など）の場合に，連帯して支出の全額を支払う義務を負う（462条１項）。この支払義務は，過失責任とされる（同条２項）が，その免除は，総株主の同意が必要とされる（同条３項）。また，自己株式の取得によって欠損が生じた場合において業務執行者は

---

5)　これに対して，本節１の総説で述べた①にいう取得条項付株式の場合（交付する財産の帳簿価額が分配可能額超である場合，取得が無効〔170条５項〕），④にいう取得請求権付株式の場合（取得総額が分配可能額超である場合に，取得請求権の行使が許されず，違反したら取得が無効となる〔166条１項ただし書〕）は，461条の規制を受けないが，他の条文による規制を受ける。⑦にいう単元未満株式の買取請求があった場合は，461条の規制を受けないが，他の場合（116条１項，182条の４第１項が規定する場合）における買取請求と絡めて分配可能額を超えての取得が有効とされつつ，取得に関与した業務執行者（462条１項かっこ書）が超過額の支払義務を負う（464条１項），⑩にいう他の会社（外国会社を含む）の事業の全部を譲り受ける際に当該他の会社が有する当該株式会社の株式を取得する場合，⑪にいう合併後消滅する会社から当該株式会社の株式を承継する場合，⑫にいう吸収分割をする会社から当該株式会社の株式を承継する場合という3つの場合については，分配可能額内の規制（461条），超過額の支払義務負担の規制（464条１項）を受けないとされる。

欠損塡補の責任を負担する（465条1項）。この責任の免除も総株主の同意が必要とされる（同条2項）。

上記の民事責任に加えて，刑事責任の追及もあり得る。すなわち，何人の名義をもってするかを問わず，会社の計算において不正にその株式が取得された場合に，取締役，執行役等は，5年以下の懲役などの刑事罰に科せられる（963条5項1号）。

7 自己株式の法的地位，消却と処分

(1) 法的地位

会社が取得した自己株式の保有期間について，会社法は規定を設けていない。したがって，会社はそれを長期間保有することができる。ただ，自己株式には議決権がないとの明文規定が置かれ（308条2項），それは一株一議決権の原則の例外とされるが，経営者による歪んだ会社の支配を防ぐためには当然である。また，会社法は，自己株式の資産性を認めておらず，それについて剰余金を配当することはできないと規定する（453条かっこ書）。

(2) 自己株式の消却と処分

会社は，自己株式を消却すること（なくすこと）ができる。この場合は，消却する自己株式の数を定め，取締役会設置会社においては，消却に関する決定が取締役会の決議によるとされる（178条）。自己株式の消却はいつでもできる。

自己株式の消却は，自己株式の処分の1つにも数えられるが，処分の方法として，会社は，保有する自己株式を再利用することもできる。再利用のためには，引受人の募集，株式の無償割当て，新株予約権の行使に伴う交付，組織再編の相手会社による承継など多様な手法が挙げられる。

8 子会社による親会社の自己株式の取得

これまで述べてきた原則自由とされている自己株式の取得とは異なって，立法技術が困難という理由で，子会社は，次に掲げる例外的な場合を除き，親会社株式を取得してはならないとされる（135条）。すなわち，①他の会社（外国会社を含む）の事業の全部を譲り受ける場合において当該他の会社の有する親会社株式を譲り受ける場合，②合併後消滅する会社から親会社株式を承継する場合，③吸収分割により他の会社から親会社株式を承継する場合，④新設分割により他の会社から親会社株式を承継する場合，⑤その他法務省令（会社則23条）で定める場合，である。子会社は，相当の時期にその有する親会社株式を処分しなければならない。なお，会社法135条が規定する上記内容の例外として，消滅会社等の株主等に対して交付する金銭等が存続株式会

社等の親会社株式である場合の特則が置かれている（800条）。それは，日本型三角合併[6]を容易にするための例外規定であると位置づけられる。

第７節　株主名簿

1　株主名簿の意義

株主名簿とは，会社法上その作成が要求され，株主および株券に関する事項を明らかにする文書または電磁的記録である。株主は，株式を譲渡することで頻繁に変動するため，会社にとって株主の管理事務を円滑にし，権利を行使する株主を確定することができるように，株主名簿の作成は必要不可欠なことである。具体的に株主名簿への記載・記録が要求される事項（株主名簿記載事項）は，①株主の氏名・名称および住所，②株主の有する株式の数，③株主が株式を取得した日，④会社が株券発行会社である場合には，株式（株券が発行される場合に限る）に係る株券の番号とされる（121条）。

株券発行会社の場合を除き，株主は，確実に自分が株主であることを証明するために，会社に対し，自分が株主名簿に記載，記録された株主名簿記載事項を記載した書面の交付等を請求することができる（122条４項・１項）。また，会社は，会社に代わって株主名簿の作成および備置きその他の株主名簿に関する事務を行う者である株主名簿管理人を置く旨を定款で定め，関係事務を行うことを委託することができる（123条）。

2　株主名簿の閲覧請求

会社は，株主名簿をその本店（株主名簿管理人がある場合にその営業所）に備え置くことが義務づけられ，株主および債権者は，会社の営業時間内においていつでも株主名簿の閲覧・謄写を請求する権利を有するが，そのとき，請求理由を明らかにしなければならない（125条１項・２項）。ただし，会社は，次のような事由のいずれかに

---

6)　日本型三角合併は，主として海外の会社が日本の会社を合併しやすくするように設計された制度である。たとえば，海外にあるＡ株式会社（Ａ会社）は，日本にあるＢ株式会社（Ｂ会社）を完全子会社にすることを意図する。その際に，Ａ会社は，まず日本国内に子会社のＣ株式会社（Ｃ会社）を設立し，そしてＣ会社を存続会社，Ｂ会社を消滅会社にして，合併の対価をＣ会社の保有するＡ会社の株式とする。そのようにして，海外にあるＡ会社は，日本国内にあるＢ会社を比較的簡単に合併することができることになる。ただ，実際は，この手法による企業買収はあまり利用されていない。

該当することを理由に，この請求を拒絶することができる（同条３項）。すなわち，①その請求を行う株主・債権者がその権利の確保または行使に関する調査以外の目的で請求を行ったこと，②株主・債権者が会社の業務の遂行を妨げ，または株主の共同の利益を害する目的で請求を行ったこと，③株主・債権者が株主名簿の閲覧・謄写によって知り得た事実を利益を得て第三者に通報するため請求を行ったこと，④株主・債権者が，過去２年以内において，株主名簿の閲覧・謄写によって知り得た事実を，利益を得て第三者に通報したこと，である。また，会社の親会社社員は，その権利を行使するため必要がある場合に，裁判所の許可を得て，当該会社の株主名簿について閲覧・謄写請求をすることができ，そのとき，その請求理由を明らかにする義務を負う（同条４項）。この親会社社員の請求に対して，前記①～④の事由のいずれかに該当するのであれば，裁判所は，その請求を許可しないことになる（同条５項）。

3　基準日

基準日とは，会社によって定められた，株主名簿に記載され，または記録されている株主が権利行使者として権利を行使し得る一定の日をいい，当該一定の日の株主は基準日株主と呼ばれる（124条１項）。

実務上，毎年３月31日を基準日とする株式会社が多いといわれる。絶えず行われる株式の譲渡に伴い，株主名簿の書換えも常に行われることを考慮して，株主総会の開催などのような場合に混乱が生じないように，基準日株主を明確にする必要がある。基準日が定められた場合に，会社は，基準日株主が行使することができる権利（基準日から３か月以内に行使するものに限る）の内容を定め，また基準日の２週間前までに，基準日および基準日株主が行使できる権利の内容を公告しなければならない（同条２項・３項本文）。これらは，登録株式質権者に対しても同様である（同条５項）。

なお，例外的措置として，基準日株主が行使することができる権利が株主総会または種類株主総会における議決権である場合に，基準日株主の権利を害しないことを要件として，会社は，基準日後に株式を取得した者の全部または一部を当該権利行使ができる者と定めることができるとされる（同条４項）。

4　名義書換

(1)　名義書換の手続

名義書換は，会社自身が行う場合もあるが，基本的に株式取得者の請求により行われる。株式取得者は，会社に対しその取得した株式に係る株主名簿記載事項を株主名簿に記載，記録することを請求する（133条１項）。その請求は，利害関係人の利益を害するおそれがないものとして法務省令（会社則22条）で定める場合（たとえば，競売により株式を取得した場合，株券発行会社の場合など）を除いて，株式取得者が従来株主名簿に記載，記録された者，またはその相続人その他の一般承継人と共同して行わなければならない（133条2項)。これに対して，会社は，①株式を発行した場合，②自己株式を取得した場合，③自己株式を処分した場合，④株式の併合・分割をした場合において，自らその株式の株主に係る株主名簿記載事項を株主名簿に記載し，または記録する義務を負う（132条)。以上の手続は，通常譲渡制限株式を取得した場合の名義書換には適用しないが，会社によって譲渡制限株式の取得が認められたなどのような場合には適用するとされる（134条)。

(2) 名義書換の効果

株主名簿における名義が書き換えられると，株主名義人に対して，法により資格授与的効力，免責的効力，および確定的効力が付与されることになる。こうした効力の付与は，常時変動する株主と会社との関係を画一的に処理する役割を株主名簿に期待するからである。

資格的授与の効力とは，株主名簿に記載，記録された名義上の株主が会社に対して実質的権利を証明することなく，株主の権利を行使することができることを意味する。すなわち，この効力によって名義上の株主は正当な株主であると推定される。もっとも，株主名簿の記載・記録自体が権利を創設するものではないから，会社は，名簿上の株主が無権利者であることを証明すれば，当該名義上の株主の権利行使を拒否できる。

免責的効力とは，会社が株主名簿に株主として記載・記録された者を株主として取り扱えば，たとえその者が真の株主でなかった場合も，それにつき悪意・重過失がない限り免責される。ただ，ここで注意を要するのは，この免責的効力を有するのが株券発行会社，ならびに株券発行会社ではないがその発行株式が振替株式である会社の株主名簿であって，株券不発行会社でしかもその発行株式が振替株式ではない会社の株主名簿がこうした効力を有しないということである。

確定的効力とは，株式を取得した者が株主名簿の名義書換を受けない限り，会社に対して株主であることを主張し得ないことを意味するものであり，この趣旨は，会社法130条1項には明確に示されていると一般的に捉えられている。それによれば，株式の譲渡は，その株式を取得した者の氏名・名称および住所を株主名簿に記載し，または記録しなければ，株式会社その他の第三者（会社が株券発行会社の場合には当該第三者を除く）に対抗することができないとされる。すなわち，会社は，株主から名義書換の請求がなされない限り，たとえ権利の譲渡の存在を知っていても依然として名簿上の株主を株主として取り扱えば足りる（たとえば，会社が名簿上記載，または記録されている株主の住所にあてて株主に対する通知や催告を発すれば足りるとされる〔126条1項〕)。したがって，株主名簿の書換未了の実質的株主は，会社から株主として認められず，会社に対して権利行使をすることができないことになる。

(3) 名義書換未了株主の地位

従来，名義書換未了の実質的株主が会社に対し権利行使ができるかをめぐっては，2つの場合がある。それは，①会社による名義書換の不当拒絶の場合，および②会社が自ら名義書換未了の実質的株主に権利行使を認める場合である。

まず，①の場合についてである。適法な株式取得者が会社法に定める手続に従い，名義書換を請求した場合に，会社はそれに応じなければならない。会社が株式取得者の請求を不当に拒絶した場合はいわゆる不当拒絶となる。問題はこの場合においても会社法130条1項の適用が認められるかである。判例は，いわゆる不当拒絶の場合における会社法130条1項の適用を否定する（最判昭和41・7・28民集20・6・1251)。学説は，否定説と肯定説に分かれる。肯定説は，判例の立場を支持し，会社が不当に株主名簿の名義書換を拒絶しておきながら，名義書換のないことを理由に株主の権利行使を認めないことは信義則に反することを理由とする。否定説は，多数の株主関係の画一的処理を目的とする株主名簿制度の趣旨が没却されること，拒否が正当かどうかの客観的判断が困難であることを理由とする。

つぎに，②の場合についてである。判例は，会社側からは名義書換をしていない実質的株主の権利行使を認めて差し支えない，という立場を一貫してとっている（最判昭和30・10・20民集9・11・1657)。この問題についても，学説は否定説と肯定説に分かれる。肯定説は，判例の立場と同様であり，会社が名義書換をしていない者であっても，会社の危険においてこの者を株主として取り扱うことができるとする。これに対して，否定説は，判例の立場に反対し，会社が名義書換をしていない者を株主として取り扱うことができないとして，主な理由として会社に株主名簿上の株主と株式譲受人のいずれを株主として権利行使をさせるかという選択の自由を認めることになれば，経営陣に都合のよい者に権利を行使させるおそれがあることを挙げている。

(4) 失念株

失念株とは，株式の譲渡がなされたが，株式の譲受人が名義書換の請求を失念した場合のことをいう。株式の譲受人が名義書換の請求を失念しているうちに，たとえば，①会社が株式譲渡人に新株を割当て，譲渡人が株金額を払込み，新株を取得した場合に，または②会社が株式の分割をして譲渡人が増加した株式に係る株券の交付を受け，その株券を売却した場合において，実質株主としての株式の譲受人はどのような請求できるかが問題になる。①の場合においては，譲受人が譲渡人に対して新株の引渡しを請求したが，判例は，会社が一定日時の名簿上の株主を権利者として定めることができることから，たとえ株式の譲渡があっても新株を引き受ける権利がこれに随伴して移転しないことを理由として譲受人の請求を否定した（最判昭和35・9・15民集14・11・2146〔百選Ａ5〕)。これに対して，学説は，会社・株主間の関係と譲渡当事者間の関係を混同したものとして厳しく批判する。

②の場合においては，株式の譲受人は，不当利得返還請求権に基づき，新株式の売却代金および配当金相当額の返還を請求した。判例は，原則として譲渡人が譲受人に対し売却代金相当額の金員の不当利得返還義務を負うとした（最判平成19・3・8民集61・2・479〔百選16〕)。

5　株主に対する通知・催告と所在不明株主の扱い

(1)　株主に対する通知・催告

会社の株主に対する通知・催告は，株主名簿に記載，記録したその株主の住所にあてて発すれば足りるが，その株主が別に通知・催告を受ける場所，または連絡先を会社に通知した場合には，その場所または連絡先に発することになる（126条1項)。こうした通知・催告は，その通知・催告が通常到達すべきであった時に，到達したものとみなされる（同条2項)。株式が2以上の者の共有に属するときは，共有者は，会社が株主に対して行う通知・催告を受領する者を1人定め，会社に対しその者の氏名・名称を通知し，その者が株主とみなされ，会社は，その者に対し通知・催告をする（同条3項)。ただ，株式の共有者から通知がない場合には，会社が株式の共有者に対して行う通知・催告は，そのうちの1人に対して行えば足りるとされる（同条4項)。

(2)　所在不明株主の扱い

所在不明株主の扱いに関する規定は，会社の株主管理事務を合理化する理由で2002（平成14）年に会社法成立前商法に導入され，2005（平成17）年会社法に引き継がれた。いわゆる所在不明株主とは，会社が5年以上継続して通知・催告をしてもそれが到達しない株主をいい，所在不明株主に対して会社はもはや通知・催告をしなくてもよいとされる（196条1項)。この場合に所在不明株主に対して会社が義務の履行（たとえば，配当金の支払）を行う場所は，会社の住所地となる（同条2項)。こうした扱いは，登録株式質権者についても同様とされる（同条3項)。

所在不明株主が継続して5年間剰余金の配当を受領しなかったなどの場合において，会社は，所在不明株主の有する株式を競売し，かつその代金をその株主に交付することができる（197条１項）。ただ，会社は，競売の方法に代えて，市場価格のある株式については市場価格として法務省令（会社則38）で定める方法により算定される額をもって，市場価格のない株式については裁判所の許可を得て競売以外の方法により，これを売却することができ，この場合において，この許可の申立ては，取締役が２人以上あるときは，その全員の同意によってなされる（197条２項）。ただ，会社は，売却する株式の全部または一部を買い取ることができるが，その際に，①買い取る株式の数，②株式の買取りをするのと引換えに交付する金銭の総額といった事項を定めることを要する（〔同条３項〕。取締役会設置会社の場合は，これらの事項の決定は取締役会の決議による〔同条４項〕）。

所在不明株主の株式を競売するなどのことは，他人の財産を処分する行為にあたるから，慎重な対応が求められる。これについて，会社法は，利害関係人の異議申立制度を設けている。すなわち，所在不明株主の株式を競売し，または売却する場合には，会社は，その株主その他の利害関係人が一定の期間内（３か月以上）に異議を述べることができる旨その他法務省令（会社則39）で定める事項を公告し，かつその株主およびその登録株式質権者には，各別にこれを催告しなければならない（198条１項）。

この催告は，株主名簿に記載，記録したその株主および登録株式質権者の住所（その株主・登録株式質権者が別に通知・催告を受ける場所・連絡先を会社に通知した場合にあっては，その場所・連絡先を含む）にあてて発する（同条２項）。また，株式が２以上の者の共有に属するときは，催告は，共有者に対し株主名簿に記載，記録した住所（当該共有者が別に通知・催告を受ける場所・連絡先を会社に通知した場合に，その場所・連絡先を含む）にあてて発する（同条３項）。なお，株券が発行される株式に限るが，会社が上記の公告をした場合において，３か月という一定の期間内に利害関係人が異議を述べなかったときは，その株式に係る株券は，その期間の末日に無効となる（同条５項）。

6　振替株式制度

(1)　総　説

振替株式とは，株券不発行会社の株式で振替機関（法定の要件を備えた上で振替業を営む者として主務大臣によって指定される者〔振替３条〕）が取り扱うものをいう（振替128条１項）。1984（昭和59）年に成立した「株券等の保管および振替に関する法律」によって，株券保管振替制度が導入されたが，現行振替法（社債，株式等の振替に関する法律）は，2004（平成16）年に株式等について従来の保管振替制度から新しい振替制度への移行を実現した。この制度の下では，株券不発行会社の株式は，会社の同意を前提にして振替株式となった（振替128条１項）。これに対して，上場会社の株式は，2009（平成21）年１月５日に一斉に振替株式への移行が強制された。

振替株式制度の下では，振替株式の移転は，すべて最上位の振替機関（現在，振替機関は株式会社証券保管振替機構のみである）およびその下位の口座管理機関（証券会社等，他人のために口座の開設を行う一定の金融機関〔振替２条４項・44条〕）の振替口座簿上に開設される口座を通じて電子的に行われる。すなわち，振替機関の振替口座簿上に口座管理機関が直接に口座を設けて（口座管理機関に他の口座管理機関が口座を設ける場合もある。この場合はその他の口座管理機関が振替機関の振替口座簿上に間接に口座を設けることになる），株主（加入者）は，口座管理機関の口座管理簿上に直接口座を設ける（振替12条・同45条・同129条参照）。振替株式の権利の帰属は，この振替口座簿上の記載・記録により定まる（振替128条１項）。

⑵　振替株式に関する特別規定

振替株式に関して，振替法は，以下のような特別規定を設けている。

まず，振替株式の譲渡効力発生・対抗要件である。振替株式の譲渡は，譲渡人による申請により，譲受人がその口座における保有欄に譲渡株式数の増加の記載・記録を受けることによってその効力を生じる（振替140条）。また，これにより会社以外の第三者に譲渡を対抗し得る（振替161条３項）。ただ，会社への対抗要件の具備は，株主名簿への記載・記録が依然として必要であるとされる。

つぎに，振替株式の権利推定効・善意取得である。株主は，その口座における記載・記録がされた振替株式についての権利を適法に有するものと推定される（振替143条）。また，株主は，振替株式についても善意取得することができる（振替144条）。すなわち，振替の申請によりその口座において特定の銘柄の振替株式についての増加の記載・記録を受けた株主等（機関口座を有する振替機関を含む）は，その銘柄の振替株式についての増加の記載・記録に係る権利を取得する。ただ，株主等に悪意または重大な過失があるときは，このような取扱いは認められない。その際に，超過記載または超過記録された株式について一定の口座管理機関と振替機関がそれを消化させる義務を負うほか，損害賠償責任をも負うという扱いを振替法は規定する（振替145条～148条）。

さらに，振替株式の権利行使の方法である。会社は，次のような振替機関による通知に基づいて株主の権利行使に対応する。第１に，総株主通知である。会社が株主総会や剰余金の配当等を行うため，権利行使者を決める一定の日（基準日〔124条〕など）を定めたとき，振替機関は，会社に対し，その振替株式を保有する株主についてその氏名・名称および住所ならびに株主の有する会社が発行する振替株式の銘柄および数その他主務省令で定める事項を速やかに通知する（振替151条１項）。会社は，その通知を受けた場合に，株主名簿に通知事項等を記載，または記録し，それをもって株主名簿の書換えがなされたとみなされる（振替152条１項，会社法130条１項）。第２に，個別株主通知である。この個別株主通知とは，会社に対して臨時的に行う，個別の株主に係る口座情報の通知をいい，株主が自己の振替口座のある口座管理機関に対して申出をすることにより実施される（振替154条３項）。株主が会社に対して少数株主権等（基準日等によって定まる株主が行使できる権利以外の権利，たとえば会社法上の訴訟を提起する権利など〔振替147〕）を行使しようとする場合に，個別株主通知が必要となる。少数株主権等は，個別株主通知がなされた後政令で定める期間（４週間〔振替施行令40条〕）が経過する日までの間で行使されなければならない（振替154条２項）。個別株主通知をされた株主は，会社法130条１項の適用を受けず，会社に対して対抗し得る（同条１項）。

第８節　株式の併合・分割・無償割当てと単元株制度

1　株式の併合

⑴　意　義

会社法は，株式の併合について定義していないが，会社がそれをすることができると規定する（180条１項）。株式の併合とは，数個の株式（たとえば５株）を合わせてそれより少数の株式（たとえば１株）とする会社の行為である。株式の併合が行われた結果，各株主の持株数が併合の割合に応じて一律に減少するが，会社の財産や資本金額にはとくに変化が生じない。

会社法の下では，併合の事由について限定していないため，従来のように株主管理コストを削減する目的で出資単位を大きくしたい場合や，合併など組織再編の際に株式の割当比率を調整する場合などにおいて，株式併合のニーズがあるほか，株式の併合は，１株未満の端数を生じさせ，既存株主の株主である地位を喪失させることができるため，企業買収後に残存する少数株主を締め出すツールとしてしばしば利用されるようになった。そこで，2014（平成26）年会社法改正を通して，株式の併合に対し株主の差止請求権や反対株主による株式買取請求権などの制度が整備され，厳格な手続が規定されることになった。

⑵　手　続

a．株主総会の特別決議　　株式の併合により株主が株主である地位を失うなど株主の利益に重大な影響が生じることを考慮して，会社法は，会社が株式併合の際に，そのつど株主総会の特別決議をし，かつ取締役が株主総会において株式併合の必要性について理由を説明することを要求する（180条２項本文・４項・309条２項４号）。その決議は，①併合の割合，②株式併合の効力発生日，③会社が種類株式発行会社である場合には，併合する株式の種類，および④効力発生日における発行可能株式総数といった事項を定めなければならない（180条２項各号）。④の発行可能株式総数は，非公開会社の場合を除き，効力発生日における発行済株式の総数の４倍を超えることができない（同条３項）。

ｂ．株主に対する通知等　会社は，効力発生日の２週間前までに，株主およびその登録株式質権者に対し，前記①～④の事項を通知し，または公告する（181条）。

ｃ．効力の発生　株式の併合の効力発生日において，株主は，併合割合に基づき得た数の株式の株主となるほか，会社は，その発行可能株式総数について定款の変更をしたとみなされる（182条）。

⑶　株主の保護規定

株式の併合は株主とりわけ少数株主の利益に重大な影響を与えるため，会社法は，株主保護のため次のような規定を設けている。

ａ．情報の事前開示　株式の併合をする会社は，株主総会の日の２週間前の日，または株主・登録株式質権者に対する通知・公告の日のいずれか早い日から効力発生日後６か月を経過する日までの間，併合の割合など前記①～④事項その他法務省令（会社則33条の９）で定める事項を記載し，または記録した書面・電磁的記録をその本店に備え置く（182条の２第１項）。株主は，会社に対して，その営業時間内にいつでも当該書面の閲覧や書面等の謄本・抄本の交付などを請求することができる（同条２項）。

ｂ．株式併合の差止め　株式の併合が法令・定款に違反する場合において，株主が不利益を受けるおそれがあるときは，株主は，会社に対し，当該株式の併合をやめることを請求することができる（182条の３）。

ｃ．反対株主の株式買取請求　会社が株式の併合をすることにより株式の数に１株に満たない端数が生ずる場合には，反対株主は，会社に対し，自己の有する株式のうち１株に満たない端数となるものの全部を公正な価格で買い取ることを請求することができる（182条の４第１項）。ここにいう反対株主とは，①株主総会に先立って株式の併合に反対する旨を会社に対し通知し，かつ株主総会において株式の併合に反対した株主（当該株主総会において議決権を行使することができるものに限る），②株主総会において議決権を行使することができない株主をいう（同条２項）。

株式の買取価格の決定について，まずは，株主と会社との間に協議が調ったときは，会社は，効力発生日から60日以内にその支払をするが，効力発生日から30日以内に協議が調わないときは，株主または会社は，その期間の満了の日後30日以内に，裁判所に対し，価格の決定の申立てをすることができる（182条の5第1項・第2項）。株式買取請求に係る株式の買取りは，効力発生日にその効力を生ずる（同条6項）。株券発行会社は，株券が発行されている株式について株式買取請求があったときは，株券と引換えに，その株式買取請求に係る株式の代金を支払う（同条7項）。

d．情報の事後開示　株式の併合をした会社は，効力発生日以後遅滞なく株式の併合が効力を生じた時における発行済株式の総数その他の株式の併合に関する事項として法務省令（会社則33条の10）で定める事項を記載し，または記録した書面または電磁的記録を作成し，効力発生日から6か月間，そうした書面・電磁的記録をその本店に備え置くことを要する（182条の6第1項・第2項）。会社の株主または効力発生日に会社の株主であった者は，会社に対しその営業時間内は，いつでもその書面等の閲覧やその書面等の謄本・抄本の交付を請求することができる（同条3項）。

2　株式の分割

(1)　意　義

会社法は，株式の併合の場合と同様に，株式の分割について定義していないが，会社が株式の分割をすることができると規定する（183条1項）。株式の分割とは，既存の株式（たとえば1株）を細分化して従来よりも多数の株式（たとえば5株）とする会社の行為である。株式の分割によって，株主の持株数が増加されるが，会社の財産や資本金額には変動が生じない。株式の分割は，1株当たりの純資産額を減少させ株価を引き下げる効果を有することで株式の市場性（流通性）を高めるために利用される場合や，合併など組織再編における株式割当比率の調整のため利用される場合などがある。

(2)　手　続

a．取締役会の決議　株式の分割は，株式の併合と異なって，株主の利益には影響を与えないため，取締役会（取締役会非設置会社の場合は株主総会）の決議によれば足りるとされる（183条2項本文・309条1項）。その際には，①株式の分割により増加する株式の総数が株式分割前の発行済株式の総数に対して有する割合および株式の分割に係る基準日，②株式分割の効力発生日，③会社が種類株式発行会社である場合に，分割する株式の種類に関する事項を定めることを要する（183条2項各号）。

b．効力の発生　基準日において株主名簿に記載され，または記録されている株主は，効力発生日に，基準日に有する株式の数に分割割合を乗じて得た数の株式を取得する（184条1項）。また，会社は，定款の変更に関する株主総会の決議によることなく，効力発生日における発行可能株式総数をその日の前日の発行可能株式総数に分割割合を乗じて得た数の範囲内で増加することにつき定款の変更をすることができる（同条２項）。

3　株式の無償割当て

(1)　意　義

株式の無償割当てとは，会社が株主に対して新たに払込みをさせないで会社の株式を割り当てる会社の行為である（185条１項）。株式の無償割当ては，会社の株式数を増加させることになるが，株式の増加数は，新株の発行か自己株式の交付によるものである。もっとも，自己株式に対する株式の無償割当ては認められない（186条２項）。

(2)　手　続

a．決　議　株式の無償割当てについて，会社は，定款に別段の定めがある場合を除き，株主総会の普通決議（309条１項），または取締役会の決議（取締役会設置会社の場合）によって行うことを要する（186条３項）。その際に，①株主に割り当てる株式の数またはその数の算定方法，②株式の無償割当ての効力発生日，③会社が種類株式発行会社である場合には，当該株式無償割当てを受ける株主の有する株式の種類といった事項を定めることを要する（同条１項）。

b．効力の発生　株式の無償割当てを受けた株主は，効力発生日に無償割当てされる株式の株主となる（187条１項）。会社は，効力発生日後遅滞なく株主およびその登録株式質権者に対し，株主が割当てを受けた株式の数を通知することを要する（同条２項）。

4　単元株制度

(1)　意　義

単元株制度とは，一定数の株式をもって１単元の株式とし，その１単元の株式に対し株主が株主総会または種類株主総会において１個の議決権を行使することができる制度である。会社は，単元株制度を導入する旨を定款で定めることができる（188条１項）。単元株式制度は，会社法成立前商法の2001（平成13）年改正で従来の単位株制度に代わる制度として創設され，2005（平成17）年会社法に引き継がれた。この制度は，一定数の株式をまとめて１単元株にすることによって，株主管理コストの合理化に資する。しかし，１単元株とされる一定数の株式は，法務省令（会社則34条）で定める数（1,000および発行済株式総数の200分の１）を超えることはできないとされる（188条２項）。こうした制約は，少数派株主の議決権行使を確保するためである。

会社は，取締役の決定（取締役会設置会社の場合には，取締役会の決議）によって，定款を変更して単元株式数を減少し，または単元株式数についての定款の定めを廃止することができ，定款の変更をした場合には，定款の変更の効力発生日以後遅滞なくその株主に対し定款の変更をした旨を通知，または公告する（195条）。

(2)　単元株主・単元未満株主の権利

単元株式制度を導入する会社の場合には，1単元の株式につき1個の議決権を有することが法定されるため，株主は，議決権を行使するには，1単元以上の単元株式を有することが必要となる（308条1項ただし書）。

単元未満株主は，その有する単元未満株式について，議決権を行使することが認められないが，次のような権利を行使することができる（189条1項・2項）。すなわち，①全部取得条項付種類株式を取得するのと引換えに取得対価の交付を受ける権利（171条1項1号），②会社による取得条項付株式の取得と引換えに金銭等の交付を受ける権利，③株式の無償割当てを受ける権利（185条），④単元未満株式を買い取ることを請求する権利（192条1項），⑤残余財産の分配を受ける権利，⑥前記①～⑤の権利のほか，法務省令（会社則35条）で定める権利，である。もっとも，それらの権利以外の権利の全部または一部については，会社は，定款の定めでその行使を認めないとすることができる（189条2項）。また，単元未満株主は，会社に対し自己の有する単元未満株式を買い取ることを請求することができる（192条1項）。

なお，会社は，単元未満株主が会社に対して単元未満株式売渡請求をすることができる旨を定款で定めることができる（194条1項）。ここにいう単元未満株式売渡請求とは，単元未満株主が有する単元未満株式の数と併せて単元株式数となる数の株式を単元未満株主に売り渡すことを請求することをいう（同項かっこ書）。単元未満株式売渡請求を受けた会社は，単元未満株式売渡請求を受けた時に単元未満株式の数に相当する数の株式を有しない場合を除き，自己株式を単元未満株主に売り渡すことを要する（同条3項）。

第9節　特別支配株主の株式売渡請求

1　意　義

特別支配株主による株式売渡請求とは，会社の特別支配株主が会社自身および特別支配株主を除く会社におけるその他の株主の全員に対して，その有する株式の全部を特別支配株主に売り渡すことを請求し得る制度である。特別支配株主とは，会社の総株主議決権の10分の９（ただ，会社がこれを上回る割合を定めることができる）以上を，会社の株主および当該株主が発行済株式の全部を有する会社その他これに準ずるものとして法務省令（会社則33条の４）で定める法人（特別支配株主完全子法人）が有している場合における当該者をいう（179条１項）。たとえば，①Ｂ株主がＡ会社の総株主議決権の10分の９以上を有する場合，ならびに②Ｂ株主とその完全支配下にあるＣ会社（特別支配株主完全子法人）がＡ会社の総株主議決権の10分の９以上を有する場合には，Ｂ株主はＡ会社の特別支配株主となる。ただ，上記②の場合には，Ｂ株主は，特別支配株主完全子法人であるＣ会社に対して株式売渡を請求しないことができる（179条１項ただし書）。また，特別支配株主は，株式のほか，新株予約権者に対して新株予約権および新株予約権付社債の売渡しをも請求できる（同条２項・３項）。そのため，法文上，株式等売渡請求ならびに売渡株主等の表現が用いられている。なお，Ａ会社は，法文上，対象会社（株式売渡請求に係る株式を発行する会社〔179条２項かっこ書〕）と呼ばれる。

特別支配株主の株式売渡請求制度は，機動的なキャッシュ・アウト[7)]を可能とするため2014（平成26）年会社法改正で導入されたものである。従来のキャッシュ・アウトと比べて，その制度には，①長期的視野に立った柔軟な経営の実現，②株主総会に関する手続の省略による意思決定の迅速化，③株主管理コストの削減といったメリットがあるといわれる。

2　手　続

(1)　株式売渡請求の方法

特別支配株主は，①特別支配株主完全子法人に対して株式売渡請求をしないこととするときは，その旨および特別支配株主完全子法人の名称，②株式売渡請求により売渡株主に対して売渡株式の対価として交付する金銭の額またはその算定方法，③売渡株主に対する金銭の割当て，④特別支配株主が売渡株式の取得日などの事項を定めて，株式売渡請求をすることを要する（179条の２第１項）。そして，前記③事項についての定めは，売渡株主の有する売渡株式の数に応じて金銭を交付することを内容としなければならない（同条３項）。

---

7)　キャッシュ・アウトとは，スクイーズ・アウトと同様な意味であり，企業買収の際に，買収側が金銭を対価とする株式交換，全部取得条項付種類株式，株式の併合などの手法を用いて，対象会社の少数派株主を締め出すことである。株式交換などの手法を利用するとき，対象会社の株主総会の特別決議が必要とされるため，買収側にとってそうした手法は非常に非効率的である。特別支配株主の株式売渡請求を利用する場合には，対象会社の株主総会の特別決議は要らないとされる。

(2)　対象会社の承認

特別支配株主は，株式売渡請求をする場合に，対象会社に対しその旨および前記(1)の諸事項を通知し，かつその承認を受ける必要がある（179条の3第1項）。ただ，対象会社は，特別支配株主が株式売渡請求に併せて新株予約権売渡請求をする場合には，新株予約権売渡請求のみを承認することはできない（同条2項）。取締役会設置会社が株式売渡請求を承認するか否かの決定をするには，取締役会の決議によることとされる（同条3項）。対象会社は，その承認をするか否かの決定をした場合に，特別支配株主に対しその決定内容を通知する（同条4項）。

(3)　売渡株主に対する通知

対象会社は，株式売渡請求を承認した場合に，取得日の20日前までに売渡株主・売渡株式の登録株式質権者に対して承認の旨，特別支配株主の氏名・名称および住所，ならびに特別支配株主が決定した前記(1)の諸事項その他法務省令（会社則33条の6）で定める事項を通知し，または公告する（179条の4第1項・2項）。対象会社が当該通知・公告をした場合に，特別支配株主は，売渡株主・売渡株式の登録株式質権者に対し株式等売渡請求をしたとみなされる（同条3項）。

(4)　売買価格の決定の申立て

売買価格の決定の申立てについて，会社法は次のような規定を設けている（179条の8）。すなわち，株式売渡請求があった場合には，売渡株主は，取得日の20日前の日から取得日の前日までの間に，裁判所に対し，その有する売渡株式の売買価格決定の申立てをすることができる。特別支配株主は，裁判所の決定した売買価格に対する取得日後の法定利率により算定した利息をも支払わなければならない。特別支配株主は，売渡株式の売買価格の決定があるまでは，売渡株主に対し，特別支配株主が公正な売買価格と認める額を支払うことができる。

(5)　売渡株式の取得

株式売渡請求をした特別支配株主は，取得日に売渡株式の全部を取得する（179条の9第1項）。また，特別支配株主が取得した売渡株式が譲渡制限株式である場合には，対象会社は，特別支配株主が売渡株式を取得したことについて，会社による承認の旨（137条1項）を決定したとみなされる（179条の9第2項）。

なお，特別支配株主による株式売渡請求の撤回に関する規定がある（179条の6参照）。

3　売渡株主の保護

⑴　情報の事前開示

対象会社は，売渡株主・売渡株式の登録株式質権者への通知日または売渡株式の登録株式質権者登録質への公告日のいずれか早い日から取得日後６か月（対象会社が公開会社でない場合にあっては，取得日後１年）を経過する日までの間，①特別支配株主の氏名・名称および住所，②前記の諸事項（本節２⑴），③対象会社が承認をした旨，④そのほか法務省令（会社則33条の７）で定める事項を記載し，または記録した書面または電磁的記録をその本店に備え置く（179条の５第１項）。売渡株主は，対象会社に対してその営業時間内にいつでも，①その書面の閲覧，②その書面の謄本・抄本の交付などについて請求し得る（同条２項）。また，売渡新株予約権者にも同様な権利が認められている（同項）。

⑵　売渡株主の差止め

下記のような場合において，売渡株主が不利益を受けるおそれがあるときは，売渡株主は，特別支配株主に対し，株式等売渡請求に係る売渡株式等（新株予約権，新株予約権付社債を含む場合）の全部の取得をやめることを請求することができる（179条の７第１項）。すなわち，①株式売渡請求が法令に違反する場合，②対象会社が売渡株主への通知規定（179条の４第１項１号。ただし，売渡株主に対する通知に係る部分に限る）または情報の事前開示の規定（179条の５）に違反した場合，③対価である金銭に関する事項（179条の２第１項２号または３号）が対象会社の財産の状況その他の事情に照らして著しく不当である場合，である。また，売渡新株予約権者にも同様な権利が認められている（同条２項）。

⑶　情報の事後開示

対象会社は，取得日後遅滞なく，株式売渡請求により特別支配株主が取得した売渡株式の数その他の株式売渡請求に係る売渡株式の取得に関する事項として法務省令（会社則33条の８）で定める事項を記載し，または記録した書面・電磁的記録を作成するほか，取得日から６か月間（対象会社が公開会社でない場合にあっては，取得日から１年間），その書面・電磁的記録をその本店に備え置く義務を負う（179条の10第１項・第２項）。取得日に売渡株主であった者は，対象会社に対してその営業時間内にいつでも，①その書面の閲覧，②その書面の謄本・抄本の交付などについて請求することができる（同条３項）。また，売渡新株予約権者にも同様な権利が認められている（同項）。

(4) 売渡株式等の取得の無効の訴え

株式等売渡請求に係る売渡株式等（新株予約権を含む）の全部取得の無効は，取得日（179条の2第1項5号）から6か月以内（ただ，対象会社が非公開会社の場合には，当該取得日から1年以内）に，訴えをもってのみ主張することができるとされる（846条2第1項）。この訴えを提起できる者は，次の者に限るとされる（同条2項）。すなわち，①取得日において売渡株主・売渡新株予約権者（株式売渡請求に併せて新株予約権売渡請求がされた場合）であった者，②取得日において対象会社の取締役（監査役設置会社では，取締役または監査役，指名委員会等設置会社では，取締役または執行役）であった者または対象会社の取締役・清算人，である。このように，提訴の期間，提訴権者について制約が課されているのは，法的安定性への配慮によるものである。この訴えの被告は，特別支配株主であるとされる（846条の3）。

なお，訴えの管轄・担保提供命令・弁論等の必要的併合・容認判決の効力が及ぶ者の範囲（対世効）・無効の判決の効力（将来効）ならびに原告が敗訴した場合の損害賠償責任についても，会社法は規定を設けている（846条の4～846条の9）。

第7章

募集株式の発行と新株予約権

第1節　募集株式の発行

1　総　説

(1)　意　義

会社が成立した後，事業の拡大に伴い，必要な資金を新たに調達する場合がある。会社の資金調達方法の1つは，会社法上の募集株式の発行である。募集株式とは，募集に応じて新たに発行される株式や処分される自己株式につき引受けの申込みをした者に対して割り当てられる株式をいう（199条1項本文かっこ書）。この定義から明らかなように，募集株式の発行には，従来の新株発行，すなわち会社が新たに株式を発行すること，ならびに会社が自己株式の処分により株式を割り当てることが含まれる（同項本文）。両者は，同じ経済的効果が得られるため，会社法は，新株の発行と自己株式の処分の手続を基本的に同様なルールに服させることとしている。また，ここにいう募集株式の発行とは，通常の株式発行の場合を指すのに対して，株式の分割・無償割当て，合併，会社分割，株式交換・株式移転，株式交付などにより株式が発行される場合もあり，そうした場合の株式発行は，特殊の株式発行と呼ばれる。

(2)　授権資本制度

授権資本制度とは，授権株式制度とも呼ばれ，将来会社が発行できる株式数（発行可能株式総数）を会社が予め定款において定め，取締役会が必要に応じて適宜に株式を発行できる制度である。会社は，その成立までに発行可能株式総数（会社が発行することができる株式の総数）を定款で定めなければならない（37条1項・2項）。非公開会社の場合と異なって，公開会社の場合に，設立時発行株式の総数は発行可能株式総数の4分の1を下ることができないとされる（同条3項）。また，公開会社は，定款を変更して発行可能株式数を増加する際に，発行済株式総数の4倍を超えてはならないほか，非公開会社が定款を変更して公開会社となる場合にも，その発行可能株式総数につき同様な制約が設けられている（通常4倍ルールと呼ばれる〔113条3項〕）。

授権資本制度の下では，公開会社は機動的に資金を調達することができるが，既存株主以外の投資家に対していわゆる第三者割当てが行われた場合に，既存株主は，保有株式の比率変動や価値の希薄化により不利益を被ることが生じ得る。上記の4倍ルールは，そうした場合における既存株主の保有株式の比率変動に一定の限界を画するのに役立つ。また，後述のように，第三者割当増資のための募集株式の有利発行（法文上，「特に有利な発行金額」と呼ばれる）や，募集株式の割当てにより新たな支配株主の登場などに対して，会社法は，一定のルールを用意している。

(3) 募集株式の発行の類型

株式の発行の相手方（株式引受人）によって募集株式の発行が次のような3つの類型に分けられる。まず，株主割当てである。それは，株主に対してその持株数に応じて「株式の割当てを受ける権利」を与える方法で行われるものである（202条）。上場会社等以外の会社の株式発行の方法としてよく利用されるといわれる。つぎに，公募である。それは，不特定かつ多数の投資家に対し株式の引受けを勧誘して広く募集する方法で行われるものである。公募の場合における株式の発行価額は，会社の株式の時価を基準にして定められる。そのため，公募による株式発行は「公募時価発行」とも呼ばれる。上場会社または株式の新規公開（IPO，Initial public offering）をしようとする会社は，公募によって株式を発行する場合が多いといわれる。さらに，第三者割当てである。それは，株主以外の者（縁故者）のみに対し株式の申込みを勧誘し，ならびに割り当てる方法で行われるものをいう。経営不振に陥った会社の救済，敵対的企業買収に遭遇した会社の防衛などのために，第三者割当てによる株式の発行はよく利用されるといわれる。

2　募集株式の発行の手続

(1) 募集事項の決定

a．通常の場合　会社は，募集株式の発行をする場合に，そのつど次のような事項を定めなければならない（199条1項）。すなわち，①募集株式の数，②募集株式の払込金額（募集株式1株と引換えに払い込む金銭または給付する金銭以外の財産の額をいう）またはその算定方法，③金銭以外の財産を出資の目的とする場合に（現物出資），その旨ならびにその財産の内容および価額，④募集株式と引換えにする金銭の払込みまたは現物出資財産の給付の期日またはその期間，⑤株式を発行する場合に，増加する資本金および資本準備金に関する事項である。これらの募集事項の決定は，原則として株主総会の特別決議によることを要する（同条２項・309条２項５号）。募集株式の払込金額がそれを引き受ける者に特に有利な発行金額である場合には，取締役は，株主総会においてその払込金額でその者の募集をすることを必要とする理由について説明する義務を負う（199条３項）。募集事項は，その募集ごとに均等に定められなければならない（同条５項）。

また，会社は，前記の募集事項の決定について，株主総会の特別決議（309条２項５号）によってそれを取締役（公開会社を除く取締役会設置会社の場合には，取締役会）に委任することができるが，この場合においては，その委任に基づいて募集事項の決定をすることができる募集株式の数の上限および払込金額の下限を定める必要があるほか，払込金額の下限が募集株式を引き受ける者に特に有利な金額であるときには，取締役は，株主総会においてその払込金額でその者の募集をすることを必要とする理由を説明する義務を負う（200条１項・２項）。ただ，この委任決議は，前記募集事項④の期日（その期間を定めた場合にあっては，その期間の末日）がその決議の日から１年以内の日である当該株式の募集についてのみその効力を有する（同条３項）。

b．公開会社の場合　募集株式の払込金額がそれを引き受ける者に特に有利な発行金額である場合（199条３項）を除き，公開会社においては，前記の募集事項の決定は取締役会の決議によると規定される（201条１項）。この規定は，授権資本制度の内容や趣旨を明らかに示すものである。取締役会の決議によって募集事項を定める場合に，公開会社は，市場価格のある株式を引き受ける者の募集に関して，払込金額またはその算定方法（199条１項２号）に代えて，公正な価額による払込みを実現するために適当な払込金額の決定の方法を定めることができる（201条２項）。また，公開会社は，取締役会の決議によって募集事項を定めた場合に，払込期日（払込期間を定めた場合にその期間の初日）の２週間前までに，株主に対し募集事項（払込金額の決定の方法を定めた場合にその方法を含む）を通知，または公告することを要する（同条３項・４項）。ただし，公開会社が募集事項について払込期日の２週間前までに有価証券の募集等届出（金商法４条１項～３項）をしている場合その他の株主の保護に欠けるおそれがないものとして法務省令（会社則40条）で定める場合には，募集事項の通知・公告は義務として課せられない（201条５項）。

c．株主等への株式割当の場合　会社は，募集株式の募集において，株主に株式の割当てを受ける権利を与える場合に，前述の募集事項のほか，①株主に対しその申込みにより募集株式の割当てを受ける権利を与える旨，②募集株式引受けの申込みの期日といった事項を定めなければならない（202条１項）。当然のことながら，株主に対する株式の割当ては，その有する株式の数に応じてなされるが，株主が割当てを受ける募集株式の数に1株に満たない端数があるときは，これを切り捨てるとされる（同条2項）。また，募集事項および前記①と②の事項は，（ア）取締役の決定（取締役の決定によって定めることができる旨の定款の定めがある場合，ただし取締役会設置会社を除く）か，または（イ）取締役会の決議（取締役会の決議によって定めることができる旨の定款の定めがある場合ならびに公開会社の場合）か，または株主総会の特別決議（(ア)（イ）以外の場合）によって定められる（同条3項）。会社は，前記①と②の事項を定めた場合に，募集株式の引受けの申込みの期日の2週間前までに，株主に対して，（ⅰ）募集事項，（ⅱ）株主が割当てを受ける募集株式の数，（ⅲ）募集株式引受けの申込みの期日を通知する（同条4項）。なお，2019（令和元）年会社法改正を受けて，上場会社の取締役の報酬等に係る株式の募集事項の決定について，会社法は，上述の場合における取扱いと異なる特則を設けている（202条の2）。

d．有利発行　募集株式の有利発行とは，募集株式の発行価額が特に有利な発行金額（会社法成立前商法では，特に有利な発行価額と呼ばれていた）にあたる場合をいう。その場合には，株主総会の特別決議を経ることが必要とされ，かつ取締役がその発行の必要性について説明する義務を課される（199条2項・3項・201条1項・309条2項5号）。特に有利な発行金額とは，一般的に公正な発行金額よりも特に低い発行金額をいうと解される（東京地決平成16・6・1判時1873・159〔百選22〕)。そうなると，公正な発行金額とは何かが問題となる。これについて，東京地裁（前掲・東京地決平成16・6・1）は，最判昭和50・4・8民集29・4・350を引用する形で，次のような旨を示した。すなわち，公正な発行価額は，発行価額決定前の当該会社の株式価格，その株価の騰落習性，売買出来高の実績，会社の資産状態，収益状態，配当状況，発行済株式数，新たに発行される株式数，株式市況の動向，これらから予測される新株の消化可能性等の諸事情を総合し，旧株主の利益と会社が有利な資本調達を実現するという利益との調和に求められるべきものであるところ，こうした公正な発行価額の趣旨に照らすと，公正な発行価額というには，その価額が原則として発行価額決定直前の株価に近接していることが必要であると解されるべきであるとされる。

他方，大阪地裁は，会社の株式が不当な目的をもった大量買占めのため，市場において極めて異常な程度にまで投機の対象とされ，その市場価額が企業の客観的価値よりはるかに高騰し，かつそれが不当な買占めの影響を受ける期間の現象にとどまるような，きわめて例外的な場合においては，その新株発行価額決定直前の市場価額を，新株発行における公正な発行価額算定の基礎から排除することが許されるとのことを判示している（大阪地判平成2・5・2金判849・9）。

なお，日本証券業協会は，既存株主の利益と会社が有利な資本調達を実現するという利益との調和の観点から，1989（平成元）年8月にいわゆる自主ルールである「第三者割当増資の取扱いに関する指針」を制定した。当該指針（2010年４月１日最新版）は，募集株式の発行金額は有利な発行金額にはあたらない基準として，（ａ）払込金額が株式の発行に係る取締役会決議の直前日の価額（直前日における売買がない場合は，当該直前日からさかのぼった直近日の価額）に0.9を乗じた額以上の価額であること，（ｂ）直近日または直前日までの価額または売買高の状況等を勘案し，当該決議の日から払込金額を決定するために適当な期間（最長６か月）をさかのぼった日から当該決議の直前日までの間の平均の価額に0.9を乗じた額以上の価額とすることができることを定めている。裁判例は，その指針に一応の合理性があることを認めている（前掲・東京地決平成16・６・１）。

以上は，市場価格のある場合であるが，市場価格のない非上場会社の場合における「特に有利な金額」にあたる基準を明確にするのは，より困難なことである。従来，非上場会社の株価の評価方法として，配当還元方式，収益還元方式，類似業種比準方式，純資産価額方式などが存在する。しかしながら，どのような場合にどのような評価方法を用いるかについては，明確な基準がいまだ確立されていない。また個々の評価手法についても，将来の収益率，還元率，割引率等の数値，類似会社の範囲などある程度の幅のある判断要素が含まれることが少なくない。こうしたことを踏まえた上で，判例は，非上場会社が株主以外の者に新株を発行するに際して，客観的資料に基づく一応合理的な算定方法によって発行価額が決定されていたといえる場合には，その発行価額は，特別の事情のない限り，特に有利な金額にはあたらないとしている（最判平成27・２・19民集69・１・51〔百選23〕）。

⑵　募集株式の申込み・割当て・引受け

ａ．募集株式の申込み　会社は，募集株式の申込者に対し，①会社の商号，②募集事項，③金銭の払込みをすべきときは，払込みの取扱いの場所，④それらのほか，法務省令（会社則41条）で定める事項を通知するのに対して，募集株式の申込者は，①その氏名・名称および住所，②引き受けようとする募集株式の数といった事項を記載した書面を会社に交付することを要する（203条１項・２項）。ただ，募集株式の申込みをする者は，その書面の交付に代えて，政令で定めるところにより，会社の承諾を得て，その書面に記載すべき事項を電磁的方法により提供することができ，その際には，申込みをした者により書面が交付されたとみなされる（同条３項）。会社の募集株式の申込者に対する通知・催告は，申込者の住所（当該申込者が別に通知・催告を受ける場所または連絡先を会社に通知した場合には，その場所または連絡先）にあてて発すれば足り，その通知・催告は，その通知・催告が通常到達すべきであった時に，到達したものとみなされる（同条６項・７項）。

b．募集株式の割当て　会社は，申込者の中から募集株式の割当てを受ける者を定め，かつその者に割り当てる募集株式の数を定める。ただ，この場合には，会社は，当該申込者に割り当てる募集株式の数を，その申込みの数よりも減少することが可能である（204条1項）。これを割当自由の原則という。また，募集株式が譲渡制限株式にあたる場合に，定款に別段の定めがあるのを除き，募集株式数の決定は，株主総会または取締役会（取締役会設置会社の場合）の決議によるとされる（同条2項）。なお，会社は，金銭の払込みまたは金銭以外の財産の給付の期日またはその期間の初日（199条1項4号）の前日までに，申込者に対し，申込者に割り当てる募集株式の数を通知することを要する（204条3項）。そのほか，株主が株式の割当てを受ける権利を与えられたにもかかわらず，金銭の払込みなどの期日までに募集株式の引受けにつき申込みをしないときは，その株主は，募集株式の割当てを受ける権利を失う（同条4項）。ただ，注意すべきなのは，募集株式の引受者が株式総数引受契約を締結した場合には，上記の募集株式の申込みおよび割当てに関する規定を適用しないとされる（205条1項）。

c．募集株式の引受け　募集株式の申込者，または株式総数引受け契約者は，それぞれ会社の割り当てる募集株式の数，またはその引き受ける募集株式の数に応じて募集株式の引受人となる（206条）。

⑶　公開会社における募集株式の割当て等の特則―支配株主の異動を伴う場合

2014（平成26）年改正会社法は，支配株主の異動を伴う募集株式の発行が公開会社の経営のあり方に重大な影響を及ぼすことがあり得ることを考えて，新たな支配株主が現れることになるような募集株式の割当てについては，株主に対する情報開示の充実や株主の意思を問うための手続の整備を内容とする特則を設けた。その具体的な内容は以下のとおりである。

まず，公開会社は，募集株式の引受人について，下記①に掲げる数が下記②に掲げる数に対してその割合が2分の1を超える場合に，払込期日またはその期間の初日（199条1項4号）の2週間前までに，株主に対し，当該引受人（法文上，特定引受人と呼ばれる〔206条の2第1項・第4項〕）の氏名・名称および住所，当該引受人についての下記①の数その他の法務省令（会社則42条の2）で定める事項を通知，または公告することを要する（〔206条の2第1項・第2項〕。ただ，通知または公告を要しない場合もある〔206条の2第3項参照〕）。すなわち，①当該引受人（その子会社等を含む）がその引き受けた募集株式の株主となった場合に有することとなる議決権の数，②当該募集株式の引受人の全員がその引き受けた募集株式の株主となった場合における総株主の議決権の数，である。ただし，当該引受人が当該公開会社の親会社等である場合または関連規定（202条）により株主が株式の割当てを受ける権利を与えられた場合は，会社は通知・公告の義務を負わないとされる（206条の２第１項ただし書）。

つぎに，総株主（株主総会において議決権を行使することができない株主を除く）の議決権の10分の１（定款の定めによる割合の低減が可能である）以上の議決権を有する株主が前述の通知・公告の日から２週間以内に当該引受人（その子会社等を含む）による募集株式の引受けに反対する旨を公開会社に対し通知したときは，当該公開会社は，払込期日またはその期間の初日の前日までに，株主総会の決議によって，当該引受人に対する募集株式の割当てまたは当該引受人との間の株式総数引受契約（205条１項）の承認を受けなければならない（206条の２第４項）。ただし，当該公開会社の財産の状況が著しく悪化している場合において，当該公開会社の事業継続のため緊急の必要があるときは，株主総会の承認決議は要らないとされる（同項ただし書）。

さらに，この場合における株主総会による承認は，普通決議であれば足りるとされるが，その承認決議は，議決権を行使することができる株主の議決権の過半数（定款の定めにより３分の１以上にすることが可能である）を有する株主が出席し，出席した当該株主の議決権の過半数（定款の定めによる割合の低下が可能である）をもって行われなければならない（206条の２第５項）。このように，取締役選任の決議要件（341条）と同様とされたのは，新たな支配株主の登場の承認決議が会社の経営を支配する者を決定するという点で取締役の選任決議との類似性を有するからである。

⑷　現物出資

会社は，現物出資（法文上，現物出資財産と呼ばれる）の事項を定めた場合に，募集事項の決定の後遅滞なく，現物出資の価額を調査させるため，裁判所に対し検査役の選任の申立てをしなければならず，この場合において，裁判所は，その申立てを不適法として却下する場合を除き，検査役を選任する（207条１項・２項）。検査役は，必要な調査を行い，当該調査の結果を記載し，または記録した書面・電磁的記録（法務省令〔会社則228条〕で定めるものに限る）を裁判所に提供して報告をする（同条４項）。裁判所は，その報告について，その内容を明瞭にし，またはその根拠を確認するため必要があると認めるときは，検査役に対し再報告を求めることができ，その際には，検査役は，会社に対し再報告の書面の写しを交付するなどをしなければならない（同条５項・６項）。裁判所は，再報告を受けた場合において，現物出資の価額を不当と認めたときは，これを変更する決定をする（同条７項）。募集株式の引受人は，こうした裁判所の変更決定により現物出資の価額の全部または一部が変更された場合には，当該決定の確定後１週間以内に限り，その募集株式の引受けの申込みまたは総数引受契約（205条１項）に係る意思表示を取り消すことができる（207条８項）。

以上の記述は，通常の現物出資に関する規定内容であるが，これらの規定は，次のような場合に該当する事項について適用しないとされる（207条9項）。すなわち，①募集株式の引受人に割り当てる株式の総数が発行済株式の総数の10分の1を超えない場合には当該募集株式の引受人が給付する現物出資の価額，②現物出資価額の総額が500万円を超えない場合には当該現物出資の価額，③現物出資のうち市場価格のある有価証券についてその価額が当該有価証券の市場価格として法務省令（会社則43条）で定める方法により算定されるものを超えない場合には当該有価証券についての現物出資の価額，④現物出資の価額が相当であることについて弁護士，弁護士法人，弁護士・外国法事務弁護士共同法人（2020〔令和2〕年法律第33号により，2022〔令和4〕年11月29日までに施行予定である），公認会計士，監査法人，税理士または税理士法人の証明（現物出資が不動産である場合にあっては，当該証明および不動産鑑定士の鑑定評価）を受けた場合には当該証明を受けた現物出資の価額，⑤現物出資が会社に対する金銭債権（弁済期が到来しているものに限る）であって，当該金銭債権の価額が当該金銭債権に係る負債の帳簿価額を超えない場合には当該金銭債権についての現物出資の価額（通常，デット・エクイティ・スワップ〔debt equity swap〕と呼ばれる），である。ただ，次に掲げる者は，現物出資の価額が相当であることについて証明をすることができない（207条10項）。すなわち，①取締役，会計参与，監査役，執行役・支配人その他の使用人，②募集株式の引受人，③業務の停止の処分を受け，その停止の期間を経過しない者，④弁護士法人，弁護士・外国法事務弁護士共同法人（2020〔令和2〕年法律第33号により，2022（〔令和4〕年11月29日までに施行予定である），監査法人または税理士法人の場合にはその社員の半数以上が①または②に掲げる者のいずれかに該当する者，である。その趣旨は，これらの者による不公正な価額評価を防ぐためである。

(5) 出資の履行と募集株式の効力発生等

a．出資の履行　金銭出資の募集株式の引受人は，払込期日または払込期間内に，会社が定めた銀行等の払込みの取扱いの場所において，それぞれの募集株式の払込金額の全額を払い込み，現物出資の募集株式の引受人は，給付期日または給付の期間内に，それぞれの募集株式の払込金額の全額に相当する現物出資を給付する（208条1項・2項）。ただ，募集株式の引受人は，金銭の払込または財産の給付を出資履行の内容とする債務と会社に対する債権とを相殺することができない（同条3項）。また，株主確定など株主管理に困難をきたすことを避けるために，出資の履行をすることにより募集株式の株主となる権利の譲渡は，会社に対抗することができない（同条4項）。募集株式の引受人は，出資の履行をしないときは，当該出資の履行をすることにより募集株式の株主となる権利を失うことになる（同条５項）。

ｂ．募集株式の効力発生等　募集株式の効力が生じると，募集株式の引受人は，①払込期日を定めた場合にはその期日，②払込期間を定めた場合には出資の履行をした日に，出資の履行をした募集株式の株主となる（209条１項）。ただ，募集株式の引受人は，出資履行の仮装を是正しない限り，出資の履行を仮装した募集株式について，株主の権利を行使することができない（同条２項）。しかしながら，出資履行の仮装をした募集株式の引受人から募集株式を譲り受けた者は，悪意または重大な過失がある場合を除き，当該募集株式についての株主の権利を行使することができる（同条３項）。なお，取締役の報酬等に係る募集事項の決定の特則（202条の２）に基づいて，募集株式の引受人となった者は，割当日にその引き受けた募集株式の株主となる（209条４項）。

なお，募集株式の引受けは組織法上の行為であるため，その無効や取消しは制限される（211条）。すなわち，心裡留保（民93条１項ただし書），虚偽表示（民94条１項）の規定は，募集株式の引受けの申込み・割当てならびに総数引受契約（205条１項）に係る意思表示については適用しないとされるほか，募集株式の引受人は，株主となった日（209条１項）から１年を経過した後またはその株式について権利を行使した後は，錯誤（民95条）を理由として募集株式の引受けの無効を主張し，または詐欺・強迫（民96条）を理由として募集株式の引受けの取消しをすることができないとされる

3　募集株式の発行の瑕疵

募集株式の発行（自己株式の処分をも含む）の瑕疵（法令・定款違反や不公正な方法による発行など）を是正するために，会社法は，事前の是正措置としての差止請求，ならびに事後の是正措置としての募集株式発行の無効・不存在確認の訴えなどを用意している。

(1)　募集株式発行の差止請求

会社法によれば，①募集株式の発行が法令・定款に違反する場合，②募集株式の発行が著しく不公正な方法により行われる場合において，株主が不利益を受けるおそれがあるときは，株主は，株式会社に対し，その募集株式の発行をやめることを請求することができると規定される（210条）。これは，株主による募集株式発行の差止請求を意味する。こうした規定から明らかなように，株主が募集株式の発行の差止めを請求するのにあたって，当該募集株式の発行が，法令・定款に違反し，または著しく不公正な方法で行われて，かつその結果として株主が不利益を受けるおそれがあるという要件は満たされなければならない。

法令違反については，たとえば，公開会社の場合のように，募集株式の発行が有利発行であるにもかかわらず，株主総会の特別決議によらず，取締役会の決議によって行われたことなどがそれにあたる。定款違反については，定款で定めた発行可能株式総数を超えて募集株式を発行したことなどがそれにあたる。「著しく不公正な方法」については，募集株式の発行は本来会社にとって必要な資金を調達することを目的とするのに対して，主に不当な目的のために募集株式の発行を利用することがそれにあたると解される。募集株式の発行が著しく不公正な方法でなされた否かを判断する基準として，いわゆる主要目的ルールの判例法理が構築され，多くの学説によって認められている。たとえば，会社の支配権をめぐる争いが生じる場合において，新株発行が資金調達の目的のためであっても，既存株主の持株比率の低下，現経営者の支配権の維持を主要な目的とした第三者割当てによる新株発行が著しく不公正な発行にあたるとされた（東京地決平成元・7・25判時1317・28，東京高決平成16・8・4金判1201・4〔百選98〕など）。

また，株主が不利益を受けるおそれがあることについては，募集株式の発行による持株の価値・比率の低下などがそれにあたる。これに対して，募集株式の発行によって，会社が不利益を被るおそれのある場合には，株主による取締役の行為の差止請求の要件（360条）を満たせば，株主は，当該要件に係る規定に従い差止めを請求することができる。

株主は，会社法210条に従い差止請求をする際に裁判外で直接会社に対し差止請求をしてもよいが，訴訟によって差止請求をし，しかも裁判実務上募集株式の発行が効力を生じる前に差止請求の緊急性や必要性を考慮して，その訴えを本案として発行差止めの仮処分を請求することが一般的である（民保23条2項）。

⑵　株式発行等の無効の訴え

会社成立後の株式発行等（自己株式処分を含む）は，瑕疵が存在する場合に本来ならば民法上の一般原則に従い，無効となるはずであるが，すでに効力が生じた株式発行等が無効となると，それが有効であることを前提に形成された法律関係に関わる数多くの関係者が影響を受けることになる。そのため，会社法は，法的関係の安定性を考慮して，会社の組織に関する訴訟の一部として株式発行等の無効の訴え（自己株式処分の無効の訴えを含む）を設けて，提訴の期間（828条1項2号・3号），提訴権者の範囲（同条2項2号・3号）について制約を課している。すなわち，株主，取締役，監査役（監査役設置会社の場合），執行役（指名委員会等設置会社の場合）と清算人のみは，株式発行・自己株式処分の効力発生日より6か月以内（非公開会社には新株発行・自己株式処分の効力発生日から1年以内）に株式発行等の無効を訴えることができる。この訴えの被告は，株式発行等を行った会社に限定される（834条2号・3号）。

また，株式発行等の無効の訴えの管轄および移送・担保提供・弁論の併合などに関する規定が設けられ，その内容が他の会社組織に関する訴えと同じである（835条～837条参照）。なお，無効判決の効力については，判決が確定されると，当事者のみではなくそれ以外の第三者に対してもその効力が及ぶ（対世効〔838条〕）のに対して，株式発行等は将来に向かってその効力を失う（遡及効は認められない〔839条〕）。新株発行の無効判決が確定された以上，会社は，新株の株主に対し，払込みを受けた金額または給付を受けた財産の給付の時における価額に相当する金銭を支払い，会社が株券発行会社であるときは，当該会社は，株主に対し，金銭の支払をするのと引換えに，株式に係る旧株券を返還することを請求することができる（840条1項）。ただ，その場合において，その金銭の金額が判決を確定した時における会社財産の状況に照らして著しく不相当であるときは，裁判所は，会社または株主の申立てにより，金額の増減を命ずることができる（同条2項）。

問題は，株式発行等の無効を訴える場合における無効原因である。会社法において無効原因は，明文規定が置かれていないため，もっぱら解釈に委ねられることになっている。その解釈に関して，定款に定められている発行可能株式総数（37条）を超えて株式発行をした（東京地判昭和31・6・13下民集7・6・1550）というような重大な瑕疵が存在する場合を無効原因とすべきであるが，法的関係の安定性や取引の安全を図るために，その無効原因を限定的に捉えるべきであるという考えは一般的である。たとえば，有効な取締役会の決議がなくなされた株式の発行（最判昭和36・3・31民集15・3・645），公開会社において株主総会の特別決議を経ないでなされた有利発行（最判昭和46・7・16判時641・97〔百選24〕）は，いずれも会社を代表する者の権限の範囲内でなされたことで，無効原因にはならないとされた。これに対して，非公開会社において，株主総会の特別決議を経ないまま株主割当て以外の方法による募集株式の発行がなされた場合に，その発行手続には重大な法令違反があり，この瑕疵は株式発行の無効原因になるとされる（最判平成24・4・24民集66・6・2908〔百選29〕）。なお，募集株式の発行等事項の通知・公告を欠いた募集株式の発行等については，その通知・公告（201条3項・4項）による新株発行事項の公示を欠くことは，株主が新株発行差止請求権を保障することを目的として会社に義務づけられたものであるとの理由で，無効原因となるが，その前提は，新株発行の差止請求をした場合に差止めの事由があり，差止めが許容されることであるとされる（最判平成9・1・28民集51・1・71〔百選27〕）。

(3) 株式発行等の不存在確認の訴え

会社法は，株式発行等の不存在確認の訴えを規定する。それによれば，①会社の成立後における株式の発行，②自己株式の処分について，その行為が存在しないことの確認の訴えをもって請求することができるとされる（829条1号・2号）。ここにいう株式発行の不存在とは，株式発行の実体が存在しないが株式発行の登記がされている場合とか，代表権限のないものが新株の株券を独断で発行したといった発行手続の重大な瑕疵がある場合などを意味する（東京高判平成15・1・30判時1824・127）。会社法は，株式発行等の不存在確認の訴えについて，提訴権者と提訴期間を一切制約していない。会社法制定前商法は，この訴えに関する明文規定を有しなかったが，判例は，株式発行無効確認の訴えの規定を類推適用することを認めた上で，提訴期間を否定した（最判平成15・3・27民集57・3・312）。会社法は，判例の立場を引き継ぎ，対世効のある判決で不存在を確定する必要がある場合に備えて，その訴えを明文で規定することにした。

(4) 募集株式引受人・取締役等の責任

a．募集株式の引受人・取締役等の差額塡補責任　募集株式の引受人は，①取締役（指名委員会等設置会社にあっては，取締役または執行役）と通じて著しく不公正な払込金額で募集株式を引き受けた場合に払込金額と募集株式の公正な価額との差額に相当する金額，②募集株式の株主となった時に給付した現物出資の価額が所定の価額（199条1項3号）に著しく不足する場合にその不足額を会社に対し支払わなければならない（212条1項）。ただし，②の場合における不足額について，募集株式の引受人が善意でかつ重大な過失がないのであれば，募集株式の引受けの申込みまたは総数引受契約（205条1項）に係る意思表示を取り消すことができる（212条2項）。

現物出資の価額が不足する場合に，取締役等（募集株式の引受人の募集に関する職務を行った業務執行取締役，執行役など）は，会社に対しその不足額を支払う義務を負う（213条1項）。ただ，①現物出資の価額について検査役の調査（207条2項）を経た場合，②取締役等がその職務を行うについて注意を怠らなかったことを証明した場合に，取締役等は，現物出資について不足額を支払う義務を負わない（213条2項）。また，現物出資の価額が相当であることについて証明した弁護士などの証明者は，当該証明について注意を怠らなかったことを立証した場合を除いて，会社に対し現物出資価額の不足額を支払う義務をも負う（同条3項）。なお，募集株式の引受人がその給付した現物出資の価額について不足額を支払う義務を負う場合に，前記の取締役等と証明者が当該現物出資についても不足額を支払う義務を負うときは，これらの者は連帯債務者とされる（同条4項）。

b．募集株式の引受人・取締役等の仮装出資に関する責任　募集株式の引受人は，会社に対して，募集株式の払込金額につき払込みを仮装した場合に仮装した払込金額の全額を支払い，現物出資の給付を仮装した場合に給付を仮装した現物出資を給付する義務を負う（213条の２第１項）。この義務は，総株主の同意がなければ免除され得ない（同条２項）。

募集株式の引受人の仮装出資に関与した取締役等は，その職務執行について注意を怠らなかったことを証明した場合を除いて，会社に対し前述の募集株式引受人と同様に支払う義務を負う（213条の３第１項）。また，募集株式の引受人が仮装出資に関する責任を負う場合において取締役等がその仮装出資についても義務を負うときは，これらの者は連帯債務者とされる（同条２項）。

第２節　新株予約権

１　総　説

(1)　新株予約権の意義

新株予約権とは，これを有する者が会社に対して行使した場合に，会社より株式の交付を受ける権利をいう（２条21号）。会社は，通常有償で新株予約権を発行するが，無償で発行することもできる。新株予約権を有する者は，予め定められた一定の期間内に（236条１項４号），そして予め定められた金額（同項２号）を払込みして，自己の判断に基づいてその権利を行使する。新株予約権が行使されると，会社が新株を発行し，または自己株式を移転する形で株式を交付する。会社が新株予約権を発行する目的は，ストック・オプション（取締役や従業員などに与える），企業提携，安定株主の創出，資金調達（ライツ・オファリングなど），株主優待，敵対的企業買収の防衛策など実に多種多様である。

新株予約権は，株式そのものではなく，会社に対する債権であるが，それが行使されると株式が発行される。その意味において，新株予約権は潜在的株式ともいうことができる。新株予約権と株式との類似性に着目して，会社法は，基本的に新株予約権の発行等に関して募集株式の発行等に関する規定と類似する規定を多く設けている。

(2)　新株予約権の内容

会社が新株予約権を発行する場合に，次のような詳細な事項を新株予約権の内容とすることが要求される（236条１項）。すなわち，①当該新株予約権の目的である株式の数またはその数の算定方法，②当該新株予約権の行使に際して出資される財産の価額またはその算定方法，③当該新株予約権の行使に際して金銭以外の財産を出資の目的とするときは，その旨ならびに当該財産の内容および価額，④当該新株予約権を行使することができる期間，⑤当該新株予約権の行使により株式を発行する場合における増加する資本金および資本準備金に関する事項，⑥譲渡による当該新株予約権の取得について当該会社の承認を要することとするときは，その旨，⑦当該新株予約権について，当該株式会社が一定の事由が生じたことを条件としてこれを取得することができることとするときは，その関連事項[1]，⑧当該株式会社が組織再編をする場合に，当該新株予約権の新株予約権者に所定の会社[2]の新株予約権を交付することとするときは，その旨およびその条件，⑨新株予約権を行使した新株予約権者に交付する株式の数に１株に満たない端数がある場合において，これを切り捨てるものとするときは，その旨，⑩当該新株予約権（新株予約権付社債に付されたものを除く）に係る新株予約権証券を発行することとするときは，その旨，⑪⑩の場合に，新株予約権者が関連規定（記名式と無記名式との間の転換に関する290条）による請求の全部または一部をすることができないこととするときは，その旨というものである。

また，新株予約権付社債に付された新株予約権の数は，当該新株予約権付社債についての社債の金額ごとに，均等に定めなければならない（236条２項）。

1）それは，具体的に，(i) 一定の事由が生じた日に当該株式会社がその新株予約権を取得する旨およびその事由，(ii) 当該株式会社が別に定める日が到来することをもって(i)の事由とするときは，その旨，(iii) (i)の事由が生じた日に(i)の新株予約権の一部を取得することとするときは，その旨および取得する新株予約権の一部決定の方法，(iv) (i)の新株予約権を取得するのと引換えに当該新株予約権の新株予約権者に対して当該株式会社の株式を交付するときは，当該株式の数またはその算定方法，(v) (i)の新株予約権を取得するのと引換えに当該新株予約権の新株予約権者に対して当該株式会社の社債（ただ，新株予約権付社債についてのものを除く）を交付するときは，当該社債の種類および種類ごとの各社債の金額の合計額またはその算定方法，(vi) (i)の新株予約権を取得するのと引換えに当該新株予約権の新株予約権者に対して当該株式会社の他の新株予約権（ただ，新株予約権付社債に付されたものを除く）を交付するときは，当該他の新株予約権の内容および数またはその算定方法，(vii) (i)の新株予約権を取得するのと引換えに当該新株予約権の新株予約権者に対して当該株式会社の新株予約権付社債を交付するときは，当該新株予約権付社債についての(v)の事項および当該新株予約権付社債に付された新株予約権についての(vi)の事項，(viii) (i)の新株予約権を取得するのと引換えに当該新株予約権の新株予約権者に対して当該株式会社の株式等以外の財産を交付するときは，当該財産の内容および数・額またはこれらの算定方法，である。

2）それは，具体的に，(i)合併（ただ，合併により当該株式会社が消滅する場合に限る）の場合に，合併後存続する株式会社または合併により設立する株式会社，(ii)吸収分割の場合に，吸収分割をする株式会社がその事業に関して有する権利義務の全部または一部を承継する株式会社，(iii)新設分割の場合に，新設分割により設立する株式会社，(iv)株式交換の場合に，株式交換をする株式会社の発行済株式の全部を取得する株式会社，(v)株式移転の場合に，株式移転により設立する株式会社を指す。

なお，上場会社の取締役等の報酬として交付される新株予約権の内容に係る決定事項についての特則が設けられている（236条３項・４項）。

⑶　共有者による権利の行使

新株予約権が２以上の者の共有に属するときは，共有者は，当該新株予約権についての権利を行使する者を１人定め，会社に対し，その者の氏名・名称を通知しなければ，当該新株予約権についての権利を行使することができない。ただし，株式会社が当該権利を行使することに同意した場合は，権利の行使ができるとされる（237条）。

2　新株予約権の発行手続等

⑴　新株予約権の発行手続

新株予約権の発行（法文上，募集新株予約権の発行と呼ばれる。募集新株予約権が募集に応じて新株予約権の引受けの申込みをした者に対して割り当てられるものであると定義される〔238条１項本文〕）について，会社は，そのつど①新株予約権の内容および数，②新株予約権と引換えに金銭の払込みを要しないこととする場合にその旨，③②以外の場合に，新株予約権の払込金額（新株予約権１個と引換えに払い込む金銭の額をいう）またはその算定方法，④新株予約権の割当日，⑤新株予約権と引換えにする金銭の払込みの期日を定める場合にその期日，⑥新株予約権が新株予約権付社債に付されたものである場合における募集社債に関する事項の決定（676条各号）などの事項を株主総会の特別決議によって決定することを要する（238条１項・２項・309条２項６号）。ただ，会社は，①その委任に基づいて募集事項の決定をすることができる新株予約権の内容および数の上限，②新株予約権につき金銭の払込みを要しないこととする場合にその旨などを定めた上で，株主総会の特別決議によって，募集事項の決定を取締役（取締役会設置会社には，取締役会）に委任することができる（239条１項・２項・309条２項６号）。この場合の決議は，割当日が当該決議の日から１年以内の日である新株予約権の募集についてのみ，効力を有する（239条３項）。

また，公開会社の場合には，新株予約権の募集事項の決定は，取締役会の決議により行われるとされる（240条１項）。この場合における株主に対して通知・公告は，募集株式発行の場合におけるそれと同様である（同条２項～４項）。

なお，会社は，株主に対して新株予約権の割当てを受ける権利を付与することができ，その際に，募集事項のほか，①新株予約権の割当てを受ける権利を与える旨，②新株予約権の引受けの申込みの期日といった事項を決定することを要する（241条１項）。決定方法については，次のような場合の区分に応じて，決定することを要する（同条３項）。すなわち，①取締役の決定によって定めることができる旨の定款の定めがある場合（ただし，取締役会設置会社である場合を除く）に取締役が決定，，②取締役会の決議によって定めることができる旨の定款の定めがある場合（ただし，後記③の場合を除く）に取締役会の決議により決定し，③公開会社の場合に取締役会の決議により決定し，前記①②③の場合以外の場合には，株主総会の特別決議により決定することになる（同条３項４号・309条２項６号）。新株予約権の株主割当ての決定は，株主がその有する株式の数に応じて募集新株予約権の割当てを受ける権利を有するという按分比例の原則に基づいて行われなければならない（同条２項）。会社は，その決定によって定められた募集事項を株主に通知する義務を負う（同条４項）。

⑵ 有利発行

会社法上，新株予約権の有利発行とは，①新株予約権と引換えに金銭の払込みを要せず（無償），そのことが新株予約権を引き受ける者にとって「特に有利な条件」である場合（238条３項１号），②新株予約権と引換えに金銭の払込みを要するが，その払込金額が新株予約権を引き受ける者にとって「特に有利な金額」である場合（同項２号）を指す。こうした場合において，株主総会の特別決議を経ること，取締役による理由説明が必要とされる（238条２項・３項・239条１項２項・240条１項・309条２項６号）。

問題は，新株予約権の有利発行をどのようにして判断するかである。以前は，払込金額と権利行使時の出資額との合計額と，権利行使期間中における株式の時価の平均値との相関関係で判断すべきであるとの考えがあった。現在では，特に有利な金額による発行とは，公正な払込金額よりも特に低い価額による発行を意味し，新株予約権の公正な払込金額とは，現在の株価，行使価額，行使期間，金利，株価変動率等の要素をもとにオプション評価理論に基づき算出された新株予約権の発行時点における価額を意味すると解される（東京地決平成18・６・30判タ1220・110〔百選28〕）。ただ，新株予約権の有利発行について留意しなければならないのは，募集株式の有利発行と違って，新株予約権の発行時に既存株主にどの程度の不利益を与えるかが不明であり，株価が下がった場合に新株予約権者が権利を行使しないこともあり得ることである。

⑶ 新株予約権の割当て等

会社は，募集に応じて新株予約権の引受けにつき申込みをする者に対し，①会社の商号，②募集事項，③新株予約権の行使時の払込取扱場所などの事項を通知し（242条１項），申込者は，その氏名・名称および住所，ならびに新株予約権の数に関する事項を記載した書面を会社に交付する（〔同条２項〕。また，電磁的方法による提供も可能である〔同条３項〕）。会社は，申込者の中から新株予約権の割当てを受ける者，ならびにその者に割り当てる新株予約権の数を定め，またこの場合に，会社は申込者に割り当てる新株予約権の数をその申し込んだ数よりも減少することができる（243条１項）。会社は，割当日の前日までに，申込者に対し割り当てられる新株予約権の数を通知する（同条３項）。申込者や契約による新株予約権総数引受者（244条１項）は，割当日に新株予約権者となる（245条１項）。新株予約権者は，払込期日までに，会社が定めた銀行等の払込取扱場所において，払込金額の全額を払い込まなければならないが（246条１項），会社の承諾を得て，その払込みに代えて払込金額に相当する金銭以外の財産を給付し，または会社に対する債権をもって相殺することができる（同条２項）。ただし，新株予約権者は，払込期日までに，払込金額の全額の払込みなどをしないときは，新株予約権を行使することができない（同条３項）。

なお，新株予約権と関連して，会社法は，新株予約権原簿，新株予約権の譲渡と譲渡制限，新株予約権の質入れ，信託財産に属する新株予約権についての対抗要件，会社による自己の新株予約権の取得について詳細な規定を設けている（249条～276条参照）。

3　新株予約権の無償割当て

新株予約権の無償割当てとは，会社が株主に対して新たに払込みをさせないで新株予約権の割当てをすることをいう（277条）。会社は，新株予約権の無償割当てをする場合に，そのつど次のような事項を定めなければならない（278条１項）。すなわち，①株主に割り当てられる新株予約権の内容および数・その算定方法，②新株予約権が新株予約権付社債に付されたものであるときは，新株予約権付社債についての社債の種類および各社債の金額の合計額・その算定方法，③新株予約権の無償割当ての効力発生日，④会社が種類株式発行会社である場合には，新株予約権の無償割当てを受ける株主の有する株式の種類，である。前記①と②の事項についての定めは，株主の有する株式の数に応じて新株予約権や社債を割り当てることを内容としなければならない（按分比例の原則〔278条２項〕）。また，前記①～④の事項の決定は，定款に別段の定めがある場合を除き，株主総会（取締役会設置会社の場合は，取締役会）の決議によるとされる（同条３項・309条１項）。

新株予約権の無償割当てを受けた株主は，効力発生日に，新株予約権者（新株予約権付社債の場合には，新株予約権者および社債権者）となる（279条１項）。会社は，効力発生日後遅滞なく株主およびその登録株式質権者に対しその株主が割当てを受けた新株予約権の内容および数等を通知する（同条２項）。

4　新株予約権の行使

新株予約権が行使される場合に，①その行使に係る新株予約権の内容および数，②新株予約権を行使する日という事項が明らかにされなければならない（280条1項）。ただ，会社による自己新株予約権の行使は認められない（同条6項）。金銭を新株予約権の行使時出資目的とするときは，新株予約権者は，新株予約権の行使日に会社が定めた銀行等の払込取扱場所において，その行使に係る新株予約権について出資される財産の価額の全額を払い込み，金銭以外の財産を新株予約権の行使時の出資目的とする場合に，その行使に係る新株予約権について出資される財産を給付しなければならない（281条1項・2項）。ただし，新株予約権者は，出資される財産の払込みまたは金銭以外の財産の給付をする債務と会社に対する債権とを相殺することができない（同条3項）。また，会社は，検査役による検査が免除される場合（284条9項）を除き，現物出資の給付があった後，遅滞なくその財産の価額を調査させるため，裁判所に対し検査役の選任の申立てをし，裁判所は，これを不適法として却下する場合を除き，検査役を選任しなければならない（同条1項・2項）。

新株予約権を行使した新株予約権者は，新株予約権の行使日に，新株予約権の目的である株式の株主となる（282条1項）。ただ，新株予約権を行使した新株予約権者は，仮装の払込み・給付があった場合に，仮装された金額の全額を支払った後でなければ，支払いを仮装された新株予約権の目的である株式について，株主の権利を行使することができない（同条2項）。しかし，株式を譲り受けた者は，その者に悪意または重大な過失があった場合を除き，その株式についての株主の権利を行使することができる（同条3項）。

なお，新株予約権の行使に関して，取締役会が株主総会の特別決議による委任を受けて新株予約権の行使条件を定めたが，新株予約権の発行後にその行使条件を変更した場合においてなされた新株予約権の行使は，違法な新株予約権の行使にあたると判示した判例がある（最判平成24・4・24判時2169・121〔百選30〕）。

5　新株予約権の発行の瑕疵

募集株式の発行の瑕疵を是正する場合と同様に，新株予約権発行の瑕疵を是正するために，会社法は，事前の是正措置としての差止請求，ならびに事後の是正措置として新株予約権の発行無効・不存在確認の訴えなどを用意している。

(1)　新株予約権の発行の差止請求

当該新株予約権の発行が法令・定款に違反する場合，または新株予約権の発行が著しく不公正な方法により行われる場合において，株主が不利益を受けるおそれがあるとき，株主は，株式会社に対し，新株予約権の発行をやめることを請求することができるとされる（247条）。株主の差止請求に関して，とくに注目を浴びたのは，差別的な行使条件付新株予約権の無償割当てに対して株主が差止請求権を行使できるかに関して判断を示した裁判例である。会社法上，新株予約権の無償割当てに対する株主の差止請求権は法定されていない。裁判例は，新株予約権の無償割当てが株主の地位に実質的な変動を及ぼす場合には，会社法247条を類推適用して株主に当該権利の行使を認めるべきであると解した（東京地決平成19・６・28民集61・５・2243）。

⑵　新株予約権発行の無効・不存在確認の訴え

株式発行の無効・不存在確認の訴えと同じように，会社法は，新株予約権発行の無効の訴え（〔828条１項４号〕。確定無効判決の遡及効の否定について，839条が規定し，同判決の対世効の肯定について，838条が規定する），ならびに新株予約権の不存在確認の訴え（829条３号）について規定を設けている。

⑶　新株予約権者・取締役等の責任

ａ．公正な払込金額等との差額塡補責任　株式発行等の場合と同じように，会社法は，払込金額等が著しく不公正な場合に，新株予約権者・取締役等が差額塡補責任を負うと定めている（285条・286条）。ここで，留意すべきと思われるのは，新株予約権につき金銭の払込みを要しないとすることが著しく不公正な条件であるとき（取締役〔指名委員会等設置会社にあっては，取締役または執行役〕と通じて新株予約権を引き受けた場合に限るとされる），新株予約権の公正な価額を払い込む責任を負う場合も含まれることである（285条１項１号）。

ｂ．新株予約権者・取締役等の仮装出資に関する責任　株式発行等の場合と同じように，会社法は，新株予約権者・取締役等の仮装出資に関する責任をも規定している（286条の２・286条の３）。

第8章

株式会社の機関

第1節　総　説

1　機関の意義

株式会社を含めた会社は，法人である以上（3条），法人としての会社を運営する機関を有しなければならない。ここにいう機関とは，会社として意思表示をしたり，行為をしたりする自然人や自然人が構成員となる会議体が有する組織上の地位をいう。たとえば，株主総会，取締役会，代表取締役，会計参与，監査役会，監査役，執行役，検査役（臨時）などが機関にあたる。

従来，ドイツ商法を継受した会社法成立前商法は，株式会社の機関を意思決定機関としての株主総会，業務執行機関としての取締役会・代表取締役，そして監督機関としての監査役会・監査役に分化させており，そうした機関の分化は，いわゆる三権分立の理念の株式会社における反映を意味するといわれる。現行会社法上，そのような機関の分化を有する株式会社としての監査役（会）設置会社の存在が法定されると同時に，監査役（会）を設置しない監査等委員会設置会社，指名委員会等設置会社の存在も認められており，こうした会社においては，社外取締役，そして社外取締役が中心となる監査等委員会，監査委員会が会社の業務執行を監督する。

株式会社といっても，中小規模な閉鎖会社から上場会社のような大規模な会社までが並存する。中小規模な閉鎖会社においては，通常会社所有と会社経営とが未分離の状態にあるのに対して，上場会社のような大規模な会社においては，会社所有と会社経営とが分離する状態にある。会社法は，こうした株式会社の実態に配慮して，公開会社については取締役会の設置を義務づけているが，非公開会社については取締役会の設置を義務づけず（327条1項1号），株主総会の権限配分を次のように区別して規定する。すなわち，原則として，株主総会は，会社法（会社則・計算規則も含む）に規定する事項および株式会社の組織，運営，管理その他株式会社に関する一切の事項について決議をすることができるとされる（295条1項）。こうした立法主義を株主総会の万能主義と呼ぶ。これに対して，取締役会設置会社においては，株主総会は，会社法（会社則・会社計算も含む）に規定する事項および定款で定めた事項に限り，決議をすることができるとされる（295条2項）。また，会社法により株主総会の決議を必要とする事項について，取締役，執行役，取締役会その他の株主総会以外の機関が決定し得ることを内容とする定款の定めは，その効力を有しないとされる（同条3項）。なお，会社の機関が有する具体的な権限については，本書ではその該当箇所にそれぞれ述べることとする。

2　機関設計の規律

株式会社の機関の最低限の存在として，株主総会はもちろんのこと，1人または2人以上の取締役を設置することが要求される（295条・326条1項）。その上で，それ以外の機関の設置について，会社法は，一定の制約を課しているものの，基本的に定款の自治に委ねる形で，会社が定款の定めによって取締役会，会計参与，監査役，監査役会，会計監査人，監査等委員会，または指名委員会・監査委員会・報酬委員会（指名委員会等という）を置くことができるとしている（326条2項）。

株主総会以外の機関の設置に関して，会社法は，次のような制約を設けている。

第1に，取締役会の設置義務について，①公開会社，②監査役会設置会社，③監査等委員会設置会社，④指名委員会等設置会社は，取締役会を置かなければならないとされる（327条1項）。これは，数多くの株主を有する大規模な会社を想定しているからである。

第2に，監査役の設置義務について，監査等委員会設置会社および指名委員会等設置会社以外の取締役会設置会社と会計監査人設置会社は，監査役を置かなければならないとされる（327条2項・3項）。これは，監査役と会計監査人とが連動して取締役による業務執行を監督することを想定しているからである。ただ，非公開会社である会計参与設置会社については，監査役の設置が任意とされる（同条2項ただし書）。これは，非公開会社の場合には監査役の権限が会計監査に限定されることを考慮して（389条1項），過剰な規制を省いたと推測される。これに対して，監査等委員会設置会社および指名委員会等設置会社は，監査役を置いてはならないとされており（327条4項），これは，こうした会社においては，取締役の業務執行を監督するのが取締役会に設置される社外取締役を中心とする監査等委員会や監査委員会に委ねられていることを考慮したからである。

第3に，監査役会の設置義務について，監査等委員会設置会社および指名委員会等設置会社を除く公開会社でかつ大会社である会社の場合には，監査役会を設置しなければならないとされる（328条1項）。

第4に，会計監査人の設置義務について，まず，監査等委員会設置会社および指名委員会等設置会社である以上，会計監査人を置かなければならないとされる（327条5項）。次に，監査等委員会設置会社および指名委員会等設置会社以外の公開会社・非公開会社である大会社においては，会計監査人を置く義務を負う（328条）。会計監査人は，会社法上の役員ではなく（329条1項），機関と解されていないが，会計監査の専門家として外部監査という重要な業務を担う。

それら以外の制約については，たとえば，指名委員会等設置会社は，監査等委員会を置いてはならないというものがある。いずれもが委員会設置会社であるが，両者を区別する必要があるからである（327条6項）。また，監査役会設置会社における社外取締役の設置義務について，2019（令和元）年会社法改正を経て，次のような規律が置かれるようになった（327条の2）。すなわち，監査役会設置会社（公開会社であり，かつ大会社であるものに限る）であって有価証券報告書の提出義務を負う会社（金商法24条1項）は，社外取締役を置かなければならない。このように改められたのは，監査役会設置会社においても第三者の視点による会社経営の監督を整備して，コーポレート・ガバナンスを強化し，資本市場の透明性を高めるためであると説かれる[1)]。

以上述べたことから明らかなように，機関設計の規律に対して非公開会社，公開会社，中小会社（大会社でない会社）と大会社という4つのキーワードが用いられ，非公開会社・中小会社，非公開会社・大会社，公開会社・中小会社と公開会社・大会社という4つの組み合わせによって，機関設計が4つに区分されることになる。その区分に応じて選択可能な機関設計は，**図表**において示されるとおりである。なお，こうした区分にもかかわらず，前述のように，すべての株式会社は，株主総会を設置しなければならず，ならびに定款の定めにより会計参与を設置することができるとされる。

3　公開会社である大会社の機関設計

会社法によれば，公開会社である大会社は，その定款の定めによって監査役会設置会社，指名委員会等設置会社および監査等委員会設置会のいずれかになることを選択

1）ちなみに，改正前の会社法では，事業年度の末日において監査役会設置会社（公開会社であり，かつ大会社であるものに限る）であって有価証券報告書の提出義務を負う会社（金商法24条1項）が社外取締役を置いていない場合には，取締役は，当該事業年度に関する定時株主総会において，社外取締役を置くことが相当でない理由を説明しなければならないとされた（2019（令和元）年改正前会社法327条の2）。これは，イギリスのコーポレート・ガバナンス・コードにおけるcomply or explain（遵守せよ，さもなければ説明せよ）という原則に倣ったものである。

し得る。これは，実に会社がその定款の定めによってコーポレート・ガバナンスのモデル，あるいはモニタリング・モデルを選択できることを意味する。会社によるコーポレート・ガバナンスのモデル選択の法定は，いわゆる制度間の競争を促進させることによって，会社がその自身に見合うようなコーポレート・ガバナンスのモデルを選択し，よりよいコーポレート・ガバナンスを実現させようとする立法主義を反映するものであり，日本会社法の重要な特徴の１つであるといわれる。

従来，株式会社の規模にもかかわらず，取締役の業務執行を監督する権限を有するとされた者は，監査役である。監査役会制度の導入は，1993（平成５）年に会社法成立前商法・旧商法特例法の改正によって実現され，監査役会の設置は，大会社に限って義務づけられた。現行会社法では，こうした会社は監査役会設置会社と呼ばれており（２条10号），監査役会の構成について，監査役は，３人以上で，そのうち半数以上は，社外監査役でなければならないとされる（335条３項）。

そして，2002（平成14）年に会社法成立前商法・旧商法特例法の改正で委員会等設置会社（会社法では，指名委員会等設置会社と呼ばれる）は導入され，このタイプの会社形態を旧商法特例法上の大会社・みなし大会社[2)]は定款の定めで選択できると規定された。度重なる法改正で監査役・監査役会制度の改善が図られたが，企業不祥事は依然として後を絶たなかった。コーポレート・ガバナンスの改善を実現するために，取締役会において社外取締役が中心とされる委員会を設置するアメリカ型のコーポレート・ガバナンスのモデルの導入が必要であると認識され，そうした認識は委員会等設置会社の導入を促した主な理由となったと考えられる。現行会社法では，指名委員会等設置会社については，指名委員会，監査委員会および報酬委員会を置くとされ（２条12号），指名委員会，監査委員会または報酬委員会の各委員会が委員３人以上で組織され，各委員会の委員が取締役の中から取締役会の決議によって選定され，各委員会の委員の過半数が社外取締役でなければならないとされる（400条１項・２項・３項）。

しかしながら，指名委員会等設置会社は，経済実務界ではあまり受け入れられておらず，選択する上場会社が少数にとどまる。社外取締役が過半数を占める指名委員会および報酬委員会に，取締役候補者の指名や取締役および執行役の報酬の決定を委ねることへの抵抗感などがあることは，その主たる原因であるといわれる。そこで，2014（平成26）年に会社法の改正によって，監査等委員会設置会社が新たに導入され

2) みなし大会社とは，大会社の要件のいずれにも該当しないが，資本の額が１億円を超えており，定款をもって旧商法特例法第２章（大会社等に関する特例）第２節（監査等に関する特例）に規定する特例の適用を受ける旨を定めることができる株式会社をいう（旧商法特例法２条２項）。

〔図表　選択可能な機関設計〕

	公開会社	非公開会社
大会社	①取締役会・監査役会・会計監査人 ②取締役会・監査等委員会・会計監査人 ③取締役会・指名委員会等・会計監査人	①取締役・監査役・会計監査人 ②取締役会・監査役・会計監査人 ③取締役会・監査役会・会計監査人 ④取締役会・監査等委員会・会計監査人 ⑤取締役会・指名委員会等・会計監査人
中小会社	①取締役会・監査役 ②取締役会・監査役会 ③取締役会・監査役・会計監査人 ④取締役会・監査役会・会計監査人 ⑤取締役会・監査等委員会・会計監査人 ⑥取締役会・指名委員会等・会計監査人	①取締役 ②取締役・監査役 ③取締役・監査役・会計監査人 ④取締役・会計監査人 ⑤取締役会・監査役 ⑥取締役会・監査役・会計監査人 ⑦取締役会・監査役会 ⑧取締役会・監査役会・会計監査人 ⑨取締役会・監査等委員会・会計監査人 ⑩取締役会・指名委員会等・会計監査人

た。監査等委員会設置会社とは，監査等委員会を置く株式会社であって（２条11号の２），監査等委員会は，すべての監査等委員で組織され，監査等委員は，取締役でなければならない（399条の２第１項・２項）。また，監査等委員である取締役は，３人以上で，その過半数は，社外取締役でなければならないとされる（331条６項）。なお前述のように，2019年（令和元）年会社法改正で監査役会設置会社の一部においても社外取締役の設置が義務づけられている。

第２節　株主総会

１　総　説

会社法は，取締役会設置会社と取締役会非設置会社を区別して，株主総会の権限配分について異なる規定を設けているが（295条１項・２項），株主総会は，株主全員が構成する株式会社の必須機関であり，会社経営にあたる取締役の選任・解任を通じて会社経営をコントロールし，会社の基本的な事項について意思決定を行うなどの権限を有する最高意思決定機関である。株式会社は，通常の株主総会を設けるほか，種類株式を発行した場合には，種類株主総会を設けることも可能である。種類株主総会に関する規定の多くは，株主総会に関する規定を準用するとされる（321条～325条）。

2 株主総会の招集

(1) 招集の時期

会社は，毎事業年度（通常，毎年４月１日から翌年の３月31日までとされる）の終了後一定の時期に株主総会を招集しなければならない（定時株主総会〔296条１項〕）。会社の多くは，毎年６月に定時株主総会を招集している。それは，多くの会社が毎事業年度の決算日を毎年３月31日に定め，その日を株主総会に参加できる株主を確定する日（基準日）として設定するため，その基準日から３か月以内に株主総会を招集しなければならないからである（124条１項・２項かっこ書）。定時株主総会のほか，株主総会は，必要がある場合にはいつでも招集され得る（臨時株主総会〔296条２項〕）。

(2) 招集権者

株主総会の招集は，取締役が行うと規定される（296条３項）。取締役会設置会社では，通常代表取締役が株主総会を招集する。これに対して，少数株主による招集の場合もある。その手続は，次のようである。まず，総株主の議決権の100分の３（定款の定めによる割合の低減が可能である）以上の議決権を６か月（定款の定めによる期間の短縮が可能である）前から引き続き有する株主は，取締役に対し株主総会の目的である事項（ただ，当該株主が議決権を行使することができる事項に限る）および招集の理由を示して，株主総会の招集を請求することができる（297条１項）。ただ，非公開会社の少数株主については６か月間継続株式保有の要件が適用されず，また株主総会の目的である事項について議決権を行使することができない株主が有する議決権の数は総株主の議決権の数に算入されないとされる（同条２項・３項）。つぎに，①少数株主による請求の後遅滞なく招集の手続が行われない場合，②少数株主による請求があった日から８週間（定款の定めによる期間の短縮が可能である）以内の日を株主総会の日とする株主総会の招集の通知が発せられない場合に，株主総会の招集請求をした少数株主は，裁判所の許可を得て，自ら株主総会を招集することができる（同条４項）。なお，裁判所は，必要があると認める場合に取締役に対し一定の期間内に株主総会を招集することを命じることもできる（307条１項１号）。

(3) 招集の決定

取締役，取締役会設置会社の取締役会，または少数株主は，株主総会を招集する場合には，次に掲げる事項を定めなければならない（298条１項）。すなわち，①株主総会の日時および場所，②株主総会の目的である事項，③株主総会に出席しない株主が書面によって議決権を行使することができることとするときは，その旨，④株主総会に出席しない株主が電磁的方法によって議決権を行使することができることとするときは，その旨，⑤そのほか，法務省令（会社則63条）で定める事項，である。取締役は，株主（株主総会において決議をすることができる事項の全部につき議決権を行使することができない株主を除く）の数が1000人以上である場合には，株主が書面により議決権を行使する事項を定めなければならないが，上場株式会社（金商法２条16項）で，かつ法務省令（会社則64条）で定めるものは，書面投票事項の決定義務がないとされる（298条２項）。ここにいう法務省令で定めるものとは，すべての株主に対して，金商法の規定に基づいて株主総会の通知の際に委任状の用紙を交付することにより，議決権の行使を第三者に代理させることを勧誘する場合における株式会社をいう。

また，取締役会設置会社では，少数株主が株主総会を招集する場合（297条４項）を除き，前記①～⑤の事項の決定は，取締役会の決議によらなければならない（298条４項）。判例では，代表取締役が取締役会の決議によらないで招集した総会の決議は，当然無効ではなく決議取消しの訴えをもってその効力が決せられるとされる一方（東京高判昭和30・７・19下民６・７・1488），代表取締役以外の取締役によって取締役会の決議を経ることなく招集された株主総会は，法律上の意義における株主総会ということができず，そこで決議がなされても株主総会の決議があったと解することができないとされる（最判昭和45・８・20判時607・79）。

⑷　招集の通知

株主総会の招集通知は，公開会社では，取締役（通常代表取締役を指す）が株主総会の日の２週間前までに株主に対して発することを要する（299条１項）。ただ，非公開会社では，１週間前までに，さらに非公開会社である取締役会非設置会社では，１週間を下回る期間を定款で定めた期間前までに，招集通知の期間が短縮され得る（同条１項かっこ書）。これは，小規模な閉鎖会社のニーズに対応するための立法措置である。招集通知は，書面または電磁的方法（政令に従い株主の承諾を得ることが要件となる）にてなされることを要するが，取締役会非設置会社では，その他の方法，たとえば口頭にてなされることが可能である（同条１項～３項）。書面または電磁的方法による通知には，前記⑶に掲げる①～⑤の事項を記載し，または記録しなければならない（同条４項）。

⑸　招集手続の省略等

株主総会に出席しない株主が書面または電磁的方法によって議決権を行使し得ることが決定された場合を除いて，株主総会は，株主の全員の同意があるときは，前記のような招集の手続を経ることなく開催することができる（300条）。ちなみに，招集手続が欠けていても，代理出席を含む株主全員が出席した株主総会決議を有効とした判例がある（最判昭和60・12・20民集39・8・1869）。

取締役会設置会社では，定時株主総会の招集を通知する際に，計算書類および事業報告などの提供が義務とされる（437条）。また，書面投票などを行う会社では，取締役が株主総会参考書類および議決権行使書面を交付し，またはこの交付に代えてこれらの書類に記載すべき事項を電磁的方法により提供することなどが要求される（301条・302条）。

⑹ 電子提供措置

インターネットの利用が急速に進んでいるなか，インターネットを利用する方法によって株主総会資料を提供することができるようになれば，株式会社が印刷や郵送のための費用を削減できるほか，株主に従来よりも早期に充実した総会資料を提供することによって株主が総会資料の検討期間を十分確保されていない実務上の問題をも解消できる。このことを考慮して，2019（令和元）年会社法改正を通じて，株主総会参考資料等（株主総会参考資料，議決権行使書面，計算書類・事業報告および連結計算書類）に関する電子提供措置が新たに導入された（〔325条の2～325条の7〕ただし，準備期間を要するため，2019〔令和元〕年法律第70号により，2023〔令和5〕年6月10日までに施行予定とされる）。ここにいう電子提供措置とは，電磁的方法により株主が株主総会参考書類等の内容である情報の提供を受けることができる状態に置く措置であって法務省令（会社則95条の2）で定めるものをいい，それを採用するか否かは，定款の定めに委ねられている（325条の2第1項柱書）。ただ，振替株式発行会社は，電子提供措置の採用を義務付けられている（振替159条の2第1項）。電子提供措置を採用した場合に，会社は，株主総会参考資料等をそのウェブサイトに載せたのであれば，株主に提供したこととされる。

電子提供措置を採用する株式会社の取締役は，株主総会参考資料等について電子提供措置期間中に（電子提供措置開始日〔株主総会の日の3週間前の日または総会招集通知を発した日のいずれか早い日〕から株主総会の日後3か月を経過する日までの間）電子提供措置を継続してとることを要する（325条の3第1項）。他方，インターネットに不慣れな株主に配慮して，株主総会参考資料等に関する書面交付請求も認められている（325条の5）。

3 株主提案権

株主提案権は，株主による議題の提案権と議案の提案権からなる。議題の提案権とは，株主総会の目的事項を提案することであって，「取締役選任の件」のような提案がそれにあたる。議案の提案権とは，当該議題の具体的な内容を提案することであって，「Ａを取締役に選任する件」のような提案がそれにあたる。株主提案権の行使要件に関して，会社法は，基本的に取締役会設置会社と取締役会非設置会社を別にして，規定を設けている。また，2019（令和元）年会社法改正で，株主提案権の濫用防止のため，議案提案数の制限が図られた。

⑴　議題提案権

取締役に対して，株主の提案できる議題は，その株主が議決権を行使できる事項（法文上一定の事項と呼ばれる）とされる（303条１項）。しかし，取締役会措置会社では，その株主は，総株主の議決権の100分の１（定款の定めによる割合の低減が可能である）以上の議決権または300個（定款の定めによる数の低減が可能である）以上の議決権を６か月（定款の定めによる期間の短縮が可能である）前から引き続き有する者に限り，かつ議題提案権の行使は，株主総会の日の８週間（定款の定めによる期間の短縮が可能である）前までにされることが要求される（303条２項）。

非公開会社の取締役会設置会社の株主に対しては，議決権の６か月保有期間が強制されない（303条３項）。また，前記の一定の事項について議決権を行使できない株主が有する議決権の数は，総株主の議決権の数への算入から排除される（同条４項）。

⑵　議案提案権

株主は，議決権の保有数要件の制約を受けることなく，株主総会の場において，株主総会の目的である事項（当該株主が議決権を行使することができる事項に限る）につき議案を提出することができる（304条本文）。しかし，①当該議案が法令・定款に違反する場合，②実質的に同一の議案につき株主総会において総株主（当該議案について議決権を行使することができない株主を除く）の議決権の10分の１（定款の定めによる割合の低減が可能である）以上の賛成を得られなかった日から３年を経過していない場合は，株主の議案の提出は認められない（同条ただし書）[3)]。

議案を提案した株主が他の株主に提案の趣旨や内容を知らせて他の株主の賛同を得たいというニーズに配慮して，会社法は，株主が取締役に株主総会の日の８週間（定

3)　これに関連して，株主提案権が侵害されたことを理由に損害賠償が求められた裁判例において，裁判所は，株主による提案が個人的な目的のため，あるいは会社を困惑させる目的のためにされたものであって，全体として株主としての正当な目的を有するものではなかった場合に，その提案の全体は権利の濫用に当たるものというべきであり，そうすると，取締役が提案を招集通知に記載しなかったことは正当な理由があるとした（東京高判平成27・５・19金判1472・26）。

款により期間の短縮が可能である）前までに株主総会の目的である事項について自らが提出しようとする議案の要領を株主全員に通知することを請求し得ると規定する（305条1項）。しかし，取締役会設置会社では，議案要領の通知を請求できる株主は，前述の議題提案権を行使する株主と同様な議決権の保有数・保有期間の要件が課される（同条1項ただし書）。問題は，議案の要領の意味である。これについて，判例は，株主総会の議題に関し，株主が提案する議案の基本的内容について会社および一般株主が理解できる程度の記載をいうと解する（東京地判平成19・6・13判時1993・140）。

取締役会設置会社の株主が議案の要領通知を請求する場合において，当該株主は，提出しようとする議案の数が10を超えることができない制約を受けるが，議案の内容は，次のようなものに関わるのであれば，すべて1つの議案とみなされる（305条4項）。すなわち，①役員等（取締役，会計参与，監査役または会計監査人）の選任に関する議案，②役員等の解任に関する議案，③会計監査人を再任しないことに関する議案，④定款の変更に関する2以上の議案について異なる議決がされたとすれば当該議決の内容が相互に矛盾する可能性がある場合の当該議案，である。前述の10を超える数に相当することになる数の議案は，取締役がこれを定めるとされるが，議案の要領通知を請求した株主が当該請求と併せてその提出しようとする2以上の議案の全部または一部につき議案相互間の優先順位を定めた場合に，取締役は，当該優先順位に従い議案の数を定めるとされる（同条5項）。

なお，株主の議案要領の通知請求が認められない事由は，前述の議案提案が認められない事由と同様であるとされる（305条6項）。

4　総会検査役の選任

会社法によれば，株主総会が相当混乱するなどの場合に備えて，後日の訴訟に必要な証拠を保全させるために，会社・株主は，総会検査役の選任を請求し得るとされる。すなわち，会社・総株主（株主総会において決議をすることができる事項の全部につき議決権を行使することができない株主を除く）の議決権の100分の1（定款の定めによる割合の低減が可能である）以上の議決権を有する株主は，株主総会に係る招集の手続および決議の方法を調査させるため，当該株主総会に先立ち，裁判所に対し検査役の選任の申立てをすることができるとされる（306条1項）。もっとも，公開会社の取締役会設置会社では，総会検査役選任の申立権を行使できる株主は，6か月（定款の定めによる期間の短縮が可能である）前から引き続き有する者とされる（同条2項）。

総会検査役選任の申立てがあった場合に，裁判所は，それを不適法として却下する場合を除き，検査役を選任しなければならず，また検査役を選任した場合には，会社がその検査役に対して支払う報酬の額を定めることができる（306条３項・４項）。検査役は，必要な調査を行い，その調査結果を記載し，記録した書面・電磁的記録（法務省令〔会社則228条〕で定めるものに限る）を裁判所に提供して報告をする義務を負う（306条５項）。検査役は，報告した場合に，会社（総会検査役選任の申立てをした者が当該会社でない場合に，会社およびその者）に対し，書面の写しを交付し，または電磁的記録に記録された事項を法務省令（会社則229条）で定める方法により提供することを要する（306条７項）。

5　議決権の行使

(1)　一株一議決権の原則とその例外

議決権とは，株主が株主総会の決議に参加する権利を指し，株主にとって最も重要な，かつ基本的にその行使を除外されることが許されない権利である。株主は，株主総会において，その有する株式の１株につき１個の議決権を有する（308条１項本文）。これを一株一議決権の原則という。

この原則があるから，多額の出資をした株主は，会社の株式を多数保有し，株主総会の決議を可決できる力を有することになる（資本多数決の原則）。一株一議決権の原則の例外として，①ある株式会社（たとえば，Ａ会社）がその総株主の議決権の４分の１以上を有することその他の事由を通じて当該株式会社（Ａ会社）がその経営を実質的に支配することが可能な関係にあるものとして法務省令（会社則67条）で定める株主（たとえば，Ｂ会社）の有するＡ会社の株式（308条１項かっこ書），②一単元未満株式（同条１項ただし書），③自己株式（同条２項）は，議決権を有しないと法定される。①の規制は，いわゆる法人間の相互保有株式に対する規制であって，議決権行使の歪曲化を是正するための措置である。この規制によれば，たとえば，Ａ会社がＢ会社の総株主の議決権の26％を保有する一方，Ｂ会社がＡ会社の総株主の議決権の10％を保有する場合に，Ｂ会社は，Ａ会社に対して議決権を行使することができないことになる。②の規制は，会社の株式管理コストの適正化という単元株式制度の趣旨を貫徹するための措置である。③の規制は，会社経営者による不公正な会社支配を防止するための措置である。

また，その他の例外として，議決権制限株式（108条１項３号），取締役・監査役の選任・解任株式（同条１項９号），基準日後に発行された株式（124条１項），特別利害関係株主の保有する株式（140条３項・160条４項・175条２項）がある。

(2)　議決権の行使方法

株主が直接株主総会に参加し，その場で議決権を行使することは最も望ましい姿であるが，さまざまな事情で直接参加できないことはよくある。その際にも，株主が決議案に対し意思表示できるように，会社法は，議決権の代理行使，書面投票，電子投票といった方法を用意している。なお，会社法上議決の不統一行使についても規定が設けられている。

a．議決権の代理行使　株主は，代理人によってその議決権を行使することができる。この場合には，その株主または代理人は，代理権を証明する書面（委任状）を会社に提出しなければならない（310条1項）。ここにいう代理権の授与は，株主総会ごとになされることを要する（同条2項）。また，代理権の証明書面の提出に代えて，会社の承諾を得て，書面に記載すべき事項を電磁的方法により提供することができる（代理権の電子証明〔同条3項〕）。これに関連して，株主が株主総会招集の電子通知の承諾をした者である場合に，会社は，正当な理由がなければ，代理権の電子証明につき承諾をすることを拒んではならない（同条4項）。なお，会社は，株主総会に出席することができる代理人の数を制限することができるほか，株主総会の日から3か月間，代理権の証明書面（電子証明を含む）をその本店に備え置かなければならず，株主は，理由を明らかにした上で，会社の営業時間内にいつでも代理権の証明書面・電子証明の閲覧・謄写を請求することができる（同条5項・6項・7項）。ただ，当該請求権の濫用防止のために，2019（令和元）年会社法改正を経て，請求株主がその権利の確保や行使に関する調査以外の目的で請求したなどの拒絶事由が新たに追加された（同条8項）。

議決権の代理行使に関して，従来次の2つのことが注目されている。1つは，定款による代理人資格の制限の有効性である。条文上，代理人の資格について何ら制限をも設けていないのに対して，多くの会社は，総会の混乱や代理人確認の事務処理の煩雑さを避けるために代理人の有資格者を株主に限定するという旨を定款に定めている。こうした代理人の資格制限に関する定款の定めの効力有無に対して，判例は，それが株主以外の第三者による株主総会の撹乱を防止し，会社の利益を保護する趣旨にでたもので，合理的な理由による相当程度の制限であると解して，その定款規定の有効性を認めている（最判昭和43・11・1民集22・12・2402〔百選32〕）。ただ，その定款規定の有効性について，制限的解釈をとるべきであると解されている。そのような意味において，株主である地方公共団体の職員・株式会社の従業員に議決権を代理行使させることを認めた裁判例がある（たとえば，最判昭和51・12・24民集30・11・1076〔百選37〕）。

もう1つは，いわゆる委任状合戦（proxy fight）のことである。それは，基本的には特定の事項（取締役・監査役の選任，剰余金の配当など）をめぐって，会社と株主が激しく対立し，異なる提案をそれぞれした場合に，会社と株主が株主総会で各自の提案が可決されるように他の株主に対して議決権の代理行使を内容とする委任状の勧誘[4]を展開することをいう。上場会社の場合での委任状合戦は，金商法（194条），金商法施行令（36条の2）ならびに「上場株式の議決権の代理行使の勧誘に関する内閣府令」が行う委任状の勧誘規制を受けなければならない。

b．書面投票　株主の数が1000人以上である会社においては，株主総会に出席しない株主が書面によって議決権を行使することができるように，書面投票を実行しなければならない（298条1項3号・2項）。その趣旨は，多数の株主を有する会社の場合には株主が多くの地域に分散している程度が高く，株主総会に参加できない株主の意思を総会決議に反映させたいというところにある。ただ，上場株式発行会社が株主の全部に対して委任状の勧誘をする場合には，書面投票の実行は強制されない（298条2項ただし書，会社則64条）。

書面投票を実行する場合に，株主総会の招集通知に際して，法務省令（会社則65条・66条）で定めるところにより，株主に対し株主総会参考書類および議決権行使書面が交付されなければならない（301条1項）。株主は，書面による議決権を行使する際に，議決権行使書面に必要な事項を記載し，法務省令（会社則69条）で定める時（総会の日時の直前の営業時間終了時）までに当該記載をした議決権行使書面を会社に提出して行う（311条1項）。これにより書面によって行使した議決権の数は，出席した株主の議決権の数に算入される（同条2項）。会社は，株主総会の日から3か月間，提出された議決権行使書面をその本店に備え置かなければならず，株主は，請求理由を明らかにした上で，会社の営業時間内に，いつでも提出された議決権行使書面の閲覧・謄写の請求をすることができる（同条3項・4項）。ただ，この請求に対する拒絶事由が法定されている（同条5項）。

c．電子投票　取締役（取締役会設置会社では取締役会）は，株主総会に出席しない株主が電磁的方法によって議決権を行使し得ることを決定することができる（298条1項4号）。株主総会の招集通知に際して，法務省令（会社則65条など）で定めるところにより，株主に対し株主総会参考書類および議決権行使書面を交付しなければならない（301条1項）が，電磁的招集通知（299条3項）の承諾をした株主に対して総会参考書類および議決権行使書面に記載すべき事項を電磁的方法により提供することができる（同条2項本文）。ただし，株主の請求があったときは，総会参考書類等をその株主に交付することが要求される（302条2項ただし書）。

電磁的方法による議決権の行使（電子投票）は，法務省令（会社則70条）で定める時（株主総会の日時の直前の営業時間の終了時）まで議決権行使書面に記載すべき事

4）　委任状の勧誘とは，株主総会の通知に際して委任状の用紙を交付することによる議決権の行使を第三者に代理させることを勧誘することをいう（会社則64条）。

項を電磁的方法により当該株式会社に提供して行われることになる（312条1項）。株主が電磁的方法による招集通知（299条3項）の承諾をした者である場合に，会社は，正当な理由がなければ，電子投票の承諾をすることを拒んではならない（312条2項）。電磁的方法によって行使した議決権の数は，出席した株主の議決権の数に算入される（同条3項）。また，会社は，株主総会の日から3か月間，提供された事項を記録した電磁的記録をその本店に備え置かなければならず，株主は，株式会社の営業時間内に，いつでも電磁的記録に記録された事項を法務省令（会社則226条）で定める方法により表示したものの閲覧・謄写の請求をすることができる（312条4項・5項）。ただ，この請求に対する拒絶事由が法定されている（同条6項）。

d．議決権の不統一行使　株主は，その有する議決権を統一しないで行使することができる（313条1項）。通常，複数の議決権を有する株主は，議決権を分割して賛成・反対の両方に投票することをしないであろう。しかし，現実に証券投資信託やアメリカ預託証券（ADR，American Depositary Receipts）などにおける株式のような，名義上の株主の背後に多数の実質株主が存在する場合がある。そうした場合に備えて，実質株主の意思を総会決議に反映させることができるように，会社法上議決権不統一行使が認められている。

取締役会設置会社においては，議決権を統一しないで行使しようとする株主は，株主総会の日の3日前までに，会社に対して議決権の不統一行使の旨およびその理由を通知する（313条2項）。会社は，株主が他人のために株式を有する者でないときは，その株主がその有する議決権を統一しないで行使することを拒むことができる（同条3項）。

6　総会の議事と決議

(1)　総会の議事

会社法上，総会の議事進行は，特に規定されておらず，定款や慣習による。会社法は，総会の議事に関して取締役等の説明義務，議長の権限，株主総会に提出された資料等の調査，延期または続行の決議，議事録といったことしか規定していない。

a．取締役等の説明義務　取締役等（取締役，会計参与，監査役および執行役）は，株主総会において株主から特定の事項について説明を求められた場合には，その事項について必要な説明をしなければならない（314条本文）。もっとも，①その事項が株主総会の目的である事項に関しないものである場合，②その説明をすることにより株主の共同の利益を著しく害する場合，③その他正当な理由がある場合として法務省令（会社則71条）で定める場合には，説明の拒絶は認められる（同条ただし書）。ここにいう正当な理由とは，具体的に，(i)株主が説明を求めた事項について説明をするために調査をすることが必要である場合（ただ，株主が株主総会の日より相当の期間前にその事項を株式会社に対して通知した場合，事項について説明をするために必要な調査が著しく容易である場合を除く），(ii)株主が説明を求めた事項について説明をすることにより会社その他の者（当該株主を除く）の権利を侵害することとなる場合，(iii)株主が株主総会において実質的に同一の事項について繰り返して説明を求める場合などを指す。

取締役等が説明義務に違反した場合に，過料による制裁が科されるほか（976条９号），成立した決議に対して決議の方法が法律に違反したものとして総会決議取消の事由を構成し，決議取消しの訴えが提起されることがあり得る。従来，裁判実務上特に問題となったのは，他の質問事項と合わせて一括して説明すること（一括説明）と説明の程度に関することである。判例は，一括説明についてそれが直ちに違法となることはないとし，（東京高判昭和61・２・19判時1207・120〔百選35〕），説明の程度について平均的な株主が決議事項について合理的な理解および判断を行い得る程度の説明を株主総会で行ったものと評価できる必要があるとし，平均的な株主の基準を用いる（東京地判平成16・５・13金判1198・18）。

なお，上記の取締役等の説明義務とは別に，会計監査人設置会社（２条11号）が定時株主総会において会計監査人の出席を求める決議があったときは，会計監査人は，定時株主総会に出席して意見を述べなければならない（398条２項）。

b．議長の権限　会社法成立前商法には，総会の議長について定款に特に定めがない場合に総会で選任するとの規定が置かれていた。会社法は，その規定を引き継いでいない。もっとも，実態にはあまり変化がなく，実際には社長が議長を務める場合が多いといわれる。議長の有する権限としては，株主総会の秩序を維持し，議事を整理するほか，その命令に従わない者その他総会の秩序を乱す者を退場させることが法定されている（315条１項・２項）。ただ，議長が権限を濫用した場合の対応措置は用意していない。このことに関して，議長が権限を濫用して総会の終了を宣言しても，残った株主がした総会延期の決議が有効な決議であるとした判例がある（東京地判昭和29・５・７下民集５・５・632）。

c．株主総会に提出された資料等の調査　株主総会は，その決議によって，取締役，会計参与，監査役，監査役会および会計監査人が株主総会に提出し，または提供した資料を調査する者を選任することができる（316条１項）。また少数株主が招集した株主総会（297条）は，その決議によって，株式会社の業務および財産の状況を調査する者を選任することができる（316条２項）。

d．延期・続行の決議　株主総会は，決議によってその延期（議事に入らないで延期すること）または続行（議事に入ったのち後日に継続すること）を決定することができる（317条）。同一性のある総会であるため，総会の招集決定（298条）や総会の招集通知（299条）に関する規定は適用されない（317条）。

e．議事録　議事について，法務省令（会社則72条）に基づいて議事録を作成しなければならない（318条１項）。会社は，株主総会の日から10年間，作成された議事録をその本店に，ならびに株主総会の日から５年間，議事録の写しをその支店に備え置かなければならない（同条２項・３項本文）。株主および債権者は，株式会社の営業時間内にいつでも，①議事録が書面をもって作成されているときは，その書面またはその書面の写しの閲覧・謄写について，②議事録が電磁的記録をもって作成されているときは，その電磁的記録に記録された事項を法務省令（会社則226条）で定める方法により表示したものの閲覧・謄写について請求をし得る（同条４項）。また，株式会社の親会社社員は，その権利を行使するため必要があるときは，裁判所の許可を得て，議事録の閲覧・謄写について請求をし得る（同条５項）。

(2)　株主総会の決議方法

総会の決議は多数決によって行われる（資本多数決の原則）。会社法は，決議事項の重要度に基づいて多数決の要件について異なる対応措置を講じ，それを具体的に普通決議，特別決議，ならびに特殊決議に分ける。

a．普通決議　普通決議は，法令や定款が特別な要件を規定していない場合の決議であって，議決権を行使し得る株主の議決権の過半数を有する株主が出席し（定足数），出席した株主の議決権の過半数をもって行われる（309条１項）。定款で定足数を変更することもできるので，実際に多くの会社は，定足数を排除して，出席した株主の議決権の過半数だけで決議できることとする。もっとも，普通決議による事項といっても，役員選任・解任，公開会社における支配株主の異動をもたらす募集株式発行等の決議などについては，定款による定足数の引下げは，議決権を行使できる株主の議決権の３分の１を下回ることができないとされる（341条・206条の２第５項。また244条の２第６項。なお３分の１以上の割合を定款で定めることが可能とされる）。こうした規定は，事柄の重要性を考慮したからである。

b．特別決議　特別決議，特に重要な事項に関する決議であって，株主総会において議決権を行使することができる株主の議決権の過半数（３分の１以上の割合を定款で定めることが可能である）を有する株主が出席し（定足数），出席した株主の議決権の３分の２（これを上回る割合を定款で定めたことが可能である）以上にあたる多数をもって行われる。また，特別決議については，決議の要件に加えて，一定の数以上の株主の賛成を要する旨その他の要件を定款で定めることを妨げない（309条２項本文）。特別決議による事項は，309条２項に列挙されている。

c．特殊決議　特殊決議は，特別決議以上に厳重な要件が必要とされる決議であって，これにはさらに次の２種類がある。１つは，株主総会において議決権を行使することができる株主の半数以上（これを上回る割合を定款で定めることが可能である）であって，かつ株主の議決権の３分の２（これを上回る割合を定款で定めることが可能である）以上にあたる多数をもって行わなければならない決議である（309条３項）。たとえば，全株式の譲渡を制限するための定款変更の決議がそれにあたる。もう１つは，総株主の半数以上（これを上回る割合を定款で定めることが可能である）であって，かつ総株主の議決権の４分の３（これを上回る割合を定款で定めることが可能である）以上にあたる多数をもって行わなければならない決議である（同条４項）。たとえば，非公開会社の場合に剰余金の配当を受ける権利など（105条１項各号）に関する事項について株主ごとに異なる取扱いを行うことができるとする定款変更の決議がそれにあたる。

取締役会設置会社では，株主総会は総会の目的事項（298条１項２号）以外の事項について決議をすることができない（309条５項）。なお，取締役の責任を免除するにあたり全株主の同意を必要とする場合（424条）もあるが，それは，必ずしも株主総会の決議を必要とするものではない。

⑶　株主総会の決議の省略

取締役または株主が株主総会の目的である事項について提案をした場合に，その提案について株主の全員が書面または電磁的記録により同意の意思表示をしたのであれば，その提案を可決した株主総会の決議があったとみなされる（319条１項）。これは，株主総会の運営の効率化を図る制度であるが，実際に中小規模な閉鎖的株式会社に適した制度である。会社は，株主総会の決議があったとみなされた日から10年間，その書面または電磁的記録をその本店に備え置かなければならず，株主および債権者は，会社の営業時間内にいつでも，①その書面の閲覧・謄写，②その電磁的記録に記録された事項を法務省令（会社則226条）で定める方法により表示したものの閲覧・謄写について請求することができるほか，会社の親会社社員も，その権利を行使するため必要があるときは，裁判所の許可を得て，その書面または電磁的記録の閲覧・謄写について請求し得るとされる（319条２項・３項・４項）。なお，総会決議の省略にもかかわらず，定時株主総会の目的である事項のすべてについての提案を可決した株主総会の決議があったとみなされた場合には，その時にその定時株主総会は終結したとみなされる（同条５項）。

取締役が株主の全員に対して株主総会に報告すべき事項を通知した場合には，その事項を株主総会に報告することを要しないことについて株主の全員が書面・電磁的記録により同意の意思表示をしたのであれば，その事項の株主総会への報告があったものとみなされる（320条）。

7　株主総会決議の瑕疵

(1)　総説

決議の瑕疵とは，決議の内容や手続が法令や定款に違反することを意味する。瑕疵のある決議は，本来であれば，瑕疵のある意思表示と同様に，一般原則に従い無効となるはずである。しかし，総会の決議によって形成されるのは，集団的法律関係であるため，いったん有効に成立した決議を無効にすると，数多くの関係者が影響を受け，法律関係の安定性が著しく害されることになる。そこで，会社法は，法律関係の安定性の維持という要請に応えるために，瑕疵の軽重に着目して総会決議取消しの訴え，総会決議無効・不存在確認の訴えという訴訟形態を規定する。

すなわち，会社法は，総会決議取消しの訴えについて，その取消原因を瑕疵の程度が比較的軽い方である手続の瑕疵とし，原告適格や出訴期間を限定するが，総会決議無効・不存在確認の訴えについて，その無効・不存在の確認原因を瑕疵の程度が重い方である決議の内容などに関する瑕疵（法令違反，実態の不存在など）とし，原告適格や出訴期間を限定していない（最判昭和54・11・16民集33・7・709〔百選43〕）。ただ，裁判所の管轄（835条1項），数個の同一の訴えに関する弁論・裁判の併合（837条），担保提供命令（836条），会社の損害賠償請求権（〔846条〕敗訴した原告には悪意または重大な過失がある場合）に関する会社法上の規定は，各訴訟につき共通である。

(2)　総会決議取消しの訴え

次のような場合には，株主は，株主総会の決議の日から3か月以内に，訴えをもって総会決議の取消しを請求することができる。すなわち，①招集の手続・決議の方法が法令・定款に違反し，または著しく不公正な場合，②決議の内容が定款に違反する場合，③決議について特別の利害関係を有する者が議決権を行使したことによって，著しく不当な決議がされた場合である（831条1項）。

これらの場合は総会決議の取消事由をいう。①について，たとえば，招集通知の漏れ（他の株主に対する招集通知の漏れをも含む。〔最判昭和42・9・28判時498・61［百選36］〕），招集通知の発送の遅れなどが招集手続の法令違反に，説明義務違反などが決議方法の法令違反に，そして出席困難な時刻や場所への招集などが決議方法の著しい不公正にあたるとされる。②について，たとえば，定款の定める取締役の人数を超えて取締役を選任した決議が定款違反にあたる。③について，たとえば，責任を追及されている取締役が議決権を行使して責任の一部免除決議を成立させた場合は特別の利害関係を有する者が議決権を行使したことによって著しく不当な決議がなされたことにあたる。

決議取消しの訴えを提起できる者（原告適格）の中には，前述の株主のほか，決議の取消しにより株主，取締役，監査役または清算人となる者，決議が取り消されて，取締役，監査役または清算人が欠員となった場合に，新たな取締役，監査役または清査人が選任されるまで引き続き取締役，監査役または清算人としての権利義務を有する者（346条1項）も含まれる（831条1項本文）。決議取消しの訴えの被告は，会社のみとされる（834条17号）。そのため，取締役が自分たちの取締役選任決議の取消訴訟につき被告会社側の共同訴訟人として参加することは許さない（最判昭和36・11・24・民集15・10・2583）。

会社法が提訴期間を総会決議の日からの3か月以内とするのは，いうまでもなく法律関係の安定性の維持と画一的処理といった要請を重視する措置であり，3か月が経過すれば，決議の瑕疵が治癒されることになる。なお，判例は，訴えを提起されてから3か月の期間が経過した後新たな取消事由が追加され得るかについてそれを認めないとしている（最判昭和51・12・24民集30・11・1076〔百選37〕）。

決議取消しの請求が認容され，確定判決が言い渡された場合に，その確定判決は直接の訴訟当事者にはもちろんのこと，第三者に対してもその効力を有する（対世的効力〔838条〕）。というのは，会社をめぐる多数の利害関係者が存在し，判決の影響を受けるので，法律関係を画一的に確定する必要があるからである。また，確定判決に対世的効力があるため，否決決議取消しの訴えは，不適法である（最判平成28・3・4民集70・3・827）。なお，決議取消しの訴えは形成訴訟であり，決議は，取消判決が確定するまでは一応有効であるが，決議取消しの確定判決によって決議時に遡って無効となる（遡及的効力〔839条の反対解釈〕）。

しかしながら，決議取消しの訴えの提起があった場合において，株主総会等の招集の手続・決議の方法が法令・定款に違反するときであっても，裁判所は，その違反する事実が重大でなく，かつ決議に影響を及ぼさないものであると認めるときは，決議取消しの請求を棄却することができる（裁量棄却〔831条2項〕。最判昭和46・3・18民集25・2・183〔百選40〕参照）。これも，法律関係の安定性を維持するための措置である。

なお，決議取消しの訴えを提起するには，当然他の訴えと同様に訴えの利益（訴えの内容である訴訟上の請求に本案解決の必要性と実効性）がなくてはならず，決議取消しの訴えが法定の要件を満たして提起された場合に訴えの利益があると考えられる。ただ，役員選任の総会決議取消しの訴えが係属中に，その決議に基づいて選任された取締役ら役員が全く任期満了により退任し，その後の総会決議で取締役ら役員が新たに選任されたときは，特別な事情のない限り，決議取消しの訴えの利益を欠くとし，その訴えを却下した判例がある（最判昭和45・4・2民集24・4・223〔百選38〕）。

(3) 総会決議無効確認の訴え

株主総会の決議については，決議の内容が法令に違反することを理由として，決議が無効であることの確認を，訴えをもって請求することができる（830条2項）。株主平等の原則に違反するような大株主だけを優遇することを定める決議や，株主有限責任の原則に違反する株主の追加出資義務を定める決議などがそれにあたる。決議の内容が法令に違反するという重大な瑕疵のある決議であるため，訴えの利益さえあれば，だれでもいつでも当該決議無効確認の訴えを提起することができる。決議取消しの訴えの場合と同様に，決議無効確認の訴えにおける原告勝訴の確定判決にも対世的効力が認められており（838条），被告は会社とされる（834条16号）。

(4) 総会決議不存在確認の訴え

株主総会の決議については，決議が存在しないことの確認を，訴えをもって請求することができる（830条1項）。ここにいう決議の不存在とは，決議の手続的瑕疵が著しく，そのため決議が法律上存在するとは認められない場合とか，決議がそもそも物理的に存在しない場合を指す。前者について，たとえば，総会開催にあたり，大量の招集通知漏れがあったよう場合がそれにあたる（最判昭和33・10・3民集12・14・3053）。後者について，たとえば，総会開催も決議も事実として存在しないのに，議事録が作成され，登記がなされたような場合がそれにあたる（最判昭和38・8・8民集17・6・823）。決議が不存在である場合に，だれでもいつでも決議不存在確認の訴えを提起することができる。決議取消しの訴え，決議無効確認の訴えの場合と同様に，決議不存在確認の訴えにおける原告勝訴の確定判決に対世的効力が認められており（838条），被告は会社とされる（834条16号）。

8 種類株主総会

(1) 総 説

株主平等の原則によれば，株式会社は，株主をその有する株式の内容および数に応じて，平等に取り扱わなければならないとされる（109条1項）。言い換えれば，会社は，内容の異なる種類の株式を保有する株主に対して異なった取扱いをすることができることになる。そうすると，異なる種類の株主の間で利害が衝突することがさまざまな場面において生じ得る。

そこで，そうした場面に対処し，異なる種類の株主間の利害を調整する制度として，会社法上種類株主を構成員とする種類株主総会が法定されている。種類株主総会は，その権限として会社法に規定する事項および定款で定めた事項に限り，決議をすることができるとされ（321条），法定種類株主総会（決議しなければならない事項として法定されるもの）と任意種類株主総会（決議する事項として定款が定めるもの）に分けられる。なお，株主総会に関する規定の多くは，種類株主総会について準用される（325条）。

⑵　法定種類株主総会

種類株式発行会社が次のような行為をする場合には，ある種類の株式の種類株主に損害を及ぼすおそれがあるのであれば，当該行為は，当該種類の株式の種類株主を構成員とする種類株主総会（当該種類株主に係る株式の種類が２以上ある場合に，当該２以上の株式の種類別に区分された種類株主を構成員とする各種類株主総会を指す）の決議がなければ，その効力を生じない（322条１項本文）。

すなわち，①株式の種類の追加，株式の内容の変更，発行可能株式総数または発行可能種類株式総数の増加についての定款の変更（ただし，111条１項・２項に規定するものを除く），②特別支配株主による株式等売渡請求に対する承認（179条の３第１項），③株式の併合・株式の分割，④株式無償割当て，⑤当該株式会社の株式を引き受ける者の募集（ただし，202条１項各号の事項を定めるものに限る），⑥当該株式会社の新株予約権を引き受ける者の募集（ただし，241条１項各号の事項を定めるものに限る），⑦新株予約権無償割当て（277条），⑧合併，⑨吸収分割，⑩吸収分割による他の会社がその事業に関して有する権利義務の全部または一部の承継，⑪新設分割，⑫株式交換，⑬株式交換による他の株式会社の発行済株式全部の取得，⑭株式移転，⑮株式交付である（322条１項１号～14号）。

もっとも，種類株式発行会社は，ある種類の株式の内容として，前記種類株主総会の決議を要しない旨を定款で定めることができるが，株式の種類の追加，株式の内容の変更，発行可能株式総数または発行可能種類株式総数の増加についての定款の変更（単元株式数についてのものを除く）がされる場合には，種類株主総会の決議を行わなければならない（322条２項・３項）。また，ある種類の株式の発行後に定款を変更して当該種類の株式について決議を要しない旨を定款の定めようとするときは，当該種類の種類株主全員の同意を得ることが必要とされる（同条４項）。

その他，会社法上種類株主総会の決議が必要とされる場合もある（111条２項・199条４項・200条４項，238条４項・239条４項・783条３項・795条４項・804条３項など）。

(3) 任意種類株主総会

種類株式発行会社において，ある種類の株式の内容として，株主総会（取締役会設置会社では，株主総会・取締役会，清算人会設置会社〔478条８項〕では，株主総会・清算人会）において決議すべき事項について，当該決議のほか，当該種類の株式の種類株主を構成員とする種類株主総会の決議があることを必要とする旨の定めがあるときは，当該事項は，その定款の定めに従い，株主総会，取締役会または清算人会の決議のほか，当該種類の株式の種類株主を構成員とする種類株主総会の決議がなければ，その効力を生じないとされる（323条本文）。もっとも，定款の定めによる種類株主総会の決議事項も，株主総会の決議が種類株主の利益を害するおそれがあるという法律上の制約を受けると解される。なお，いうまでもなく，種類株主総会において議決権を行使し得る種類株主が存在しない場合は，種類株主総会の決議は要らないことになる（同条ただし書）。

(4) 種類株主総会の決議

種類株主総会の決議について，決議事項の種類株主に与える影響の程度に応じて異なる決議要件が規定されており，普通決議，特別決議と特殊決議に分けられる（324条）。

普通決議とは，定款に別段の定めがある場合を除き，その種類の株式の総株主の議決権の過半数を有する株主が出席し，出席した当該株主の議決権の過半数をもって行われる決議をいう。特別決議とは，当該種類株主総会において議決権を行使することができる株主の議決権の過半数（３分の１以上の割合を定款で定めることが可能である）を有する株主が出席し，出席した当該株主の議決権の３分の２（これを上回る割合を定款で定めることが可能である）以上にあたる多数をもって行われる決議をいう。この特別決議については，当該決議の要件に加えて，一定の数以上の株主の賛成を要する旨その他の要件を定款で定めることを妨げないとされる。さらに，特殊決議とは，当該種類株主総会において議決権を行使することができる株主の半数以上（これを上回る割合を定款で定めることが可能である）であって，当該株主の議決権の３分の２（これを上回る割合を定款で定めことが可能である）以上にあたる多数をもって行われる決議をいう。

第３節　取締役，取締役会，代表取締役と会計参与

1　取締役

(1)　総　説

取締役は，すべての株式会社において設置されることを要し，株主総会の決議によって選任され，会社との関係が委任に関する規定に従う役員である（326条１項・329条１項・330条）。取締役会非設置会社では，取締役は，会社の機関であるが，取締役会設置会社では，取締役は機関ではなく，構成員として取締役会を構成するにすぎない。

(2)　選　任

a．通常の場合　取締役は，株主総会の決議によって選任される。ただし，監査等委員会設置会社では，取締役の選任は，監査等委員である取締役とそれ以外の取締役とを区別してされる必要がある（329条２項）。また，総会決議による取締役の選任の場合には，法務省令（会社則96条）で定めるところにより，取締役（監査等委員会設置会社では，監査等委員である取締役・それ以外の取締役）が欠け，または法律・定款で定めた取締役の員数を欠くこととなるときに備えて，株式会社は，補欠の取締役を選任することができる（329条３項）。取締役が選任された後，取締役氏名の登記は必要である（911条３項13号）。

b．累積投票による選任　会社法上，少数派株主が取締役を選任して自らの意思を取締役会の意思決定に反映させ得るような制度として累積投票制度がある。すなわち，株主総会の目的である事項が２人以上の取締役（監査等委員会設置会社では，監査等委員である取締役・それ以外の取締役）を選任する場合に，株主は，定款に別段の定めがあるときを除き，会社に対し，累積投票により取締役を選任すべきことを請求することができる（342条１項，会社則97条）。

こうした請求は，株主総会の日の５日前までにすることを要する（342条２項）。請求があった場合に，取締役の選任決議については，株主は，その有する株式の１株につき株主総会において選任する取締役の数と同数の議決権を有し，議決権の行使につき１人のみに投票し，または２人以上に投票してその議決権を行使することができる（同条３項）。投票の結果に基づいて，取締役の候補者は，投票の最多数を得た者から順次取締役に選任されることになる（同条４項）。しかし，実際に株式会社の多くは定款でこの制度を排除することを定めているため，累積投票制度は機能していない。

というのは，会社経営には取締役会の構成員全員が一丸となって取り組むべきであるところ，累積投票を実行して，取締役会に対立が持ち込まれることになれば，逆に会社経営が阻害されると恐れられたからである。

(3) 取締役の資格

取締役になれる者は，次のような法的制約を受ける。

まず，いわゆる欠格事由である。①法人，②会社法・一般法人法・金商法などの関連規定が定める罪を犯し，刑に処せられ，その執行を終わり，またはその執行を受けることがなくなった日から２年を経過しない者，③②以外の法令の規定に違反し，禁錮以上の刑に処せられ，その執行を終わるまでまたはその執行を受けることがなくなるまでの者（ただし，刑の執行猶予中の者を除く）は，取締役になることができない(331条１項)。

つぎに，取締役が株主でなければならない旨を定款で定めることは禁止される（331条２項本文)。その趣旨は，会社所有と会社経営との分離を考慮し，有能な人材を会社経営に登用させることにある。ただし，非公開会社に対し当該禁止規定は適用しないとされる（同条２項ただし書)。

さらに，監査等委員である取締役は，監査等委員会設置会社・その子会社の業務執行取締役，支配人その他の使用人，子会社の会計参与・執行役を兼ねること，ならびに指名委員会等設置会社の取締役は，指名委員会等設置会社の支配人その他の使用人を兼ねることができないとされる（331条３項・４項)。それは，そうした取締役の独立性を確保するための措置である。

2019（令和元）年会社法改正を経て，以前は取締役になれないとされていた成年被後見人・被保佐人も，本人の同意，ならびにその成人後見人・保佐人の承諾などにより取締役になることができるとされた（331条の２)。

(4) 社外取締役

社外取締役について，後述のように会社法上明確な要件規定が置かれているが，社外取締役とは，業務執行取締役の経営活動を独立した立場から監督する取締役をいう。社外取締役制度は，取締役会の監督機能の強化が期待されて，アメリカ法（アメリカでは，現在独立取締役〔independent director〕と呼ばれる）に倣って，2002（平成14）年に日本法に導入され，2014（平成26）年・2019（令和元）の会社法改正を経てより整備された経緯がある。公開会社・大会社であってかつ有価証券報告書提出義務を負う監査役会設置会社，監査等委員会設置会社，指名委員会等設置会社では，社外取締役の設置が義務づけられる。

社外取締役は，次に掲げる要件のいずれにも該当する者をいう（２条15号）。すなわち，①業務執行取締役等（株式会社またはその子会社の業務執行取締役・執行役または支配人その他の使用人）でなく，かつその就任の前10年間株式会社またはその子会社の業務執行取締役等であったことがないこと，②その就任の前10年内のいずれかの時において株式会社またはその子会社の取締役，会計参与または監査役であったことがある者（業務執行取締役等であったことがある者を除く）にあっては，取締役，会計参与，監査役への就任の前10年間株式会社またはその子会社の業務執行取締役等であったことがないこと，③株式会社の親会社等（自然人である者に限る）または親会社等の取締役・執行役・支配人その他の使用人でないこと，④株式会社の親会社等の子会社等（株式会社およびその子会社を除く。たとえば，当該株式会社の兄弟会社）の業務執行取締役等でないこと，⑤株式会社の取締役・執行役・支配人その他の重要な使用人または親会社等（自然人である者に限る）の配偶者または二親等内の親族でないこと，である。

⑸　員　数

取締役会非設置会社では，取締役が１人設置されれば足りる（326条１項）。これに対し，取締役会設置会社では，取締役は３人以上でなければならない（331条５項）。また，監査等委員会設置会社では，監査等委員である取締役は３人以上で，その過半数は社外取締役であることが要求される（同条６項）。実務では，多くの会社は定款で取締役の最高員数を定めるといわれる。

⑹　任　期

取締役の任期は，原則として２年（選任後２年以内に終了する事業年度のうち最終のものに関する定時株主総会の終結の時まで）であるが，定款や株主総会の決議によって任期の短縮は可能である（332条１項）。これに対して，監査等委員会設置会社および指名委員会等設置会社を除き，非公開会社では，定款によって取締役の任期を10年（選任後10年以内に終了する事業年度のうち最終のものに関する定時株主総会の終結の時まで）とすることができる（同条２項）。また，監査等委員会設置会社の取締役（監査等委員である取締役が除かれる）の任期は，１年であるとされ，定款や株主総会決議による短縮は認められない（同条３項・４項）。なお，指名委員会等設置会社の取締役の任期については，監査等委員会設置会社の取締役のそれと同様とされる（同条６項）。

(7) 解　任

解任は，取締役がその地位を失う事由の１つである。取締役がその地位を失うことを終任という。解任のほかには，任期満了，辞任と死亡なども終任の事由となる。任期満了の場合に，通常取締役への再任は妨げられない。

会社は，いつでも株主総会の決議によって取締役を解任することができる（339条１項。民651条１項）。というのは，会社と取締役の関係が委任に関する規定に従うからである（330条）。この解任決議は，通常普通決議である（〔309条１項〕ただし，定足数の下限について341条がある）が，累積投票によって選任された取締役（監査等委員である取締役を除く）を解任する場合または監査等委員である取締役を解任する場合は，特別決議によるとされる（309条２項７号かっこ書）。決議によって取締役を解任された者は，その解任について正当な理由がある場合を除き，会社に対し解任によって生じた損害の賠償を請求することができる（339条２項）。健康上の支障（最判昭和57・１・21金判644・８〔百選44〕），会社経営能力の欠如（横浜地判平成24・７・20判時2165・141）などが正当の理由にあたると考えられる。

また，会社法上訴えによって取締役を解任する措置が用意されている。その内容は，次のとおりである。すなわち，総株主の議決権の100分の３（定款の定めによる割合の低減が可能である）以上の議決権を６か月（定款の定めによる期間の短縮が可能である）前から引き続き有する株主，または発行済株式の100分の３（定款の定めによる割合の低減が可能である）以上の数の株式を６か月（定款の定めによる期間の短縮が可能である）前から引き続き有する株主は，取締役の職務の執行に関し不正の行為または法令・定款に違反する重大な事実があったにもかかわらず，取締役を解任する旨の議案が株主総会において否決された場合，または取締役を解任する旨の株主総会の決議が種類株主総会決議を必要とする規定（323条）によりその効力を生じない場合に，株主総会の日から30日以内に，訴えをもって当該取締役の解任を請求することができる（854条１項）。もっとも，非公開会社の株主については，６か月の株式保有期間は不要であるとされる（同条２項）。

なお，総会決議による取締役の解任に関する規定（341条）は，累積投票によって選任された取締役の解任には適用されない（342条６項）。その規定の適用が許されると，多数派株主の権力濫用のおそれがあり，累積投票制度の趣旨が失わせられることになる。

(8) 監査等委員である取締役の総会における意見陳述権

監査等委員である取締役は，株主総会において，監査等委員である取締役の選任・解任または辞任について意見を述べることができる。監査等委員である取締役を辞任した者は，辞任後最初に招集される株主総会に出席して，辞任した旨およびその理由を述べることができる。取締役は，監査等委員である取締役を辞任した者に対し，株主総会招集の旨および関連事項（298条１項１号）を通知しなければならない。監査等委員会が選定する監査等委員は，株主総会において，監査等委員である取締役以外の取締役の選任・解任または辞任について監査等委員会の意見を述べることができる（342条の２）。

⑼　取締役の欠員が生じた場合の処置

任期の満了や辞任により取締役が欠けた場合または法律・定款で定めた取締役の員数が欠けた場合に，任期の満了や辞任等により退任した取締役（下記の一時取締役も含まれる）は，新たに選任された取締役が就任するまでなお取締役としての権利義務を有するとされる（取締役権利義務者と呼ばれる〔346条１項〕）。そして，裁判所は，必要があると認めた場合に，利害関係人の申立てにより一時取締役（臨時取締役とも呼ばれる）の職務を行うべき者を選任することができる（同条２項）。裁判所は，一時取締役の職務を行うべき者を選任した場合に，株式会社がその者に対して支払う報酬の額を定めることができる（同条３項）。判例は，取締役権利義務者について，新たな取締役が選任されるまで退任登記が認められないこと（最判昭和43・12・24民集22・13・3334〔商法百選９〕）や，解任の訴えの被告にはならないこと（最判平成20・２・26民集62・２・638〔百選45〕）を明らかにしている。

⑽　選任・解任種類株式がある場合の特例

会社法は，種類株式発行会社の特別な状況を考慮して，種類株主総会における取締役の選任・解任について特例を設けている（347条）。

2　取締役会

⑴　総　説

既述のように，会社法は，原則として取締役会を設置するかどうかを定款自治の事項としている（326条２項）が，公開会社，監査役会設置会社，監査等委員会設置会社ならびに指名委員会等設置会社では，取締役会を置かなければならないと規定する（327条１項）。取締役会を設置する会社および取締役会の設置が強制される会社は，取締役会設置会社と呼ばれ（２条７号），取締役を３人以上有しなければならない（331条５項）。以下では，監査等委員会設置会社と指名委員会等設置会社以外の会社の取締役会について述べる。

⑵ 権　限

取締役会は，個々の取締役を構成員として組織される会社の機関であり（362条1項），大まかにいうと①会社業務執行の決定，②取締役の職務の執行の監督，ならびに③代表取締役の選定・解職といった職務を行う権限を有する（同条2項）。

a．業務執行の決定　取締役会は，具体的な業務執行の決定・執行を代表取締役や業務執行取締役に委ねることになるが，次のような事項その他の重要な業務執行の決定を代表取締役や業務執行取締役に委任することができないとされる。それは，①重要な財産の処分・譲受け，②多額の借財，③支配人その他の重要な使用人の選任・解任，④支店その他の重要な組織の設置・変更および廃止，⑤募集社債に関する事項（676条1号）その他の社債を引き受ける者の募集に関する重要な事項として法務省令（会社則99条）で定める事項，⑥取締役の職務の執行が法令・定款に適合することを確保するための体制その他株式会社の業務ならびに株式会社およびその子会社から成る企業集団の業務の適正を確保するために必要なものとして法務省令（会社則100条）で定める体制の整備（内部統制システム），⑦定款の定めによる取締役等の責任免除規定（426条1項）に基づく任務懈怠責任（423条1項）の免除，である（362条4項）。大会社である取締役会設置会社では，取締役会は，前記⑥の事項を決定することを要する（同条5項）。

しかしながら，特別取締役を選定できる取締役会設置会社（指名委員会等設置会社を除く）では，前記①と②の事項（監査等委員会設置会では，399条の13第4項1号・2号）は特別取締役による取締役会の決議をもって決定し得るとされる（373条1項）。特別取締役を選定できる会社は，取締役の数が6人以上であることと取締役のうち1人以上が社外取締役であることという2つの要件を満たさなければならない。特別取締役による取締役会の決議は，予め選定された3人以上の特別取締役のうち，議決に加わることができるものの過半数（定款の定めによる割合の増加が可能である）が出席し，その過半数（定款の定めによる割合の増加が可能である）をもって行われる。特別取締役による議決が行われる場合には，特別取締役以外の取締役は，前記①と②の事項の決定をする取締役会に出席することを要しない（同条2項）。ただし，特別取締役の互選によって定められた者は，特別取締役による取締役会の決議後，遅滞なくその決議の内容を特別取締役以外の取締役に報告する義務を負う（同条3項）。

ここに留意すべきなのは，前記①の「重要な財産」と②の「多額の借財」についてすべての会社に当てはまるような基準が存在しないことである。たとえば，重要な財産の処分に当たるかどうかは，当該財産の価額，その会社の総資産に占める割合，当該財産の保有目的，処分行為の態様および会社における従来の取扱い等の事情を総合的に考慮して判断すべきであると解される（最判平成6・1・20判タ842・127〔百選

63〕)。

ｂ．取締役の職務執行の監督　取締役会は，主として代表取締役の選定と解職（362条２項３号），代表取締役以外の業務執行取締役の選定（363条１項２号）を通して取締役の職務執行を監督する。

その監督機能を実効的なものにするためには，会社法は，次のような措置を用意している。たとえば，代表取締役や業務執行取締役は，３か月に１回以上，自己の職務の執行の状況を取締役会に報告しなければならず（363条２項），しかもこの報告の省略は認められないとされる（372条２項）。また，取締役は，株式会社に著しい損害を及ぼすおそれのある事実があることを発見した場合に，直ちに当該事実を株主・監査役・監査役会（監査等委員会設置会社の場合には，監査等委員）に報告しなければならない（357条）。定款が定めた取締役会招集権者以外の取締役にも取締役会を招集する権限が与えられている（366条）。

取締役会には取締役の職務執行を監督する権限が付与された以上，その構成員である取締役は，代表取締役および業務執行取締役の業務執行を監視・監督する義務を負うことになる。その監視・監督の範囲は，取締役会に上程された事柄にとどまらず，代表取締役の業務執行の一般にも及ぶとされる（最判昭和48・５・22判時707・92〔百選71〕)。

⑶　取締役会の招集

ａ．招集者　まず，原則として各取締役には取締役会を招集する権限がある。ただ，取締役会を招集する取締役を定款または取締役会で定めた場合には，当該取締役が招集する（366条１項）。当該取締役は，通常代表取締役となる。もっとも，定款や取締役会が定めた取締役以外の取締役は，定款や取締役会が定めた取締役に対し取締役会の目的である事項を示して取締役会の招集を請求することができる（同条２項）。その請求があった日から５日以内に，その請求があった日から２週間以内の日を取締役会の日とする取締役会の招集の通知が発せられない場合には，請求をした取締役は，取締役会を招集することができるとされる（同条３項）。

つぎに，監査役が取締役会を招集する場合である（383条２項～４項）。すなわち，監査役は，必要があると認められる場合（たとえば，取締役による不正行為が生じたとか生じるおそれがある，または法令・定款の違反があったとかそのおそれがある場合），取締役（定款や取締役会が定めた取締役をも含む）に対し取締役会の招集を請求することができる。その請求があった日から５日以内に，その請求があった日から２週間以内の日を取締役会の日とする取締役会の招集の通知が発せられない場合は，請求した監査役は，取締役会を招集することができる。

さらに，株主による招集の請求である。監査役設置会社，監査等委員会設置会社および指名委員会等設置会社以外の取締役会設置会社の株主は，取締役会の招集請求権をも付与されている（367条）。

b．招集通知　取締役会の招集者は，取締役会の日の１週間（定款の定めによる期間の短縮が可能である）前までに，各取締役（監査役設置会社の場合には各監査役も含む）に対してその通知を発しなければならないが，取締役会は，取締役（監査役設置会社の場合には監査役も含む）の全員の同意があるときは，招集の手続を経ることなく開催され得る（368条）。

⑷　決　議

取締役会の決議は，議決に加わることができる取締役の過半数（定款の定めによる割合の増加が可能である）が出席し，その過半数（定款の定めによる割合の増加が可能である）をもって行われる（369条１項）。しかしながら，取締役会の決議について特別の利害関係を有する取締役が議決に加わることは許されない（同条２項）。ここにいう「特別の利害関係」とは，会社の利益と衝突する取締役がもつ個人的な利害関係をいい，取締役の競業取引の承認決議や取締役の利益相反取引の承認決議における当該取締役と会社との関係がこの特別の利害関係にあたる。特別の利害関係を有する取締役による議決権行使を排除する規律の趣旨は，公正な決議を成立させることにある。代表取締役の解職決議をめぐって，当該代表取締役が特別の利害関係を有する取締役にあたるかどうかにつき学説上争いがある。判例は，当該代表取締役がそれにあたるとする（最判昭和44・３・28民集23・３・645〔百選66〕）。その理由として，当該代表取締役に対し，一切の私心を去って，会社に対して負担する忠実義務に従い公正に議決権を行使することは期待しがたく，かえって自己個人の利益を図って行動することすらありうるというものが挙げられる。

取締役会設置会社は，取締役会の決議の目的である事項についての取締役の提案について取締役の全員が書面・電磁的記録により同意の意思表示をした場合（ただし，監査役設置会社では，監査役がその提案について異議を述べていないことを要する）に，その提案を可決する旨の取締役会の決議があったものとみなす旨を定款で定めることができる（370条）。

⑸　議事録等

取締役会の議事について，書面による議事録の作成，出席した取締役および監査役の署名・記名押印が必要とされ，また議事録が電磁的記録をもって作成されている場合に法務省令（会社則225条）で定める署名・記名押印に代わる措置（電子署名）をとらなければならない（369条３項・４項）。取締役会の決議に参加した取締役が議事録に異議をとどめない場合には，当該取締役はその決議に賛成したと推定される（同条５項）。

また，取締役会設置会社は，取締役会の日から10年間，その議事録等をその本店に備え置かなければならない。株主は，その権利を行使するため必要がある場合に，株式会社の営業時間内にいつでも議事録の書面（電磁的記録も含む）の閲覧・謄写を請求することができる。もっとも，これについて，監査役設置会社，監査等委員会設置会社または指名委員会等設置会社は，裁判所の許可が必要とされる。これは，取締役会の議事録の充実化を図るための措置である。取締役会設置会社の債権者は，役員または執行役の責任を追及するため必要があるときは，裁判所の許可を得て，当該取締役会設置会社の議事録等について閲覧・謄写を請求することもでき，このことは，取締役会設置会社の親会社社員がその権利を行使するため必要があるときにも同様とされる。ただ，裁判所は，こうした請求に係る閲覧・謄写をすることにより，取締役会設置会社またはその親会社・子会社に著しい損害を及ぼすおそれがあると認める場合に，その請求を許可できないとされる（371条）。

(6)　決議の瑕疵

会社法は，株主総会決議の瑕疵がある場合の救済措置を規定したこと（830条・831条）と異なって，取締役会決議の瑕疵に対する救済措置について何ら明文規定を設けていない。瑕疵のある取締役会決議は，一般原則に従い当然無効となると解される。

もっとも，取締役会の開催にあたり，取締役の一部の者に対する招集通知を欠くことにより，その招集手続に瑕疵がある場合においても，その取締役が出席してもなお決議の結果に影響がないと認めるべき特段の事情があるときは，その瑕疵は決議の効力に影響がなく，決議は有効になるとした判例がある（最判昭和44・12・２民集23・12・2396〔百選65〕）。瑕疵のある決議が無効となった場合に，その決議に基づいてなされた取引は必ずしも無効となるわけではなく，適法な決議形成を通じて守られる会社の利益と取引の安全を図ることを通じて守られる第三者の利益との比較衡量を吟味して取引の効力有無を決すべきである。

3　代表取締役

(1)　総　説

取締役会非設置会社では，取締役は，定款に別段の定めがある場合を除き，株式会社の業務を執行する（348条１項）。取締役が２人以上ある場合には，株式会社の業務は，定款に別段の定めがある場合を除いて，取締役の過半数をもって決定される（同条2項)。取締役は，次に掲げる事項についての決定を各取締役に委任することができない（同条3項)。すなわち，①支配人の選任および解任，②支店の設置，移転および廃止，③株主総会を招集する際の決定事項（〔298条1項各号〕。325条において準用する場合を含む)，④取締役の職務の執行が法令・定款に適合することを確保するための体制その他株式会社の業務ならびに当該株式会社およびその子会社から成る企業集団の業務の適正を確保するために必要なものとして法務省令（会社則98条）で定める体制の整備（内部統制システム)，⑤定款の定めによる取締役等の責任免除規定（426条1項）に基づく任務懈怠責任（423条1項）の免除，である。大会社の場合には，取締役は，前記④の事項を決定しなければならない（348条4項)。

指名委員会等設置会社を除く株式会社が社外取締役を置いている場合に，会社と取締役との利益が相反する状況にあり，または取締役が会社の業務を執行することにより株主の利益を損なうおそれがあるときは，当該会社は，そのつど取締役の決定（取締役会設置会社にあっては，取締役会の決議）によって会社の業務を執行することを社外取締役に委託することができる（348条の2第1項)。これは，MBOなどの場面において生じ得るような会社と業務執行者その他の利害関係者との間の利益相反の問題を回避する観点から社外取締役が合理的に活動することを期待して，2019年（令和元）年会社法改正により新たに導入された措置（セーフ・ハーバー・ルール）である。

取締役は，株式会社を代表するが，他には代表取締役その他株式会社を代表する者を定めた場合には，当該者が会社を代表することになる（349条1項)。また，取締役が2人以上ある場合には，取締役は各自株式会社を代表するが，株式会社は，定款，定款の定めに基づく取締役の互選または株主総会の決議によって，取締役の中から代表取締役を定めることができる（同条2項・3項)。

取締役会設置会社（指名委員会等設置会社を除く）では，代表取締役の選定は必要とされ，代表取締役は会社の代表機関となる。

(2) 代表取締役の選定と終任

代表取締役は，取締役会の決議によって取締役の中から選定されなければならない（362条2項3号・3項。監査等委員会設置会社では，399条の13第1項3号)。これによって業務執行の決定機関である取締役会とその決定内容を執行する機関である代表取締役との連携が制度上確かなものとなる。代表取締役は，登記事項である（911条3項14号)。代表取締役の員数について会社法は明文規定を置いていない。実際に複数の代表取締役を定款で定め，CEO（Chief Executive Officer)，社長，副社長などを代表取締役に当てる会社が多い。

代表取締役は，取締役会の決議による解職（〔362条2項3号〕。監査等委員会設置会では，399条の13第1項3号）や辞任などによって終任をする。代表取締役を解職された者は，取締役としての地位を失うものではないが，取締役としての地位を失えば，当然代表取締役としての地位が失われる。また，代表取締役は，代表取締役としての地位を辞任しても，なお取締役として取締役会に残る。代表取締役が終任した場合に，変更登記がされなければならない（915条1項）。

また，代表取締役が欠けた場合または定款で定めた代表取締役の員数が欠けた場合には，任期の満了または辞任により退任した代表取締役は，新たに選定された代表取締役または仮代表取締役（法文上，一時代表取締役と呼ばれる）が就任するまで，なお代表取締役としての権利義務を有する（〔351条1項〕。代表取締役権利義務者と呼ばれる）。仮代表取締役は，裁判所が必要であると認める際に利害関係人の申立てにより選任する者である（同条2項）。

⑶　代表取締役の権限

代表取締役は，業務執行取締役とともに株式会社の業務を執行する（363条1項）。代表取締役が会社の代表機関として有する業務執行権限は，代表権であり，すなわち株式会社の業務に関する一切の裁判上または裁判外の行為をする包括的な権限である（349条4項）。したがって，代表取締役が権限を行使する行為は，会社の行為となり，その効力が会社と第三者に及ぶ。しかし，代表取締役の権限行使に加えられた制限は，善意の第三者に対抗することができない（同条5項）。これは，代表取締役の権限が不可制限的な権限であることを意味する。このように，代表取締役の代表権の範囲を明確化することによって，代表取締役の対外的な業務執行に関連する取引安全の要請に応えると期待される。すなわち，代表取締役が自己のために行為した場合にも，第三者がそれについて悪意ではない限り，会社は第三者に対抗できないことになる。なお，株式会社は，代表取締役その他の代表者がその職務を行った結果，第三者に加えられた損害について賠償する責任を負う（350条）。

仮処分命令（民保56条）により選任された取締役または代表取締役の職務を代行する者は，仮処分命令に別段の定めがある場合を除き，株式会社の常務に属しない行為をするには，裁判所の許可を得なければならない（352条1項）。ここにいう常務とは，会社として日常行われるべき通常の業務をいう。それを理由にして，取締役の解任を目的とする臨時株主総会の招集の如きは通常の業務にあたらないとする判例がある（最判昭和50・6・27民集29・6・879〔百選47〕）。裁判所の許可を得ずに行った取締役または代表取締役の職務を代行する者の行為は，無効とされるが，株式会社は，これをもって善意の第三者に対抗することができない（352条2項）。

また特例として，株式会社（監査役，監査等委員および監査委員を有しない会社）

と取締役との間の訴えにおける会社の代表について，株式会社が取締役（取締役であった者を含む）に対し，または取締役が株式会社に対して訴えを提起する場合には，株主総会は，当該訴えについて株式会社を代表する者を定めることができる（353条）。この場合における代表権は包括的な権限ではない。

⑷　代表取締役の代表権の濫用行為と法令・定款所定の決議を欠く行為の効力

いわゆる代表権の濫用とは，代表取締役が自己または第三者のために代表権を行使することを指すと解される。代表権の濫用行為は，いうまでもなく会社に対して負う善管注意義務・忠実義務に反する背信的な行為であるため，代表取締役の損害賠償責任（423条１項）の追及原因や解職・解任の事由となる。問題は，その濫用行為が純粋な会社内部の事項に関するものではなく，行為の相手方が存在する場合に，その行為の効力がどうなるかである。判例は，民法93条１項ただし書を類推適用する心裡留保の立場をとる（最判昭和38・９・５民集17・８・909）。それによれば，代表取締役が自己の利益のために会社の代表者としてなした法律行為は，相手方が代表取締役の真意を知り，または知りうべきものであったときは，民法93条１項ただし書の規定を類推して，その効力を生じないとされる。この判例の立場に対して，会社法学説から多くの批判がなされている。

批判の主な理由は，次のような２点に集中する。その１つは，民法93条１項ただし書の真意は法律行為をする効果意思が表示者の内心に実在しないことを意味し，権限濫用の背任の意思とは異なるという理由である。すなわち，権限濫用する代表取締役は，法律効果を会社に帰属させる意思を有するため，判例の立場を支える土台は存在しない。もう１つは，判例の立場では，軽過失を犯した者も保護されないことになるという理由である。そのため，会社法学説の多くは，代表取締役の真意につき相手方が悪意（または重過失）である場合に限って行為の無効を主張できると考える。その理論構成としては，悪意の相手方が会社に対しその行為によって取得した権利を主張することは信義則（民１条２項）に反し，または権利濫用（同条３項）にあたり許されないとする権利濫用説などがある。

そして，法令・定款の定めに基づいて株主総会・取締役会の決議が必要とされる事項であるにもかかわらず，代表取締役がそうした決議を経ることなく行為した場合に，当該行為の効力はどうなるのであろうか。前述した取締役会決議の瑕疵の場合を含め，決議の無効・不存在の場合も同様な問題がある。このような問題については，適法な決議形成を通じて守られる会社の利益と取引の安全を図ることを通じて守られる第三者の利益との比較衡量を吟味して取引効力の有無を決すべきである。そうすると，結局個別事案ごとに解決策を探るべきことになる。たとえば，取締役会決議を経ないで代表取締役がした取引の効力について，判例は，前述のように民法93条１項ただし書を類推適用して取引の効力の有無を決すべきであるとの立場をとった（最判昭和40・9・22判時421・31〔百選64〕）。判例の立場に対して，会社法学説の多くは，前述のように批判しており，権利濫用説などによって理論構成がされている。

⑸　表見代表取締役

表見代表取締役とは，株式会社が社長，副社長その他株式会社を代表する権限を有するものと認められる名称を付した代表取締役以外の取締役をいう（354条）。株式会社は，表見代表取締役がした行為について，善意の第三者に対してその責任を負うとされる（同条）。取締役，代表取締役は，登記事項である（911条３項13号・14号）。確かに，第三者が取引の際に会社の登記簿にあたるのであれば，社長，副社長等が代表取締役かどうかはわかるはずである。しかし，表見代表取締役について，通常外部の者は代表取締役と誤解しやすい。そこで，会社法は，外観法理に基づいて表見代表取締役制度を設けて取引の安全の保護を強化することにした。保護される第三者に対して求められる主観的要件は善意であって，ここにいう善意とは，代表行為を行った表見代表取締役が代表権を有しないことについて知らないことであると解される。

4　会計参与

⑴　総　説

会計参与は，会社，とりわけ中小企業の計算書類の作成に会計専門家を関与させることにより計算書類等の正確性を担保する趣旨のもとで，2005（平成17）年会社法の成立とともに新に導入された制度である。会計参与は，取締役（指名委員会等設置会社では，執行役）と共同して計算書類等を作成する役員であり（374条１項・329条１項かっこ書），会計参与を設置する会社は会計参与設置会社と呼ばれる（２条８号）。ただ，株式会社は，その規模や機関設計にかかわらず，定款で会計参与を設置する旨を定めることができ（326条２項），その設置は，強制されていない。

⑵　会計参与の選任と資格等

会計参与は，株式会社の役員であるため，株主総会の決議によって選任される（329条１項）。会計参与は，公認会計士・監査法人，または税理士・税理士法人でなければならず，会計参与に選任された監査法人または税理士法人は，その社員の中から会計参与の職務を行うべき者を選定し，これを株式会社に通知することを要するが，この場合においては，次のような者を選定することはできない（333条１項～３項）。すなわち，①株式会社・その子会社の取締役，監査役，執行役または支配人その他の使用人，②業務の停止の処分を受け，その停止の期間を経過しない者，③税理士法により税理士業務を行うことができない者，である。会計参与の任期は，原則として２年で，非公開会社の場合には10年で，監査等委員会設置会社の場合には１年であるとされる（334条１項・332条１項～３項）。会計参与の解任について，役員の解任の規定（339条・341条・854条）が適用される。

⑶ 会計参与の職務・権限等

会計参与の職務について，会計参与は，取締役（指名委員会等設置会社では，執行役）と共同して，計算書類およびその附属明細書，臨時計算書類，ならびに連結計算書類を作成するとともに，法務省令（会社則102条）で定めるところにより，会計参与報告を作成しなければならないと規定される（374条１項）。

会計参与の職務執行の実効性を確保するため，会社法は，次のような措置を設けている（374条２項・３項・４項）。まず，会計参与は，いつでも書面・電磁的記録である会計帳簿・これに関連する資料の閲覧・謄写をし，または取締役（指名委員会等設置会社では，執行役）および支配人その他の使用人に対して会計に関する報告を求めることができるほか，その職務を行うため必要がある場合に，会計参与設置会社の子会社に対して会計に関する報告を求め，または会計参与設置会社・その子会社の業務および財産の状況の調査をすることができる。もっとも，その子会社は正当な理由がある場合に当該報告または調査を拒否できる。

つぎに，会計参与は，その職務を行うに際して取締役（指名委員会等設置会社では，執行役または取締役）の職務の執行に関し不正の行為または法令・定款に違反する重大な事実があることを発見した場合に，遅滞なくこれを株主（監査役設置会社では，監査役，監査役会設置会社では，監査役会，監査等委員設置会社では，監査等委員会，指名委員会等設置会社では，監査委員会）に報告しなければならない（375条）。さらに，計算書類等の作成に関する事項について会計参与が取締役（指名委員会等設置会社では，執行役）と意見を異にする場合に，会計参与（会計参与が監査法人または税理士法人である場合にその職務を行うべき社員）は，株主総会において意見を述べることができる（377条）。なお，取締役会設置会社の会計参与は，取締役会設置会社の会計参与（会計参与が監査法人または税理士法人である場合にその職務を行うべき社員）は，計算書類の承認に関する取締役会（436条３項・441条３項または444条５項）に出席し，かつ必要があると認める場合に意見を述べなければならない（376条１項）。

そのほか，会計参与にその職務執行に関する経済的な不安を感じさせないように，会社法は，報酬や費用等の請求について規定をも置く。すなわち，会計参与の報酬等について定款にその額を定めていない場合に株主総会の決議によって定めること，会計参与が2人以上ある場合に各会計参与の報酬等について定款の定めまたは株主総会の決議がないときは，当該報酬等はその報酬等の範囲内において会計参与の協議によって定めることが規定される（379条1項・2項）。会計参与（会計参与が監査法人または税理士法人である場合にその職務を行うべき社員）は，株主総会において，会計参与の報酬等について意見を述べることができる（同条3項）。また，会計参与がその職務執行について会計参与設置会社に対して，①費用の前払の請求，②支出した費用および支出の日以後におけるその利息の償還の請求，③負担した債務の債権者に対する弁済（当該債務が弁済期にない場合に相当の担保の提供）の請求をした場合に，会計参与設置会社は，その請求に係る費用または債務が会計参与の職務執行に必要でないことを証明した場合を除き，これを拒むことができない（380条）。

(4)　計算書類等の保存と開示

会計参与は，①各事業年度に係る計算書類およびその附属明細書ならびに会計参与報告を定時株主総会日の1週間（取締役会設置会社では2週間）前の日（319条1項により総会決議が省略された場合にその提案があった日）から5年間，②臨時計算書類および会計参与報告を臨時計算書類の作成日から5年間，法務省令（会社則103条）で定めるところにより，会計参与が定めた場所に備え置かなければならない（378条1項）。会計参与設置会社の株主および債権者は，会計参与設置会社の営業時間内はいつでも会計参与に対し，前記①と②の書面の閲覧，謄本・抄本の交付（または電磁的記録の提供）を請求することができる（同条2項）。会計参与設置会社の親会社社員は，その権利を行使するため必要がある場合に，裁判所の許可を得て，同様な請求をすることができる（同条3項）。

第4節　監査役，監査役会，会計監査人

1　監査役

(1)　総　説

監査役は，取締役の職務執行を監査する機関であり（381条1項），会社との関係が委任に関する規定に従い（330条），株主総会の決議によって選任される役員である（329条）。監査役設置会社とは，監査役を置く株式会社（監査役の監査範囲を会計監査に限定する旨の定款の定めがあるものを除く）または会社法の規定により監査役を置かなければならない株式会社をいう（2条9号）。株式会社は，原則として定款の定めによって任意に監査役を置くことができる（326条2項）。これに対して，取締役

会設置会社・会計監査人設置会社（監査等委員会設置会社および指名委員会等設置会社を除く）は，監査役の設置が強制される（327条２項本文・３項)。これに対して，非公開会社の会計参与設置会社は，取締役会設置会社であっても監査役の設置が強制されない（327条２項ただし書)。

⑵ 監査役の選任と資格

a．選　任　監査役は，株主総会の普通決議によって選任される（329条１項・309条１項)。その決議は，議決権を行使することができる株主の議決権の過半数（３分の１以上の割合を定款で定めた場合にはその割合以上）を有する株主が出席し，出席した株主の議決権の過半数（定款の定めによる割合の増加が可能である）をもって行われることを要する（341条)。また，監査役選任の場合に，法務省令（会社則96条）で定めるところにより，監査役が欠けたときまたは法律・定款で定めた監査役の員数を欠くことになるときに備えて，会社は，補欠の監査役を選任することができるとされる（329条３項)。

取締役は，監査役がある場合において，監査役の選任に関する議案を株主総会に提出するには，監査役（監査役が２人以上ある場合にはその過半数）または監査役会（監査役会設置会社の場合）の同意を得なければならず，監査役または監査役会（監査役会設置会社の場合）は，取締役に対し監査役の選任を株主総会の目的とすること，または監査役の選任に関する議案を株主総会に提出することを請求することができる（343条)。これは，監査役の独立性を確保するための措置である。

b．監査役の資格　会社法は，監査役の資格に関して次のような制約を設けている。

まず，取締役の欠格事由の規定（331条１項・２項)，ならびに成年被後見人・被保佐人の取締役への就任規定（331条の２）は監査役に対しても準用するとされる（335条１項)。

つぎに，監査役は，株式会社・その子会社の取締役・支配人その他の使用人またはその子会社の会計参与（会計参与が法人である場合にその職務を行うべき社員)・執行役を兼ねることができない（335条２項)。これは，いわゆる監査役兼任禁止の規定である。もっとも，この規定は，弁護士の資格を有する監査役が特定の訴訟事件につき会社から委任を受けてその訴訟代理人となることまでを禁止するものではないと解される（最判昭和61・２・18判タ592・72〔百選74〕)。

⑶ 社外監査役

社外監査役とは，取締役の経営活動を独立した立場から監督する監査役を指すと一般的に解され，後述のように会社法上明確な要件が規定されている。戦後，度々発生した企業不祥事に対応するために監査役制度が幾度にもわたって改正されたにもかかわらず，大きな効果があまり見られなかったことを受けて，監査役の独立性を確実に確保し，監査役の機能を強化することができるように，1993（平成５）年に旧商法特例法の改正を通して，日本独自の社外監査役制度ならびに監査役会制度が新たに構築されるに至り，2005（平成17）年会社法の成立を機にさらに会社法に引き継がれた。

社外監査役とは，次に掲げる要件のいずれにも該当する者をいう（２条16号）。すなわち，①その就任の前10年間当該株式会社またはその子会社の取締役，会計参与・執行役または支配人その他の使用人であったことがないこと，②その就任の前10年内のいずれかの時において当該株式会社またはその子会社の監査役であったことがある者にあっては，当該監査役への就任の前10年間当該株式会社またはその子会社の取締役，会計参与・執行役または支配人その他の使用人であったことがないこと，③当該株式会社の親会社等（自然人であるものに限られる）または親会社等の取締役，監査役・執行役・支配人その他の使用人でないこと，④当該株式会社の親会社等の子会社等（当該株式会社およびその子会社を除く）の業務執行取締役等（業務執行取締役，執行役，支配人その他使用人を指す〔２条15号イ〕）でないこと，⑤当該株式会社の取締役・支配人その他の重要な使用人または親会社等（自然人であるものに限られる）の配偶者または二親等内の親族でないこと，である。

⑷　員数，任期と解任等

ａ．員　数　　監査役設置会社における監査役の員数について規定はなく，１人があれば足りる。ただ，監査役会設置会社では，監査役は３人以上で，そのうち半数以上は社外監査役でなればならないとされる（335条３項）。

ｂ．任　期　　監査役の任期は，原則として４年（選任後４年以内に終了する事業年度のうち最終のものに関する定時株主総会の終結の時まで）である（336条１項）。取締役の任期よりも監査役の任期が長く法定されたのは，監査役の独立性と監督の実効性を確保するためである。また，非公開会社では，定款によって10年（選任後10年以内に終了する事業年度のうち最終のものに関する定時株主総会の終結の時まで）に伸長することができる（同条２項）。

ｃ．解　任　　解任は，任期満了や辞任などと並んで，監査役がその地位を失う事由である。監査役の解任に関して，取締役と同様に役員の解任に関する一般規定（339条），役員の解任の訴えの規定（854条）が適用されるが，役員の解任に関する株主総会決議の規定（341条）は，適用されない。監査役の解任は，株主総会の特別決議が要るとされる（309条１項７号）。また，監査役は，株主総会においてその解任について意見を，その辞任について理由を述べることができる（345条４項）。こうした規定は，監査役の地位の重要性を考慮して設けられたものである。

d．その他　取締役と同様に，監査役について，役員等に欠員を生じた場合の措置に関する規定（346条），種類株主総会における取締役と監査役の選任等に関する規定（347条）が適用される。

⑸ 権　限

監査役は，通常取締役（会計参与設置会社では，取締役および会計参与）の職務の執行を監査する（381条1項）。ただ，非公開会社（監査役会設置会社および会計監査人設置会社を除く）では，監査役の監査範囲を会計に関するもの（会計監査）に限定する旨を定款で定めることができる（389条1項）。いずれの場合においても，監査役は，法務省令（会社則105条）で定めるところにより，監査報告を作成しなければならない（381条1項・389条2項）。通常の場合における監査役による取締役の職務執行の監査は，業務監査と会計監査を含むとされる。問題は，業務監査の範囲，すなわち業務監査が取締役の業務執行の適法性に限定されるか，それとも適法性に限らず，妥当性にも及ぶかである。学説の多くは，監査役の業務監査を違法性監査（法令・定款違反があるか否か）に限定すべきであると考える。というのは，業務執行決定が取締役会決議（362条2項）によるという機関間の権限配分が法定されており，そしてまた業務執行が「著しく不当」（382条）であり，かつ会社に損害を発生させた場合に業務執行の「著しく不当」が取締役の善管注意義務違反の問題（法令違反）として処理されるからである。いうまでもなく，監査役が取締役・取締役会（取締役会設置会社の場合）に報告し（同条），また取締役会において意見を陳述する際には（383条1項），妥当性に関わることを理由にして監査役の報告や意見の陳述を制約すべきではない。

監査役には次のような具体的な権限が付与されている。

まず，調査権である。すなわち，監査役は，いつでも取締役および会計参与ならびに支配人その他の使用人に対して事業の報告を求め，または監査役設置会社の業務および財産の状況の調査をすることができる（381条2項）ほか，その職務を行うため必要があるときは，監査役設置会社の子会社に対して事業の報告を求め，またはその子会社の業務および財産の状況の調査をすることもできる（子会社調査権〔同条3項〕）。それは，取締役が子会社を隠れ蓑にして粉飾決算などの不正行為を行うことを防止するための措置である。もっとも子会社は，正当な理由がある場合にその報告または調査を拒むことができるとされる（同条4項）。

つぎに，監査役による取締役の行為の差止請求権である。すなわち，監査役は，取締役が監査役設置会社の目的の範囲外の行為その他法令・定款に違反する行為をし，またはこれらの行為をするおそれがある場合において，その行為によって当該監査役設置会社に著しい損害が生ずるおそれがあるときは，その取締役に対しその行為をやめることを請求することができる（385条1項）。監査役の差止請求に対しては，裁判所が仮処分をもって取締役に対しその行為をやめることを命ずる場合に担保を立てさせないとされる（同条2項）。

⑹ 義　務

監査役と会社との関係が委任関係に従うと規定されるため，会社に対する一般的な義務として監査役は，善管注意義務を負う（330条，民644条）。そのうえ，監査役は，さらに次のような具体的な義務を負うとされる。

まず，取締役への報告義務である。監査役は，取締役が不正の行為をするか，当該行為をするおそれがあると認める場合，または法令・定款に違反する事実・著しく不当な事実があると認める場合に，遅滞なくその旨を取締役・取締役会（取締役会設置会社の場合）に報告しなければならない（382条）。監査役は，これらの場合において必要があると認めるときは，取締役会の招集を請求し，または自ら取締役会を招集することができる（383条2項・3項）。

つぎに，取締役会への出席義務である。監査役は，取締役会に出席し，必要があると認める場合に，意見を述べなければならない。ただ，監査役が2人以上ある場合に関連規定（373条1項）による特別取締役による議決の定めがあるときは，監査役の互選により監査役の中から特別取締役が構成する取締役会に出席する監査役を定めることができる（383条1項）。

さらに，株主総会に対する報告義務である。監査役は，取締役が株主総会に提出しようとする議案，書類その他法務省令（会社則106条）で定めるものを調査しなければならない。この場合において，法令・定款に違反し，または著しく不当な事項があると認めるときは，その調査の結果を株主総会に報告しなければならない（384条）。

⑺ 監査役設置会社と取締役との間の訴えにおける会社の代表

監査役設置会社が取締役（取締役であった者を含む）に対しまたは取締役が監査役設置会社に対して訴えを提起する場合[5)]において，監査役は監査役設置会社を代表す

5) 本文中にいう場合のほか，①株式交換等完全親会社（849条2項1号）である監査役設置会社がその株式交換等完全子会社（847条の2第1項）の取締役，執行役（執行役であった者を含む）または清算人（清算人であった者を含む）の責任（847条の2第1項各号に掲げる行為の効力が生じた時までにその原因となった事実が生じたものに限る）を追及する訴えを提起する場合，②最終完全親会社等（847条の3第1項）である監査役設置会社がその完全子会社等（同条2項2号，同条3項の規定により当該完全子会社等とみなされるものを含む）である株式会社の取締役，執行役または清

る（386条１項１号）。こうした規定は，取締役と会社との利害衝突を防止するための措置である。

⑻ 監査役の報酬等

監査役の報酬等は，定款にその額を定めていない場合に株主総会の決議によって定められる。監査役が２人以上ある場合において，各監査役の報酬等について定款の定め・株主総会の決議がないときは，当該報酬等は，株主総会決議が決定した報酬等の範囲内において監査役の協議によって定められる。監査役は，株主総会において監査役の報酬等について意見を述べることができる（387条）。

⑼ 費用等の請求

監査役がその職務の執行について監査役設置会社（監査役の監査の範囲を会計に関するものに限定する旨を定款で定めた会社を含む）に対して次のような請求をした場合に，当該監査役設置会社は，当該請求に係る費用または債務が当該監査役の職務の執行に必要でないことを証明した場合を除き，これを拒むことができない（388条）。すなわち，①費用の前払の請求，②支出した費用および支出の日以後におけるその利息の償還の請求，③負担した債務の債権者に対する弁済（当該債務が弁済期にない場合にあっては，相当の担保の提供）の請求，である。

監査役の報酬等ならびにこの費用等の請求に関する規定は，いずれも監査役が経済的な不安を抱えることなく，監査職務に専念できるようにするための措置である。

2 監査役会

⑴ 総 説

監査役会の設置について原則として株式会社は定款で定めることができるとされる（327条２項）が，公開会社でかつ監査等委員会設置会社・指名委員会等設置会社以外の大会社は監査役会の設置が強制される（328条１項）。監査役会制度は，監査役の機能を強化するために1993（平成５）年に旧商法特例法の改正を通して，社外監査役制度とともに新に構築されたものであり，そして2005（平成17）年会社法の成立を機に会社法に引き継がれた。監査役会設置会社（２条10号）では，監査役は３人以上で，かつその半数以上は社外監査役でなければならない（335条３項）。

算人に対して特定責任追及の訴え（同条１項）を提起する場合においても，同様な取り扱いを行うとされる（386条１項２号・３号）。

(2) 権限等

監査役会は，すべての監査役で組織され，次のような職務を行う（390条１項・２項）。すなわち，①監査報告の作成，②常勤の監査役の選定および解職，③監査の方針，監査役会設置会社の業務および財産の状況の調査の方法その他の監査役の職務の執行に関する事項の決定，である。ただし，③の決定は，監査役の権限の行使を妨げることができないとされる（同条１項ただし書）。これは，監査役会が設置されていても，監査役の独任制が維持されることを意味する。監査役設置会社と異なって，監査役会設置会社では，監査役会は，監査役の中から常勤の監査役を選定しなければならない（同条３項）。なお，監査役は，監査役会の求めがある場合にいつでもその職務の執行の状況を監査役会に報告することを義務づけられる（同条４項）。

(3) 運　営

a．招　集　監査役会の招集権は，その構成員の監査役にあるとされる（391条）。監査役会を招集するには，監査役は，監査役会の日の１週間（定款の定めによる期間の短縮が可能である）前までに各監査役に対してその通知を発しなければならないが，監査役会は，監査役の全員の同意がある場合に招集の手続を経ることなく開催されることができる（392条）。

b．監査役会の決議　監査役会の決議は，監査役の過半数をもって行われる（393条１項）。監査役会の議事については，法務省令（会社則109条１項～３項・225条）で定めるところにより，議事録を作成し，議事録が書面をもって作成されている場合に出席した監査役は，これに署名・記名押印しなければならない（電磁的記録の場合に電子署名となる〔同条２項・３項〕）。監査役会の決議に参加した監査役は，その議事録に異議をとどめないときは，その決議に賛成したと推定される（同条４項）。

c．議事録の保存等　監査役会設置会社は，監査役会の日から10年間その議事録をその本店に備え置かなければならない（394条１項）。裁判所の許可のもとで，株主・会社債権者等は，議事録（書面・電磁的記録）の閲覧・謄写等を請求する権利を有する（同条２項・３項）。ただ，裁判所は，こうした請求に係る閲覧・謄写等をすることにより，その監査役会設置会社またはその親会社・子会社に著しい損害を及ぼすおそれがあると認めた場合にはその許可を与えることができない（同条４項）。

d．その他　取締役，会計参与，監査役または会計監査人が監査役の全員に対して監査役会に報告すべき事項を通知した場合には，その事項を監査役会へ報告することは要しないとされる（395条）。

3　会計監査人

(1)　総　説

会計監査人とは，会社の計算書類およびその附属明細書，臨時計算書類ならびに連結計算書類を監査する者である（396条1項）。会社は，定款の定めによって任意に会計監査人を設置することができる（326条2項）。しかし，公開会社の大会社，監査等委員会設置会社および指名委員会等設置会社は，会計監査人の設置が強制される（328条・327条5項）。会計監査人は，必ず公認会計士または監査法人でなければならない（337条1項）。会社，とりわけ大会社の適正な計算を確保する観点から，監査役による会計監査と違って，会計監査人は会計の専門家として会計監査をすることが期待される。

(2)　会計監査人の選任と資格

会計監査人は，株主総会の決議によって選任される（329条1項）。監査役設置会社では，株主総会に提出する会計監査人の選任議案の内容は監査役が決定するが，監査役が2人以上ある場合は，監査役の過半数によって議案の内容が決定され，また監査役会設置会社では，監査役会がそれを決定する（344条）。これは，会計監査人の選任に対する取締役の過度な裁量を排除するためである。会計監査人は，株主総会において会計監査人の選任について意見を述べることができる（345条5項・1項）。会計監査人が欠けた場合または定款で定めた会計監査人の員数が欠けた場合に，すぐにも会計監査人が選任されないのであれば，監査役は，一時会計監査人の職務を行うべき者を選任する（346条4項）。

会計監査は，高度な専門性が要求されるため，会計監査人は，公認会計士または監査法人でなければならない（337条1項）。会計監査人に選任された監査法人は，その社員の中から会計監査人の職務を行うべき者を選定し，これを株式会社に通知することを要する。しかし，①公認会計士法の規定により所定の計算書類（435条2項）について監査をすることができない者，②株式会社の子会社・その取締役，会計参与，監査役または執行役から公認会計士・監査法人の業務以外の業務により継続的な報酬を受けている者またはその配偶者，③社員の半数以上が②に掲げる者を有する監査法人は，会計監査人となることができないとされる（337条3項）。

(3)　会計監査人の任期と解任

会計監査人の任期は，1年（選任後1年以内に終了する事業年度のうち最終のものに関する定時株主総会の終結の時まで）である。会計監査人は，その定時株主総会において別段の決議がなされなかったのであれば，その定時株主総会において再任されたとみなされる（338条１項・２項）。

解任は，会計監査人の終任事由の１つである。会計監査人は，会社との関係が委任関係に従うとされるため（330条），いつでも株主総会の決議によって解任され得るが，その解任について正当な理由がある場合を除いて，株式会社に対し解任によって生じた損害の賠償を請求し得る（339条）。監査役等による会計監査人の解任も可能である（340条１項～４項）。すなわち，監査役（監査役が２人以上ある場合に監査役全員の同意が必要である。監査役会設置会社では，監査役会）は，会計監査人が①職務上の義務に違反し，または職務を怠ったとき，②会計監査人としてふさわしくない非行があったとき，③心身の故障のため，職務の執行に支障があり，またはこれに堪えないときという事由のうち，そのいずれかに該当するのであれば，その会計監査人を解任することができる。会計監査人を解任した場合に，監査役（監査役が２人以上ある場合に監査役の互選によって定めた監査役。監査役会設置会社では監査役会が選定した監査役）は，その旨および解任の理由を解任後最初に招集される株主総会に報告しなければならない。なお，監査等委員会設置会社における監査等委員会，指名委員会等設置会社における監査委員会にも会計監査人を解任する権限が付与されている（同条５項・６項）。

会計監査人を辞任した者または会計監査人を解任された者（340条１項）は，辞任した旨およびその理由または解任についての意見を辞任後・解任後最初に招集される株主総会において陳述し得る（345条５項・１項）。

⑷　会計監査人の権限等

まず，会計監査人は，会社の計算書類およびその附属明細書，臨時計算書類ならびに連結計算書類を監査する権限を有し，この場合において法務省令（会社則110条）で定めるところにより会計監査報告を作成する義務を負う（396条１項）。会計監査人は，いつでも会計帳簿またはこれに関する資料の書面・電磁的記録を閲覧，謄写し，または取締役（指名委員会等設置会では，執行役と取締役）・会計参与，支配人その他の使用人に対し会計に関する報告を求めることができるほか，その職務を行うため必要がある場合に会計監査人設置会社の子会社に対して会計に関する報告を求め，または会計監査人設置会社・その子会社の業務および財産の状況の調査をすることができる（同条２項・３項・６項）。ただし，その子会社は，正当な理由がある場合にその報告または調査を拒むことができる（同条４項）。

つぎに，会計監査人の職務履行時の中立性を確保するために，会計監査人は，その職務を行うに当たっては，次のいずれかに該当する者を使用してはならない（396条

5項)。すなわち，①公認会計士法の規定により（435条２項）計算書類について監査をすることができない者など（337条３項１号・２号)，②会計監査人設置会社またはその子会社の取締役，会計参与，監査役・執行役または支配人その他の使用人である者，③会計監査人設置会社またはその子会社から公認会計士または監査法人の業務以外の業務により継続的な報酬を受けている者，である。

さらに，会計監査人は，その職務を行うに際して取締役（指名委員会等設置会社では，執行役または取締役）の職務の執行に関し不正の行為または法令・定款に違反する重大な事実があることを発見した場合に，遅滞なくこれを監査役・監査役会（監査等委員会設置会社では，監査等委員会。指名委員会等設置会社では監査委員会）に報告する義務を負う（397条)。

なお，計算書類等（396条１項）が法令・定款に適合するかどうかについて会計監査人が監査役（監査役会設置会社では，監査役会または監査役）と意見を異にする場合に，会計監査人は，定時株主総会に出席して意見を述べることができる。定時株主総会において会計監査人の出席を求める決議があったときは，会計監査人は，定時株主総会に出席して意見を述べることを要する。監査等委員会設置会社と指名委員会等設置会では，同様な手当てが整備されている（398条)。

⑸ 会計監査人の報酬

取締役は，会計監査人または一時会計監査人の職務を行うべき者の報酬等を定める場合には，監査役（監査役が２人以上ある場合にあっては，その過半数。監査役会設置会社では，監査役会。監査等委員会設置会社では，監査等委員会。指名委員会等設置会社では，監査委員会）の同意を得なければならない（399条)。

第５節　監査等委員会設置会社

1　総　説

監査等委員会設置会社とは，監査等委員会を置く株式会社をいう（２条11の２号)。監査等委員会は，すべての監査等委員で組織され，監査等委員は，３人以上の取締役で，そのうち半数以上が社外取締役でなければならない（399条の２第１項・第２項・33条６項)。監査等委員会の設置は，強制されておらず，株式会社が定款の定めによってそれを設置し得る（326条２項)。

2　監査等委員会の権限等

(1)　権限等

a．職　務　監査等委員会は，次のような職務を行う（399条の2第3項）。すなわち，①取締役（会計参与設置会社では，取締役および会計参与）の職務執行の監査および監査報告の作成，②株主総会に提出する会計監査人の選任・解任，ならびに会計監査人を再任しないことに関する議案の内容の決定，③監査等委員会の意見の決定（342条の2第4項・361条6項），である。監査等委員がその職務の執行（監査等委員会の職務の執行に関するものに限る）について監査等委員会設置会社に対して，①費用の前払，②支出をした費用および支出の日以後におけるその利息の償還，③負担した債務の債権者に対する弁済（当該債務が弁済期にない場合に相当の担保の提供）を請求をした場合に，監査等委員会設置会社は，その請求に係る費用または債務がその監査等委員の職務の執行に必要でないことを証明した場合を除き，これを拒むことができないとされる（399条の2第4項）。

b．監査等委員会の調査権　監査等委員会が選定した監査等委員は，いつでも取締役（会計参与設置会社では，取締役および会計参与）および支配人その他の使用人に対しその職務の執行に関する事項の報告を求め，または監査等委員会設置会社の業務および財産の状況の調査をし，ならびに監査等委員会の職務を執行するため必要がある場合に，監査等委員会設置会社の子会社に対して事業の報告を求め，またはその子会社の業務および財産の状況の調査をすることができる（399条の3第1項・第2項）。ただ，子会社は，正当な理由がある場合にその報告または調査を拒むことができる（同条3項）。また，こうした場合において報告の徴収または調査に関する事項につき監査等委員会の決議があるときは，監査等委員はこれに従わなければならない（同条4項）。

c．報告義務　監査等委員は，取締役が不正の行為をするとか，その行為をするおそれがあると認めるとき，または法令・定款に違反する事実とか，著しく不当な事実があると認めるときは，遅滞なくその旨を取締役会に報告するほか，取締役が株主総会に提出しようとする議案，書類その他法務省令（会社則110条の2）で定めるものについて法令・定款に違反し，または著しく不当な事項があると認めるときは，その旨をも株主総会に報告する義務を負う（399条の4・399条の5）。

d．取締役の行為の差止め　監査等委員は，取締役が監査等委員会設置会社の目的の範囲外の行為その他法令・定款に違反する行為をし，またはこれらの行為をするおそれがある場合において，その行為によって当該監査等委員会設置会社に著しい損害が生ずるおそれがあるときは，その取締役に対し当該行為をやめることを請求することができる。この場合において，裁判所が仮処分をもってその取締役に対しその行為をやめることを命ずるときは，担保を立てさせないものとされる（399条の6）。

e．監査等委員会設置会社と取締役との間の訴えにおける会社の代表　監査等委員会設置会社が取締役（取締役であった者を含む）に対し，または取締役が監査等委員会設置会社に対して訴えを提起する場合に，その訴えについて，①監査等委員が当該訴えに係る訴訟の当事者である場合に取締役会が定める者（株主総会がその訴えについて監査等委員会設置会社を代表する者を定めた場合にその者），②①以外の場合に監査等委員会が選定する監査等委員が監査等委員会設置会社を代表する（399条の7第1項）。上記以外の場合についても，会社法は詳細な規定を置く（同条2項～5項）。

⑵ 運　営

監査等委員会は各監査等委員が招集する（399条の8）。監査等委員会を招集するには，監査等委員は，監査等委員会の日の1週間（定款による期間の短縮が可能である）前までに各監査等委員に対してその通知を発しなければならないが，監査等委員の全員の同意がある場合には，招集の手続を経ることなく監査等委員会を開催することができる（399条の9第1項・第2項）。取締役（会計参与設置会社では，取締役および会計参与）は，監査等委員会の要求があった場合には，監査等委員会に出席し，監査等委員会が求めた事項について説明する義務を負う（同条3項）。

監査等委員会の決議は，議決に加わることができる監査等委員の過半数が出席し，その過半数をもって行われるが，特別の利害関係を有する監査等委員は，議決権の行使が排除される（399条の10第1項・第2項）。監査等委員会の議事については，書面や電磁的記録をもって議事録が作成され，出席した監査等委員は，議事録に署名や記名押印などをすることを要し，監査等委員会の決議に参加した監査等委員は，議事録に異議をとどめないのであれば，その決議に賛成したと推定される（同条3項・4項・5項）。

監査等委員会設置会社は，監査等委員会の日から10年間，その議事録を本店に備え置かなければならず，株主は，その権利を行使するため必要がある場合に裁判所の許可を得て，議事録（書面または電磁的記録）の閲覧・謄写を請求することができる（399条の11第1項・第2項）。会社債権者が取締役または会計参与の責任を追及するため必要がある場合，ならびに親会社社員がその権利を行使するため必要がある場合には，株主と同様な請求権が付与される（同条3項）。ただし，裁判所は，こうした請求に係る閲覧・謄写をすることにより，会社またはその親会社・子会社に著しい損害を及ぼすおそれがあると認める場合には，許可をすることができないとされる（同条4項）。

なお，取締役，会計参与または会計監査人が監査等委員の全員に対して監査等委員会に報告すべき事項を通知した場合には，その事項を監査等委員会へ報告することは要しないとされる（399条の12）。

3　監査等委員会設置会社の取締役会の権限等

取締役会は，次のような職務を行う。すなわち，①(ⅰ)経営の基本方針，(ⅱ)監査等委員会の職務の執行のため必要なものとして法務省令（会社則110条の４第１項）で定める事項，(ⅲ)取締役の職務の執行が法令・定款に適合することを確保するための体制その他株式会社の業務ならびに株式会社およびその子会社から成る企業集団の業務の適正を確保するために必要なものとして法務省令（同条２項）で定める体制の整備（内部統制システム）といった事項その他監査等委員会設置会社の業務執行の決定，②取締役の職務の執行の監督，③代表取締役の選定および解職，である（399条の13第１項）。取締役会は，前記①の(ⅰ)から(ⅲ)までの事項を決定し，監査等委員である取締役を除く取締役の中から代表取締役を選定しなければならない（同条２項・３項）。

そして，取締役会は，原則として次のような事項その他の重要な業務執行の決定を取締役に委任することができない。すなわち，①重要な財産の処分および譲受け，②多額の借財，③支配人その他の重要な使用人の選任および解任，④支店その他の重要な組織の設置，変更および廃止，⑤募集社債に関する事項（676条１号）その他の社債を引き受ける者の募集に関する重要な事項として法務省令（会社則110条５）で定める事項，⑥定款の定めによる取締役等の責任免除規定に基づく任務懈怠責任（423条１項）の免除，である（399条の13第４項）。

しかし，株主総会に提出する議案（会計監査人の選任・解任ならびに会計監査人を再任しないことに関するものを除く）の内容の決定，補償契約の内容の決定，役員等賠償責任保険契約の内容の決定など法定の一部事項を除いて，取締役の過半数が社外取締役である場合には，取締役会は，その決議によって重要な業務執行の決定を取締役に委任することができるとされる（同条５項）。それとともに，取締役会の決議によって重要な業務執行（同条５項１号～22号の事項を除く）の決定の全部または一部を取締役に委任することができる旨を定款で定めることができる（同条６項）。そうした立法の趣旨は，公正さを担保した上での会社経営の効率性を求めることにある。

なお，取締役会の招集権者についての定めがある場合であっても，監査等委員会が選定する監査等委員は，取締役会を招集し得るとされる（399条の14）。

第６節　指名委員会等設置会社

1　総　説

指名委員会等設置会社とは，指名委員会，監査委員会および報酬委員会（以下では，指名委員会等とする）を置く株式会社をいう（２条12号）。指名委員会等設置会社は，2002（平成14）年に旧商法特例法の改正により導入され，当初は委員会等設置会と呼ばれていたが，2005（平成17）年に成立した会社法に引き継がれ，委員会設置会社と呼ばれるようになった。さらに2014（平成26）年会社法改正後に現在の名称に変更された。株式会社は，定款の定めによって指名委員会等を設置することができる（326条２項）。指名委員会等設置会社の特徴は，取締役が会社法または会社法に基づく命令に別段の定めがある場合を除いて，会社の業務を執行することができず，執行役が会社の業務を執行し，取締役会が執行役の業務執行を監督することにある（415条・416条１項２号・418条１項２号）。

2　指名委員会等の構成

指名委員会等は，いずれも委員３人以上で組織され，各委員会の委員は，取締役の中から取締役会の決議によって選定されるが，委員の過半数は，社外取締役でなければならない（400条１項～３項）。また，監査委員会の委員（監査委員）は，指名委員会等設置会社やその子会社の執行役・業務執行取締役または指名委員会等設置会社の子会社の会計参与（会計参与が法人である場合にその職務を行うべき社員）・支配人その他の使用人を兼ねることが禁止される（同条４項）。

各委員会の委員は，いつでも取締役会の決議によって解職され得る（401条１項）。各委員会委員の員数（定款で４人以上の員数を定めたことは可能である）が欠けた場合に，任期の満了または辞任により退任した委員は，新たに選定された委員（一時委員の職務を行うべき者を含む）が就任するまでなお委員としての権利義務を有し，裁判所は，必要があると認める場合に利害関係人の申立てにより一時委員を選任することになる（同条２項・３項）。

3　指名委員会等の権限等

(1)　指名委員会

指名委員会は，株主総会に提出する取締役（会計参与設置会社では，取締役および会計参与）の選任・解任に関する議案の内容を決定する（404条１項）。

(2) 監査委員会

a．一　般　監査委員会は，①執行役等（執行役および取締役を指す。会計参与設置会社では，執行役，取締役および会計参与をいう）の職務執行の監査および監査報告の作成，②株主総会に提出する会計監査人の選任・解任ならびにその不再任に関する議案内容の決定といった職務を行う（404条２項）。

b．調査権　監査委員会が選定する監査委員は，次のような調査権が与えられる（405条）。すなわち，監査委員は，いつでも執行役等・支配人その他の使用人に対しその職務の執行に関する事項の報告を求め，または指名委員会等設置会社の業務および財産の状況の調査をすることができるとともに，監査委員会の職務を執行するため必要がある場合に指名委員会等設置会社の子会社に対しても事業の報告を求め，またはその子会社の業務および財産の状況の調査をすることができる。ただし，その子会社は，正当な理由がある場合にその報告または調査を拒むことができる。監査委員は，前記の報告の徴収または調査に関する事項についての監査委員会の決議がある場合にこれに従う義務を負う。

c．報告義務　監査委員は，執行役または取締役が不正の行為をするとかその行為をするおそれがあると認める場合，または法令・定款に違反する事実や著しく不当な事実があると認める場合に遅滞なくその旨を取締役会に報告しなければならない（406条）。

d．監査委員による執行役等の行為の差止め　監査委員は，執行役または取締役が指名委員会等設置会社の目的の範囲外の行為その他法令・定款に違反する行為をし，またはこれらの行為をするおそれがある場合において，その行為によって当該指名委員会等設置会社に著しい損害が生ずるおそれがあるときは，その執行役または取締役に対しその行為をやめることを請求することができる。この場合において，裁判所が仮処分をもってその執行役または取締役に対し，その行為をやめることを命ずるときは，担保を立てさせないものとされる（407条）。

e．指名委員会等設置会社と執行役または取締役との間の訴えにおける会社の代表等
指名委員会等設置会社が執行役（執行役であった者を含む）・取締役（取締役であった者を含む）に対し，または執行役・取締役が指名委員会等設置会社に対して訴えを提起する場合にその訴えについて，①監査委員がその訴えに係る訴訟の当事者である場合には，取締役会が定める者（株主総会がその訴えについて指名委員会等設置会社を代表する者を定めた場合にその者），②①の場合以外の場合には監査委員会が選定する監査委員が，指名委員会等設置会社を代表する（408条１項）。上記以外の場合についても，詳細な規定が置かれている（同条３項～５項）。

⑶　報酬委員会

報酬委員会は，執行役等の個人別の報酬等の内容を決定する。執行役が指名委員会等設置会社の支配人その他の使用人を兼ねている場合にその支配人その他の使用人の報酬等の内容についても，同様とされる（404条３項）。

報酬委員会は，執行役等の個人別の報酬等の内容に係る決定に関する方針を定めなければならず，執行役等の個人別の報酬等の内容を決定するには，その方針に従う（409条１項・２項）。報酬委員会は，次のようなものを執行役等の個人別の報酬等とする場合に，その内容を決定する（同条３項，会社則111条・同111条の２・同111条の３）。すなわち，①額が確定しているものについて個人別の額，②額が確定していないものについて個人別の具体的な算定方法，③募集株式・募集新株予約権の場合は，その数ならびにそれと引換えにする払込みに当てるための金銭など，④金銭でないものについて個人別の具体的な内容，である。

⑷　費用等の請求

各委員会の委員がその職務の執行（当該委員が所属する指名委員会等の職務の執行に関するものに限る）について指名委員会等設置会社に対して次のような請求をした場合に，指名委員会等設置会社は，その請求に係る費用や債務がその委員の職務執行に必要でないことを証明した場合を除き，これを拒むことができない（404条４項）。すなわち，①費用の前払の請求，②支出をした費用および支出の日以後におけるその利息の償還の請求，③負担した債務の債権者に対する弁済（その債務が弁済期にない場合には相当の担保の提供）の請求，である。

4　指名委員会等の運営

指名委員会等は，指名委員会等の各委員が招集する（410条）。指名委員会等を招集するには，その委員は，指名委員会等の日の１週間（取締役会の定めによる期間の短縮が可能である）前までに指名委員会等の各委員に対してその通知を発することを要するが，指名委員会等の委員の全員の同意がある場合には，招集の手続を経ることなく指名委員会等を開催することができる（411条１項・２項）。執行役等は，指名委員会等の要求があった場合に指名委員会等に出席し，指名委員会等が求めた事項について説明する義務を負う（同条３項）。

指名委員会等の決議は，議決に加わることができる委員の過半数（取締役会の定めによる割合の増加が可能である）が出席し，その過半数（取締役会の定めによる割合の増加が可能である）をもって行われるが，その決議について特別の利害関係を有する委員の議決権の行使が排除される（412条１項・２項）。指名委員会等の議事について，法務省令（会社則111条の４）で定めるところにより，書面や電磁的記録をもって議事録が作成され，議事録には，出席した委員が署名や記名押印などをすることを要し，指名委員会等の決議に参加した委員は，議事録に異議をとどめないのであれば，その決議に賛成したと推定される（412条３項～５項）。

指名委員会等設置会社は，指名委員会等の日から10年間，その議事録を本店に備え置かなければならず，取締役は，その権利を行使するため必要がある場合に議事録（書面または電磁的記録）の閲覧・謄写を請求することができる（413条１項・２項）。こうした権利は，裁判所の許可を得るという要件のもとで，会社の株主・債権者・親会社社員にも付与されている（同条４項・３項・２項）。ただし，裁判所は，こうした請求に係る閲覧・謄写をすることにより，会社またはその親会社・子会社に著しい損害を及ぼすおそれがあると認める場合には許可をすることができない（同条５項）。

なお，執行役等が指名委員会等委員の全員に対して指名委員会等に報告すべき事項を通知した場合に，その事項の指名委員会等へのさらなる報告は要らないとされる（414条）。

5　指名委員会等設置会社の取締役会の権限・運営

(1)　権　限

指名委員会等設置会社の特徴に応じて取締役会の権限は次のように規定される。

まず，その職務である（416条１項～３項）。職務は，会社の業務執行の決定であって，具体的に①経営の基本方針，②監査委員会の職務執行のため必要なものとして法務省令（会社則112条１項）で定める事項，③執行役が２人以上ある場合における執行役の職務の分掌および指揮命令の関係その他の執行役相互の関係に関する事項，④業務執行を決定する取締役会の招集の請求を受ける取締役，⑤執行役の職務執行が法令・定款に適合することを確保するための体制その他株式会社の業務ならびに株式会社およびその子会社から成る企業集団の業務の適正を確保するために必要なものとして法務省令（同条２項）で定める体制の整備（内部統制システム），⑥執行役等の職務の執行の監督，である。これらの事項は，取締役会が決定することを要し，その決定を取締役に委任することができない。

つぎに，取締役会は，その決議によって会社の業務執行の決定を執行役に委任することができるとされる（416条４項本文）。しかし，株主総会に提出する議案（取締役，会計参与および会計監査人の選任・解任ならびにその不再任に関するものを除く）の内容の決定，代表執行役の選定・解職，補償契約の内容の決定，役員等賠償責任保険契約の内容の決定などの法定事項は，その委任事項から除外される（同項ただし書１号～24号）。

⑵ 運 営

指名委員会等設置会社では，招集権者の定めがある場合であっても，指名委員会等がその委員の中から選定する者は，取締役会を招集することができる（417条１項）。執行役は，取締役会が決定した取締役会の招集権者である取締役に対し，取締役会の目的である事項を示して，取締役会の招集を請求することができ，この場合において当該請求があった日から５日以内にその請求があった日から２週間以内の日を取締役会の日とする取締役会の招集の通知が発せられないときは，その執行役は，取締役会を招集することができる（同条２項）。

指名委員会等がその委員の中から選定した者は，遅滞なく指名委員会等の職務の執行の状況を取締役会に報告し，執行役は，３か月に１回以上自己の職務の執行の状況を取締役会に報告しなければならず，この場合に執行役の代理人（他の執行役に限る）による報告は妨げられないとされる（417条３項・４項）。執行役は，取締役会の要求があったときは，取締役会に出席し，取締役会が求めた事項について説明をする義務を負う（同条５項）。

6 執行役と代表執行役

⑴ 執行役の選任・解任等

指名委員会等設置会社には，１人または２人以上の執行役を置き，執行役は，取締役会の決議によって選任され，会社と執行役との関係は，委任に関する規定に従い，取締役の欠格事由等の規定（331条１項・２項）は，執行役についても準用される（402条１項－４項）。

執行役が株主でなければならない旨を定款で定めることはできないとされるが，非公開会社である指名委員会等設置会社は，この取り扱いを受けないとされる（402条５項）。執行役は，取締役を兼ねることができる（同条６項）。執行役の任期は，１年（選任後１年以内に終了する事業年度のうち最終のものに関する定時株主総会の終結後最初に招集される取締役会の終結の時まで）であるが，定款によってその任期を短縮することは可能である（同条７項）。

執行役の解任等について次のような規定がある（403条）。すなわち，執行役は，いつでも取締役会の決議によって解任することができるが，解任される執行役は，その解任について正当な理由がある場合を除き，指名委員会等設置会社に対し解任によって生じた損害の賠償を請求することができる。また，執行役が欠けた場合または定款で定めた執行役の員数が欠けた場合における取扱いは，指名委員会等の委員権利義務者の場合のそれ（401条２項－４項）と同様とされる。

(2) 執行役の権限と義務

執行役の職務は，①取締役会の決議（416条4項）によって委任を受けた会社の業務執行の決定，②会社の業務執行，である（418条）。ただ，指名委員会等設置会社と執行役との利益が相反する状況にあり，または執行役が指名委員会等設置会社の業務執行により株主の利益を損なうおそれがある場合は，当該指名委員会等設置会社は，そのつど取締役会の決議によって当該指名委員会等設置会社の業務執行を社外取締役に委託することができる（348条の2第2項）。その趣旨は，前述のとおりである（本章第3節3(1)）。

執行役が会社に対して負う義務としては，報告・説明義務と善管注意義務・忠実義務がある。執行役の報告義務とは，①3か月に1回以上自己の職務執行の状況を取締役会に報告または説明し，②指名委員会等設置会社に著しい損害を及ぼすおそれのある事実を発見した場合に，直ちに当該事実を監査委員に報告する義務を指す（417条4項・5項・419条）。ただ，①については，他の執行役に限るとされるが，代理人による報告も認められる。執行役の善管注意義務・忠実義務とは，執行役と会社との関係が委任関係に従い（402条3項），執行役について取締役の忠実義務に関する規定（355条）を準用する（419条2項）とされることで導かれる義務である。そのため，競業取引や利益相反取引規制は，執行役についても準用するとされ（同条2項），こうした義務に違反した執行役は，任務懈怠により生じた損害を賠償する責任を負うことになる（423条1項）。

(3) 代表執行役

取締役会は，執行役の中から代表執行役を選定しなければならず，この場合に執行役が1人であれば，その者が代表執行役に選定されたとされる（420条1項）。代表執行役は，いつでも取締役会の決議によって解職されることがあり得る（同条2項）。また，代表執行役の包括的権限とその権限に対する制限などは，代表取締役のそれと同様であるとされる（同条3項・349条4項・5項・352条・401条2項～4項）。

(4) 表見代表執行役

指名委員会等設置会社は，代表執行役以外の執行役に社長，副社長その他指名委員会等設置会社を代表する権限を有するものと認められる名称を付した場合には，当該執行役がした行為について，善意の第三者に対してその責任を負う（421条）。当該規定も善意の第三者保護のための外観主義によったものである。

第9章

役員の義務と責任

第1節　取締役の一般的な義務

1　善管注意義務・忠実義務

会社と役員（取締役，会計参与，監査役〔329条1項〕）および会計監査人との関係は，委任に関する規定に従うとされるため，委任または準委任の関係にある（330条)。取締役は，会社に対して善良な管理者の注意をもって職務を遂行すべき義務（善管注意義務または注意義務と呼ばれる）を負う（民644条)。善管注意義務の内容について，社会通念上，会社の取締役は，取締役という会社経営の専門家として一般的に期待される水準の注意をもってその職務執行にあたらなければならないと解される。他方，会社法は，また取締役は，法令および定款ならびに株主総会の決議を遵守し，会社のために忠実にその職務を行わなければならないと規定する（355条)。これは，一般的に忠実義務と呼ばれる。

善管注意義務と忠実義務との関係について，学説上同質説（多数説）と異質説との争いがある。判例は同質説と同様であり，この忠実義務の規定は，会社法330条，民法644条に定める善管義務を敷衍し，かつ一層明確にしたにとどまり，通常の委任関係に伴う善管義務とは別個の高度な義務を規定したものではないとの旨であると解する（最判昭和45・6・24民集24・6・625〔百選2〕)。これに対して，異質説は，忠実義務の規定がアメリカ法[1)] を参考に1950（昭和25）年商法改正で導入された規定であり，

1)　アメリカ法では，取締役が会社ならびに株主に対して負う義務は一般的に信認義務（fiduciary duty）と呼ばれる。この信認義務は，通常注意義務（duty of care）と忠実義務（duty of loyalty）からなるとされるが，この2つの義務は，内容においてはっきりと区別される。注意義務とは，取締役がその義務を果たす上においては，①誠実に（in good faith)，②会社の最善の利益（best interest）であると合理的に信じる（reasonably believe）方法で，かつ③通常の慎重な者が同様の地位において類似

自己または第三者の利益を会社の利益よりも上位に置いてはならないとする義務であると解する。

2　監視義務

取締役会設置会社では，取締役は，取締役会の構成員として他の取締役の業務執行を監督する義務がある（〔362条2項2号。監査等委員会設置会社の場合は，399条の13第1項2号〕。指名委員会等設置会社の場合は，執行役と取締役〔416条1項〕)。これはいわゆる取締役の監視義務と呼ばれる。すなわち，取締役は，他の取締役の行為が法令・定款を遵守し，適法かつ適正にされていることを監視する義務がある。また，取締役が監視すべきとされる事柄は，取締役会に上程されるものにとどまらず，代表取締役等の業務執行一般をも含むと解される（最判昭和48・5・22民集27・5・655〔百選71〕)。この監視義務は，取締役の善管注意義務・忠実義務の一内容をなすものである（東京高判平成7・5・17判時1583号134頁)。

3　内部統制システム構築義務

会社法上の「取締役の職務執行が法令及び定款に適合することを確保するための体制その他株式会社の業務並びに当該株式会社及びその子会社から成る企業集団の業務の適正を確保するために必要なものとして法務省令で定める体制」は，通常内部統制システム（またはリスク管理体制）と呼ばれ，内部統制システム構築とはそうした体制を整備することを意味する（348条3項4号・362条4項6号)。内部統制システムについて，具体的に①当該株式会社の取締役の職務の執行に係る情報の保存および管理に関する体制，②当該株式会社の損失の危険の管理に関する規程その他の体制，③当該株式会社の取締役の職務の執行が効率的に行われることを確保するための体制，④当該株式会社の使用人の職務の執行が法令・定款に適合することを確保するための体制，⑤当該株式会社ならびにその親会社およびその子会社から成る企業集団の業務の適正を確保するための体制を法務省令が明文化している（会社則98条1項・同100条1項)。取締役会設置会社において，内部統制システムの構築は取締役に委任すること

の状況の下で実行することを合理的に期待される注意をもってその職務を遂行することを意味し，忠実義務とは，取締役が会社経営において，会社の利益を犠牲にして自己の利益を図ってはならないことを意味すると解される。また，注意義務では取締役の過失の有無が問題となるが，忠実義務ではそれは問題とならず，無過失責任である。義務違反があった場合の取締役責任の範囲は，注意義務の場合には会社の受けた損害の賠償であるが，忠実義務の場合には取締役が得た利益の吐出しである。ただ，これらの差異を，日本の現行会社法上取締役の責任について認めることは，容易ではない（神田秀樹『会社法〔第22版〕』（弘文堂，2020年）240頁参照)。

ができない取締役会の専決事項であり（362条４項６号），大会社において内部統制システムの構築は義務とされる（監査役設置会社について362条５項，監査等委員会設置会社について399条の13第１項１号ハ・第２項，指名委員会等設置会社について，416条１項１号ホ・２項，大会社の取締役会非設置会社について348条４項）。これに対して，大会社でない会社における内部統制システムの構築は任意となる。しかし，任意でも，場合によって取締役が善管注意義務違反であるとされることもあり得る。

会社は，内部統制システム構築について開示をも要求される。すなわち，内部統制システムに関する決定や決議がある場合に，事業報告にその決定や決議の内容の概要および当該システムの運用状況の概要が記載され，その相当性についての監査を経て開示しなければならない（435条２項・436条～438条，会社則118条２号・同129条１項）。内部統制システム構築の義務は取締役の善管注意義務・忠実義務の一内容をなすものと解される（大阪地判平成12・９・20・判時1721・３）。会社はその営む規模や特性等に応じた内部統制システム構築を通じて健全な会社経営を図ることが期待される。

第２節　利益相反状況における特別な義務

前述のように，善管注意義務と忠実義務の関係について同質説と異質説との争いがあるが，いうまでもなく，取締役は，その地位を利用して，会社の利益を犠牲にし，自己または第三者の利益を図ってはならないという義務を負う。会社法は，取締役・会社間の利益相反の状況を想定し，以下のような特別な規制を設けている。

１　競業取引規制

(1)　競業取引の意義

競業取引とは，取締役が自己または第三者のために行う株式会社の事業の部類に属する取引をいう（356条１項１号）。取締役は，会社の業務執行をする者という地位を利用して，会社と競業取引をすることにより会社の利益を犠牲にして自己または第三者の利益を図ってはならないという義務を負う（競業避止義務）。

法文上の「自己又は第三者のために」の意味について，学説の対立がある。少数説（形式説ともいう）は，権利義務の帰属を重視し，それを自己または第三者の名において当該取引を行う場合を指すとする。これに対して，多数説（実質説ともいう）は，経済的効果の帰属を重視し，それが自己または第三者の計算において当該取引を行う場合であるとする。判例の立場も多数説と同様である[2)]。

⑵ 競業取引の範囲

会社による承認など競業取引の規制を受けるとされるのは，いわゆる「株式会社の事業の部類に属する取引」を取締役が行うことである。これは，会社が実際に行う事業と市場において取引先をめぐって会社と競合関係があり，会社と取締役との間に利益衝突を生ずる可能性のある取引であると解される（東京地判昭和56・3・26判時1015・27〔百選55〕）。また，会社の事業には，会社が現実に営んでいる事業のほか，定款に記載のない事業であっても，すでに開業の準備に着手している事業とか，進出を企図しその準備をも行った別の地域での事業も含まれることになる。

他方，定款に目的として定められている事業であっても現在行う予定のないものは規制を受けないことになる。

⑶ 会社による承認等

競業取引は，会社の利益を害するおそれがあるが，会社法上それが完全に禁止されてはいない。取締役は，競業取引をしようとするとき，株主総会（取締役会設置会社では，取締役会）において当該取引につき重要な事実を開示し，その承認を受けることを要する（356条１項・365条１項）。また，取締役会設置会社では，競業取引をした取締役は，当該取引についての重要な事実を取締役会に報告する義務を負う（365条２項。執行役については419条２項）。この報告義務違反に対し過料を科すという罰則規定がある（976条23号）。

⑷ 競業取引規制違反の効果

競業取引規制に違反した競業取引は無効にはならない。会社は競業取引の当事者ではないからである。しかしながら，承認を得ずに競業取引を行ったなどのような競業取引規制に違反した当該取引によって会社が損害を受けた場合に，取締役は，会社に対し任務懈怠による損害賠償の責任を負うことになる（423条１項）。また，その場合における取締役または第三者が得た利益額は，損害の額と推定されるが（同条２項），競業取引規制に違反しない競業取引によって会社が損害を受けた場合には，損害額の推定規定の適用はない。

---

2) たとえば，大阪高裁は，会社法成立前商法264条１項（356条１項１号）の「自己又は第三者のために」するとは，自己または第三者のいずれの名をもってすると問わず，行為の経済上の利益が自己または第三者に帰属することをいい，取締役が第三者を実質上支配する場合も含むとの旨を判示した（大阪高判平成２・７・18判時1378・113）。

2　利益相反取引規制

(1)　利益相反取引の意義

いわゆる利益相反取引（自己取引ともいう）とは，基本的に会社と取締役との間においてなされる取引を意味するが，会社法上，利益相反取引は，①直接取引と②間接取引に分けられている。①直接取引とは，取締役が自己または第三者のために株式会社と行う取引をいう（356条１項２号)。②間接取引とは，会社が取締役の債務を保証するなど，会社が取締役以外の者との間において行う会社と当該取締役との利益が相反する取引をいう（同条１項３号)。利益相反取引の場合には，取締役が会社の利益の犠牲において，自己または第三者の利益を求める危険性が極めて高いことに鑑み，会社法は当該取引に対して規制を設けている。

(2)　会社による承認等

a．直接取引　取締役は，自己または第三者のために会社と取引をしようとする場合に，株主総会（取締役会設置会社では，取締役会）において当該取引につき重要な事実を開示し，その承認を受けることを要する（356条１項２号・365条１項)。承認された取引は，自己契約および双方代理等を禁止する民法108条による規制を受けないとされる（356条２項)。

法文上の「自己又は第三者のために」とは，取締役が自己の名においてまたは第三者の代理人・代表者として取引を行い，当該取引の権利義務が取締役自身または第三者に帰属することを意味する。直接取引に関する規定は形式を重視する規定であり，当該取引が利益相反取引に該当するかを判断するための一般的・客観的な基準を提供する。しかし，直接取引でも，抽象的にみて会社に損害が生じえない取引は規制を受けないことになる。たとえば，会社が取締役から無利息・無担保の貸付を受けること，普通取引約款に基づいて取引をなすことなどのような場合はそれにあたる。

b．間接取引　直接取引を規定する356条１項２号が形式的にみて利益相反取引に該当するものを規定するのと異なって，間接取引を規定する356条１項３号は，実質的にみて取締役以外の者と会社との取引が会社と取締役との利益相反を生ぜしめる取引となるのであれば，当該取引が利益相反取引に該当するものと規定する。会社による取締役の債務保証のほか，会社による取締役のための債務引受けなども，自己取引である間接取引に該当し，規制の対象となる。間接取引は，直接取引と同様な規制を受けなければならない。

なお，取締役会設置会社においては，直接取引と間接取引のいずれの場合も，利益相反取引をした取締役は，取引後遅滞なく，当該取引の重要事実を取締役会に報告する義務を負う（365条２項）。

(3) 利益相反取引規制違反の効果

株主総会（取締役会）による承認を受けないなど利益相反取引の規制に違反した取引は無効である。しかし，間接取引，また直接取引でも手形取引のような第三者が関係する場合において，承認のない取引を直ちに無効にすると，取引の安全の観点から問題があると言わざるを得ない。こうした場合において取引の安全を図るため，当該取引を絶対無効という立場ではなく，相対無効という立場で取り扱うのは妥当である。判例も相対無効の立場を採用する。すなわち，間接取引の場合において会社はその取引について取締役会の承認を受けなかったことのほか，相手方である第三者が悪意であることを主張し，立証してはじめてその無効をその相手方である第三者に主張することができるとされる（最（大）判昭和43・12・25民集22・13・3511〔百選58〕）。

また，直接取引の場合であるが，取締役会の承認を受けずに会社が取締役に振り出した約束手形を譲り受けた第三者が当該手形を善意取得したとき，会社は当該第三者に対抗できないとされる（最（大）判昭和46・10・13民集25・７・900〔百選57〕）。なお，取締役（間接取引の場合には第三者）が利益相反取引規制の違反を理由に当該取引の無効を主張することは許されるべきではない（最判昭和48・12・11民集27・11・1529）。というのは，利益相反取引規制が当該取引から会社利益の保護を趣旨とするからである。

株主総会（取締役会）の承認を受けたか否かと関係なく，利益相反取引によって会社が損害を受けた場合に，取締役は会社に対し任務懈怠による損害賠償責任を負担しなければならない（過失責任〔423条１項〕）。ただ，自己のために直接取引をした取締役は，「任務を怠ったことが当該取締役の責めに帰することができない事由によるもの」であったときでも，無過失の損害賠償責任を負う（428条１項）。また，第三者のために会社と直接取引した取締役，間接取引により利益を得た取締役，当該取引を決定した取締役，ならびに当該取引に関する取締役会の承認決議に賛成した取締役はその任務を怠ったと推定される（423条３項）。

3 取締役の報酬等規制

(1) 報酬等規制の意義

会社と取締役との法的関係は民法上の委任関係に従うと規定される（330条）。民法上，委任関係は無償を原則として成り立つ（民643条）。同じく役務や労務を提供する請負契約や雇用契約の成立が有償を要件とすることと異なって，委任関係は有償を要件とせず，当事者の信任関係を基本とするからである。しかし，会社実務において，取締役は会社から委任事務の処理（職務執行）の対価として報酬を受けるのが一般的である。このことについて，会社・取締役間の任用契約はその有償性に対し明示的または黙示的な特約があるからであると解される（民648条1項）。

取締役の報酬とは，その職務執行の対価として会社から受ける財産上の利益をいう。会社法は，明示的な報酬のほか賞与やその他の職務執行の対価として会社から受ける財産上の利益を「報酬等」と称しており，報酬額等の事項の決定について定款に定めていないときは株主総会の決議によって定めると規定する（361条1項本文。また，監査役の報酬について，387条）。取締役の報酬等の決定は本来取締役会・取締役の業務執行の一環に属するのであるが，法がそれにつき株主総会の決議を要するとしたのはいわゆる「お手盛り防止」のためという政策的配慮に依拠するものである（最判平成17・2・15判時1890・143）。

なお，取締役に適切なインセンティブを付与するために，株式・新株予約権を報酬等とすることを内容とする取締役の報酬規制についての会社法改正は，2019（令和元）年に実現された（361条1項3号～5号）。そうすると，従来の「お手盛り防止」の取締役報酬規制の目的には，適切なインセンティブ付与の目的が加えられたといえよう。

(2)　報酬等の決定方法など

a．決定方法　会社法は，定款が定め，または株主総会の決議が決定すべきとされる報酬等の決定方法についてその異なる内容に応じた決定方法を設けている（361条1項各号）。

すなわち，①報酬等のうち金額が確定しているものについては，その金額を決定する。②報酬等のうち金額が確定していないもの（たとえば，業績連動型報酬など）については，その具体的な算定方法（たとえば，一定期間の売り上げや利益，一定時点の株価などを変数とする数式など）を決定する。③報酬等のうち会社の募集株式（199条1項）については，その募集株式の数の上限その他法務省令（会社則98条の2）で定める事項を決定する。④報酬等のうち会社の募集新株予約権（238条1項）については，その募集新株予約権の数の上限その他法務省令（会社則98条の3）で定める事項を決定する。⑤報酬等のうち募集株式・募集新株予約権と引換えにする払込みに充てるための金銭については，取締役が引き受ける募集株式・新株予約権の数の上限その他法務省令（会社則98条の4）で定める事項，⑥報酬等のうち金銭でないもの（募集株式および募集新株予約権を除く。たとえば，社宅や社用の自動車の提供，その他の物的設備の利用など）については，その具体的な内容を決定する。

これらの事項を定め，または改定する議案を株主総会に提出した取締役は，当該総会において当該事項を相当とする理由を説明しなければならない（361条4項）。その趣旨は，株主が当該報酬の相当性を判断できるようにすることを通して，これらの事項の決定方法が不適切に運用されることを防止することにある。ただ，報酬として募集株式を交付し，または新株予約権を付与する制度を利用できる会社は，上場会社に限定されている（202条の２第１項・236条３項）。というのは，この制度が濫用される危険があるからである。

会社実務上，金額が確定する報酬の決定について，個別に支払われる報酬額が公にされることを経営者が嫌う傾向があるため，株主総会は，取締役全員に支払われる報酬の総額のみを決めて各取締役の個人別報酬の決定を取締役会に一任することが多い。このような慣行が会社法361条の趣旨に反するのではないかという主張があるが，判例はこの慣行を是認している[3)]。もっとも，このことについて，株式会社の範囲を限定する形ではあるが，会社法は，2019（令和元）年改正を経て，取締役の報酬の透明性を高める観点から，次のように規定するに至った。

すなわち，監査役会設置会社（公開会社・大会社であって，かつ有価証券報告書の提出義務〔金商法24条１項〕を有する会社に限る）と監査等委員会設置会社の取締役会は，取締役（監査等委員である取締役を除く）の報酬等の内容として定款または株主総会の決議による前記①～⑥の事項についての定めがある場合には，当該定めに基づく取締役の個人別の報酬等の内容についての決定に関する方針として法務省令（会社則98条の５）で定める事項を決定しなければならない（361条７項本文）。ただし，取締役の個人別の報酬等の内容が定款または株主総会の決議により定められている場合は，そのような取扱いは必要ではないとされる（同項ただし書）。また，報酬等の総額に変更がない限り，報酬等を決定するたびに株主総会決議を得る必要はないと解される。

なお，会社経営の実情として取締役の多くは使用人を兼務している。使用人兼務取締役について，その使用人として受ける給与の体系が明確に確立され，かつその給与体系に基づいて給与を受けた場合においては，取締役として受ける報酬額のみが株主総会決議により決定されることは会社法361条の趣旨に反しないとされる（最判昭和60・３・26判時1159・150）。

そのほかに，会社法によれば，取締役の報酬等は，事前に株主総会の決議により決定されることを要するが，取締役の報酬等について株主総会決議による事後承認ができるかは問題となる。判例は，株主総会の決議を経ずに取締役の報酬が支払われる場合であっても，これにつき後に株主総会の決議を経ることにより，事後的にせよ会社法361条の規定の趣旨目的は達せられるものということができるから，当該決議の内

3)　最高裁は，会社法361条の趣旨は取締役の報酬額について取締役ないし取締役会によるいわゆるお手盛りの弊害を防止する点にあるということをこの慣行を認める理由とする（最判昭和60・３・26判時1159・150）。

容等に照らして前記規定の趣旨目的を没却するような特段の事情があると認められない限り，当該取締役の報酬の支払は株主総会決議に基づく適法有効なものとなるとの旨を明らかにした（最判平成17・2・15判時1890・143）。

b．開　示　取締役の報酬等は次のように開示をも要求される。まずは，公開会社に限定であるが（会社則119条2号），事業報告で取締役全員の受ける報酬の総額が開示されなければならない（会社則121条4号，これによれば取締役以外の役員等〔監査役，会計参与と執行役〕もその受ける報酬等の総額もそれぞれ事業報告で開示を要求される）。つぎに，取締役の報酬等に関する議案が提出される場合に，株主総会参考書類には前記a．中の①～⑥（361条1項各号）の事項の算定の基準等が記載されなければならない（会社則82条）。

⑶　退職慰労金

退職慰労金は，退任取締役に対し支払われる金銭であるが，取締役の在職中の職務執行の対価として支給される限り報酬等の一種であり，定款の定めまたは株主総会の決議によってその金額が定められなければならないと解される（最判昭和39・12・11民集18巻10・2143〔百選61〕）。退職慰労金を支給する旨の株主総会の決議が行われなければ，退任取締役には具体的な退職慰労金（報酬等）請求権が発生せず，退任取締役は会社に対し退職慰労金の支給を請求することができない（最判平成15・2・21金判1180・29，最判平成21・12・18判時2068・151）。

ところで，内規で退職慰労金の支給基準が定められ，従来退職慰労金が支給されてきた慣行がある場合に，退任取締役に贈呈する退職慰労金の額等の決定を取締役会に一任する株主総会の決議およびその決定をさらに取締役会長等に一任する取締役会の決議は無効かという問題がある。これについて，判例は無効ではないとしている[4)]。他方において，定款の定めや株主総会の決議による支給決定がない限り退任取締役は退職慰労金を支給されないとすると，閉鎖会社のオーナー経営者と対立する形で退任した者には，退職慰労金の支払を受けられない事態が生じ得る。このような事態に対応して，退職慰労金の支給について実質全株主の同意があると認定するとか（佐賀地判平成23・1・20判タ1378・190），退任取締役に対するオーナー経営者の個人責任（〔429条1項〕。または不法行為に基づく責任）を認める（大阪地判昭和46・3・29判時

4）　最高裁は，退任取締役に贈呈する退職慰労金の額等の決定を取締役会に一任する株主総会の決議およびその決定をさらに取締役会長等に一任する取締役会の決議は，当該慰労金の算定に関し内規およびその運用についての慣例があり，かつ，株主がこれらを知ることができる状況にあったなど判示の事実関係のもとにおいては，会社法成立前商法269条（361条1項）の規定等に反するものではなく，無効であるとはいえないとの旨を明らかにした（最判昭和58・2・22金判671・3）。

645・102）などの方法により退任取締役を救済することがあり得る。

⑷　報酬等の変更

定款の定めや株主総会の決議により取締役の報酬等の支給が具体的に決定されれば（効力要件），取締役には報酬等請求権が発生する。すなわち，当該報酬等は取締役と会社間の契約内容となり，契約当事者を拘束する。その意味において，その後，株主総会が当該取締役の報酬を無報酬とする旨の決議をしても，当該取締役は，これに同意しない限り，報酬請求権を失わないとされる（最判平成４・12・18民集46・９・3006）。

⑸　監査等委員会設置会社，指名委員会等設置会社における報酬等の決定

監査等委員会設置会社では，会社法361条１項各号に規定する報酬等の金額，具体的な算定方法ならびに具体的な内容を決定する際に，監査等委員の取締役とそれ以外の取締役とを区別することを要する（361条２項）。監査等委員の取締役の報酬等について定款の定めまたは株主総会の決議がないときは，報酬等は，361条１項に規定する報酬等の範囲内において監査等委員の取締役の協議によって定められる（同条３項）。監査等委員の取締役は，株主総会において監査等委員の取締役の報酬等について意見を述べることができる（同条５項）。監査等委員会が選定する監査等委員は，株主総会において監査等委員の取締役以外の取締役の報酬等について監査等委員会の意見を述べることができる（同条６項）。

2014（平成26）年会社法改正で新設されたこれらの規定は，監査等委員会の過半数を業務執行者から独立した社外取締役が占める（331条６項）こととすることによって監査等委員会が業務執行者から独立性を確保できることを考慮したからであるといわれる。

指名委員会等設置会社では，取締役・執行役（会計参与設置会社の場合に会計参与をも含む）の報酬等の内容決定は，361条１項に規定する定款の定めや株主総会の決議によるのと異なり，報酬委員会が取締役・執行役の個人別に行うとされる（404条３項・409条）。

第３節　役員等の責任

１　役員等の会社に対する責任

⑴　役員等の任務懈怠責任

役員等（取締役，会計参与，監査役，執行役または会計監査人）は，その任務を

怠ったときは，会社に対し，これによって生じた損害を賠償する責任を負う（423条1項）[5]。取締役と会社との関係は，民法上の委任に関する規定に従うとされるので，取締役の任務懈怠とは，会社に対する善管注意義務・忠実義務の違反を意味する（330条・355条，民644条）。取締役の任務懈怠責任は，会社との任用契約上の債務不履行に基づく責任で，過失責任である。すなわち，取締役の任務懈怠責任を追及する場合には，会社側は，①任務懈怠という事実の存在，②損害，および③，①と②との因果関係（相当因果関係）について証明責任を負担する。その立証がなされると，取締役側は，その任務懈怠について自己に故意・過失がなかったこと（帰責事由がなかったこと）を立証できないのであれば，会社に対して損害賠償責任を負担することとなる。ただし，既述のように，自己のために直接取引をした取締役は，任務懈怠につき無過失であった場合にも会社に対し損害賠償責任を負うとされる（428条1項）。

なお，取締役が会社に生じた損害を賠償する責任を負う場合に，複数の取締役がいて，他の取締役も当該損害賠償する責任を負うときは，これらの取締役は会社に対し連帯責任を負う（430条）。

⑵　経営判断の原則

取締役の任務懈怠責任に関して，いわゆる経営判断の原則が適用される場合がある。経営判断の原則とは，取締役が業務執行にあたって，企業経営者として合理的な選択の範囲内で誠実に行動したのであれば，その行動が結果として間違っており，失敗に終わり，会社に損害を与えても，そのことが故に当然に取締役に善管注意義務違反があったとの責任を問うべきではないという原則である。取締役は，会社経営を委ねられ，広汎な裁量権を与えられるが，会社の経営活動は，かなりの不確実性を伴うものである。経営活動の失敗という結果のみをもって，取締役の責任を追及するのは取締役にとって酷であり，取締役が果敢に経営活動を行うことを躊躇させることを招く。そしてまた，会社経営の専門家ではない裁判官が後知恵的に取締役の高度な経営判断を評価することは妥当ではない。こうした理由から，経営判断の原則は，多くの学説，ならびに判例によって支持されている。

なお，当然ながら，経営判断の原則を適用する前提が取締役の誠実な判断と行動であるから，取締役が会社の利益を犠牲にして自己の利益を追求したような忠実義務違

---

5)　本書の関係個所でも述べられているが，役員等の一般責任に対して，会社法は，また取締役・執行役の特別法定責任を規定している。①利益の供与の禁止に関する責任（120条4項本文），②募集株式の発行等に関する責任（財産価格塡補責任については213条・286条，出資履行が仮装された場合の責任について213条の3・286条の3），③剰余金の配当等に関する責任（462条・464条・465条）はそれである。

反の場合には当該原則の適用はない。

日本において，下級審での裁判例が相当蓄積してきたなか，最高裁は，経営判断の原則を適用する要件の明確化を図った（最判平成22・7・15判時2091・90〔百選50〕）。すなわち，取締役が善管注意義務に違反しないとされるためには，①当該行為が経営上の専門的判断に委ねられた事項についてのものであること，②意思決定の過程に著しい不合理性がないこと，③意思決定の内容に著しい不合理性がないことという3つの要件が満たされなければならないとされる[6)]。

(3) 内部統制システム構築義務違反と取締役の責任

既述のように（本章第1節の3），大会社のような一定規模以上の会社は，内部統制システム（リスク管理体制）を構築しなければならないが，その内容は会社の事業規模や特性を反映したものであると期待される。内部統制システム構築義務は，取締役の善管注意義務・忠実義務の一内容をなすものであるため，内部統制システムを構築していない，あるいはそれを構築したが，適切に運用せず，実際に機能させていない場合は，取締役は任務懈怠の責任を追及されることになる（423条1項）。問題は，通常想定される不正行為を防止し得る程度の内部統制システムを整備した場合に，どこまでのことを行えば，内部統制システムが機能したといえるかである。たとえば，不正行為が巧妙に偽装されたというような通常容易に想定し難い方法によるものであった場合には，内部統制システムが機能していないと判断することは困難であろうと推測される（最判平成21・7・9判タ1307・117〔百選52〕）。

内部統制システム構築義務違反と取締役の責任に関して，取締役が監視義務に違反して任務懈怠の責任を問われる場合もあり得る。すなわち，取締役は，取締役会の構

6) 経営判断の原則（business judgment rule）は，アメリカの1820年代に言い渡された古い判例に由来するといわれ，それからアメリカの判例法理として発展してきたものである。その内容の捉え方が判例によって異なるといわれるなか，アメリカ法律協会（American Law Institute,ALI）は，この原則の定式化を図り，次のように定義している。すなわち，「取締役または役員が①経営判断の対象に利害関係を有しておらず，②経営判断の対象に関して，その状況の下で適切であると合理的に信ずる程度に情報を有し，かつ，③当該経営判断が会社の最善の利益に合致すると信ずることが相当である場合には，当該取締役または役員は誠実に経営判断を行い，その義務を履行する」とされる（ALI, Principles of Corporate Governance: Analysis and Recommendations, Volume1, §4.01(c)（1994））。日本の裁判実務における経営判断の原則の形成および展開は，アメリカの経営判断の原則から強い影響を受けている。ただ，アメリカ法と比較して注意すべきなのは，アメリカでは経営判断の原則は一定の要件の下に裁判所の審査を排除する法理として機能する（司法謙抑主義）のに対し，日本では，裁判所は，取締役に広い裁量の幅を認めつつ，それぞれの事案に即して，詳細な事実認定を踏まえ，当該経営判断の過程ならびに内容について審査を加えていることである（吉原和志〔百選50〕105頁）。

成員として代表取締役や業務執行取締役が内部統制システムを整備し，ならびに適切に運用して，機能させることを監視する義務を負い，この義務を怠ったことにより会社に損害が生じたのであれば，損害賠償責任を追及されることになる。ただ，こうした場合において，留意しなければならないのは，当該取締役は，いわゆる信頼の原則（信頼の権利とも呼ばれる）により保護され得ることである。信頼の原則とは，構築された内部統制システムが外形上問題なく機能している場合には，疑念を挟むような特段の事情（たとえば，過去に取引先との間に紛争が生じていたなど）がない限り，当該取締役が職務の分掌として内部統制システムの運用を担当する他の取締役や従業員を信頼することが許されるべきであり，たとえ不正を見落としてしまったとしても任務懈怠の責任を問われることがないというものである（大阪地判平成12・9・20判時1721・3参照）。信頼の原則によって，内部統制システムを担当する取締役や従業員と他の取締役との共同作業が生まれ，より効果的かつ効率的な内部統制システムの運用が可能となると期待できる。

2　株主代表訴訟

(1)　株主代表訴訟の意義

株主代表訴訟とは，会社が取締役等の会社に対する責任を追及する訴えの提起を怠った場合に，株主が一定の要件の下で原告となって会社のために取締役等の責任を追及する訴訟である（法文上，株主による責任追及等の訴えと呼ばれる〔847条以下〕)。取締役が会社に対して責任を負担するとき，本来は，会社自身が取締役の責任を追及すべきである。そういう場合に備えて，監査役設置会社では，監査役が会社を代表し，取締役の責任を追及する訴えを提起すると規定される（〔386条1項1号〕。監査等委員会設置会社の場合には，監査等委員〔399条の7第1項2号〕。指名委員会等設置会社の場合には，監査委員〔408条1項2号〕)。しかし，取締役・監査役等間に特殊関係が存在するため，会社自身が取締役の責任追及を怠ることがあり得る。そこで，1950（昭和25）年商法改正で，アメリカ法に倣い，株主権強化の一環として株主代表訴訟の導入が認められ，2005（平成17）年に成立した会社法に受け継がれた。

株主代表訴訟には損害賠償機能と加害行為抑制機能という2つの機能を備える。こうした機能をうまく発揮させることによってこそ株主による会社経営の監督是正の効果が得られ，その意味において株主の代表訴訟提起権は，監督是正権と呼ばれる。株主代表訴訟によって責任を追及される者は，①取締役等（発起人・設立時取締役・設立時監査役・取締役・会計参与・監査役・執行役・会計監査人）・清算人（法文上，発起人等とされる），②違法な利益供与がなされた場合の利益供与を受けた者（120条3項），③不公正な払込価額で株式・新株予約権を引き受けた者（212条1項・285条1

項)，④払込み・出資を仮装した設立時募集株式・募集株式の引受人（102条の2第1項・213条の2第1項）である（847条1項)。

(2) 株主代表訴訟によって追及し得る取締役責任の範囲

847条1項では，責任という表現だけが用いられているため，代表訴訟によって追及し得る取締役の責任の範囲をめぐって従来限定債務説と全債務説（多数説）との争いがある。

限定債務説は，取締役の責任は会社法上明文化されている取締役の責任（たとえば，423条1項に規定する損害賠償責任など）に限定するべきであると主張する。この説は，会社が提訴しないことの当・不当にかかわりなく，代表訴訟制度による取締役の責任追及が認められていることから，この制度の適用範囲を限定しなければ不都合であることをその主な理由とする。しかし，このように責任の範囲を限定するのは根拠が不十分である。

これに対して，全債務説（多数説）は，取締役の責任の中には会社法上明文化されている取締役の責任以外に，取締役が会社との取引に基づいて負う債務や取締役が第三者としての立場に基づいて負担する不法行為責任などを含む取締役が会社に対して負担する一切の債務も含まれると主張する。下級審の裁判例の立場も限定債務説（東京地判昭和31・10・19下民集7・10・2931，東京地判平成20・1・17判タ1269・260）と全債務説（大阪高判昭和54・10・30高民集32・2・214）に分かれるが，最高裁は，847条1項の責任には，取締役の地位に基づく責任のほか，取締役の会社に対する取引債務についての責任も含まれるとの旨を判示した（最判平成21・3・10金判1315・46〔百選67〕）[7)]。

(3) 代表訴訟の提起

a．原告適格　原告株主は，6か月前から引き続き株式を保有することを要する（847条1項・3項)。ただ，会社は，定款の定めでこの期間を短縮することができ（同条1項かっこ書)，非公開会社の株式会社の場合には，この期間要件は不要とされる（同条2項)。株主の代表訴訟提起権は，単独株主権であるが，単元株式制度を実施する会社は，定款の定めにより一単元未満株式を保有する株主の当該権利の行使を制限

7) もっとも，この事例では，株主は会社の取得した土地の所有権に基づいて会社への真正な登記名義の回復を原因とする所有権移転登記手続を請求したが，最高裁は，当該請求を認めなかったものの，会社と取締役との間で締結していた取締役所有名義の借用契約の終了に基づき，会社への真正な登記名義の回復を原因とする所有権移転登記手続を認めている。

することができる（847条1項・189条2項）。原告株主は，訴訟終了時まで継続して株式を保有しなければならず，代表訴訟の途中で株式の譲渡などをしたことにより株式の資格を失ったのであれば，代表訴訟は却下されることになる（継続的株式保有の要件）。

原告株主は，前述の客観的要件のほか，次のような主観的要件をも満たすことを要求される。すなわち，代表訴訟が株主・第三者の不正な利益を図りまたは会社に損害を加えることを目的とする場合には，代表訴訟の提起は認められない（847条1項ただし書）。

b．会社に対する提訴請求　前述の提訴要件を満たした株主は，代表訴訟を提起する前にまずは会社に対し書面その他法務省令で定める方法により取締役等の責任を追及する訴えを提起するよう請求しなければならない（847条1項）。この提訴請求は，権利主体である会社に訴権の行使を促し，または提訴するかどうかを判断する機会を与えるためである。株主は，提訴請求する際に，書面または電磁的方法により，被告となるべき者，請求の趣旨および請求を特定するのに必要な事実を明らかにしなければならない（会社則217条）。

会社に与えられた考慮期間は，60日である。会社は，株主からの提訴請求があった日から60日以内に訴えを提起しない場合において，当該請求をした株主または取締役等から請求を受けたとき，当該請求をした者に対し，遅滞なく，責任追及等の訴えを提起しない理由を書面その他の法務省令で定める方法により通知することをしなければならない（不提訴理由説明書の作成〔847条4項〕）。当該不提訴理由説明書には，会社が行った調査の内容，被告となるべき者の責任または義務の有無についての判断およびその理由，当該者に責任または義務があると判断したが提訴しない理由といったことが明らかにされなければならない（会社則218条）。

これは，役員間の馴れ合いで提訴しないような事態が生じないように牽制するとともに，原告株主等が代表訴訟を追行するうえで必要な訴訟資料を収集することを可能にする趣旨によるものである。

c．株主による提訴　会社が60日以内に提訴をしない場合に，株主は，会社のために提訴することができる（847条3項）。しかし，60日の期間の経過により会社に回復できない損害が生じるおそれがある場合には，株主は会社に対して請求もしないで直ちに代表訴訟を提起することができる（同条5項）。そのような場合とは，会社の債権が時効により消滅するとか，被告となるべき取締役等が財産を隠匿するおそれがあるなどの場合をいう。

また，代表訴訟の目的の価額（訴額）の算定は，財産権上の請求ではない請求に係る訴えと同様に取り扱われるとされる（847条の4第1項）。これは，代表訴訟が勝訴した場合に，損害賠償額が会社に帰属し，提訴株主が間接利益を受けるにすぎないという趣旨によるものである。そのため，代表訴訟を提起する際に裁判所に納める費用の額（手数料）は一律１万3000円となる（民訴費４条２項）。なお，責任追及等の訴え（代表訴訟だけではなく，会社自身による訴訟をも含む）の管轄は，会社または株式交換・株式移転完全子会社・吸収合併後の存続会社（法文上，株式交換等完全子会社と呼ばれる〔847条の２第１項かっこ書〕）の本店所在地の地方裁判所に専属する（848条）。

d．旧株主による代表訴訟の提起　株式交換・株式移転・吸収合併といった行為の効力発生日から６か月（定款の定めによりこの期間の短縮が可能である。非公開会社では，この期間は不要である（847条の２第２項））前より当該日まで引き続き株式会社（甲会社）の株主であった者（法文上「旧株主」と呼ばれる。また単元未満株主〔189条２項〕であった者を除く）は，株式交換・株式移転・吸収合併によって当該株式会社（甲会社）の株主でなくなった場合も（株式交換・株式移転の場合に完全子会社となった甲会社の株主でなくなり，完全親会社[8] となった乙会社の株主となる。

吸収合併の場合に，消滅する甲会社の株主でなくなり，吸収合併後の存続会社の完全親会社である乙会社の株主となる），株式交換・株式移転・吸収合併の効力が生じたときまでにその原因となった事実が生じた責任または債務に係るものに限って，取締役等の責任を追及する代表訴訟を提起することができる（847条の２第１項）。ただし，当該代表訴訟の提起が当該旧株主・第三者の不正な利益を図りまたは株式交換・株式移転完全子会社（甲会社）・吸収合併後の存続会社，株式交換・株式移転完全親会社・吸収合併後の存続会社の完全親会社（乙会社）に損害を加えることを目的とする場合には，旧株主による代表訴訟の提起は認められない（同条１項ただし書）。

ただ，こうした要件を満たした旧株主は，代表訴訟を提起する前に株式交換・株式移転完全子会社（甲会社）または吸収合併後の存続会社に対し責任追及等の訴えを提起するよう請求しなければならないことを義務付けられる。会社が提訴請求のあった日から60日以内に提訴しない場合に，旧株主はこれらの会社のために代表訴訟を提起することになる（847条の２第６項）。ただ，通常の代表訴訟の場合と同様に，緊急提訴のことも認められる（同条８項）。

判例は，こうした旧株主が株式交換完全子会社などの株主でなくなったのを理由に旧株主代表訴訟を提起する原告適格を否定した（東京地判平成19・９・27判タ1260・334）。会社の組織法上の行為により株主でなくなった旧株主に対するこのような不適切な取り扱いを是正し，ならびに後述のように代表訴訟の係属中に株主でなくなった

8）特定の株式会社の発行済株式の全部を有する株式会社その他これと同等のものとして法務省令で定める株式会社をいう（847条の２第１項，会社則218条の３第１項）。

者の訴訟追行（原告適格の維持）を認めた現行会社法上の規定とのバランスを図るために，いわゆる旧株主による代表訴訟の提起は，2014（平成26）年会社法改正で認められることになった。

e．株主でなくなった者の訴訟追行　判例は，かつて代表訴訟の係属中に株式交換などにより株主でなくなった者の訴訟追行（原告適格）を認めないとしていたが（東京地判平成13・3・29金判1120・53など），会社法は，株主でなくなった者の訴訟追行を認める手当をした。会社法によれば，代表訴訟を提起した株主または849条1項に規定により共同訴訟人として当該代表訴訟に係る訴訟に参加した株主が当該訴訟の係属中に株主でなくなった場合であっても，次のような場合において訴訟を追行することができるとされる（851条1項）。すなわち，①その者が当該株式会社の株式交換・株式移転により当該株式会社の完全親会社の株式を取得した場合，②その者が当該株式会社が合併により消滅する会社となる合併によって新設会社または存続会社・その完全親会社の株式を取得した場合である。さらにまた，①の場合について，株主が当該訴訟の係属中に当該株式会社の完全親会社の株主でなくなったときにも（同条2項），②の場合について，株主が当該訴訟の係属中に合併により新設会社または存続会社・その完全親会社の株主でなくなったときにも（同条3項），当該株主は訴訟を追行することができるとされる。

(4)　訴訟告知

株主（法文上，株主等〔株主，適格旧株主または最終完全親会社等の株主をいう〕と呼ばれる〔849条1項・847条の4第2項〕）は，代表訴訟を提起した後，遅滞なく会社（法文上，株式会社等〔株式会社または株式交換等完全子会社をいう〕と呼ばれる〔849条1項・848条〕）に対して訴訟の告知をしなければならない（849条4項）。会社は，責任追及等の訴えを提起した，または提訴した株主からの訴訟の告知を受けた場合に，遅滞なくその旨を公告するか，または株主に通知することを要する（〔同条5項。また同条6項・7項〕。ただ，非公開会社では通知しなければならない〔同条9項〕）。こうした規定は，いずれも会社または他の株主の訴訟参加の便宜を図るためである。

(5)　訴訟参加

株主または会社は，共同訴訟人としてまたは当事者の一方を補助するために代表訴訟に参加することができる（849条1項。また同条2項参照）。株主が代表訴訟を提起すれば会社または他の株主が重ねて訴えを提起することはもはやできない。また，判決の効果が会社および原告株主以外の株主にも及ぶ（会社につき民訴115条1項2号，株主につき判決の反射効）。

しかし，原告株主が妥当に訴訟を追行せず，とりわけ被告取締役などと馴れ合ってわざと敗訴することもあり得る。こういった不適切な訴訟追行を是正し，会社および株主全体の利益を守るために，会社法は株主または会社による訴訟参加を認めている。ただし，不当に訴訟を遅延させ，または裁判所の負担を著しく増大させることになる場合に，訴訟参加は認められない（849条1項ただし書。最判平成14・1・22・金判1146・3）。また，会社が会社の取締役（監査等委員および監査委員を除く），執行役および清算人ならびにこれらの者であった者を補助するため，代表訴訟に参加するには，監査役（複数の場合は，各監査役，監査等委員会設置会社の場合は，各監査等委員，指名委員会等設置会社の場合は，各監査委員）による同意が必要とされる（849条3項）。

⑹ 訴訟上の和解

株主代表訴訟において原告株主と被告の取締役等が訴訟上の和解を行う場合に，まずは，会社が当該和解の当事者でないときは，当該会社の承認がなければ，確定判決と同一の和解の効力は認められないとされる（850条1項）。そして，裁判所は，会社に対し和解内容を通知し，かつ当該和解に対し異議があれば2週間以内に異議を述べるべき旨を催告しなければならない（同条2項）。これは，和解の内容が会社やその他の株主にとっては不利にならないようにするためである。会社が異議申立期間内に書面をもって異議を述べなかったときは，裁判所からの通知内容をもって，会社は株主が和解をすることを承認したとみなされる（同条3項）。この場合においては，総株主の同意なくして代表訴訟の和解が成立することとなる（55条・120条5項など関連条文は適用されない〔850条4項〕）。

なお，株式会社が取締役（監査等委員および監査委員を除く），執行役および清算人ならびにこれらの者であった者の責任を追及する訴えに係る訴訟における和解をするには，①監査役設置会社では，監査役（監査役が2人以上ある場合に各監査役）の同意，②監査等委員会設置会社では，各監査等委員の同意，③指名委員会等設置会社では，各監査委員の同意を得ることが必要とされる（849条の2）。

⑺ 提訴株主の権利と義務

原告株主にとって，代表訴訟の提起は多大な費用リスクを負担することを意味する。それに限らず，たとえ勝訴したとしても，勝訴によって得た損害賠償額は原告株主に帰属せず，会社に帰属することになる。そこで，会社法は，株主が勝訴した場合に代表訴訟に関して必要な費用（たとえば，証拠収集や，弁護士との打合せなどのための費用など。ただし，訴訟費用を除く）を支出したときまたは弁護士，弁護士法人，弁護士・外国法事務弁護士共同法人（ただ，2020〔令和2〕年法律第33号により，2022〔令和4〕年11月28日までに施行予定とされる）に報酬を支払うべきときは，会社に対しその費用の額の範囲内またはその報酬額の範囲内で相当と認められる額の支払いを請求することができると認めている（852条1項）。これは，代表訴訟の提起を容易ならしめ，その制度の実効性を保障しようとするものである（東京高判平成12・4・27金判1095・21）。

なお，勝訴した場合とは，株主と被告の取締役等の間に訴訟上の和解が成立し，当該取締役等が会社に対し損害賠償金を支払う旨を約束した場合をも含めると解される（前掲・東京高判平成12・4・27）。

他方，原告株主が敗訴した場合には，株主は会社に対して何も請求することができない。当該訴訟が株主の悪意に基づいて提起された場合に，原告株主は会社に対してそれにより生じた損害を賠償する義務を負わなければならない（852条2項）。

なお，上記提訴株主の権利と義務に関する規定は，訴訟に参加した株主に対しても準用される（同条3項）。

(8)　不当な訴訟行為の防止措置

a．担保提供命令　株主が代表訴訟を提起した場合に，裁判所は被告の申立てにより相当の担保を提供することを原告株主に命ずることができる（847条の4第2項）。ただ，被告は，請求する際に代表訴訟の提起が悪意によるものであることを疎明しなければならない（同条3項）。ここにいう「悪意」の意味について，被告の責任に事実的，法律的根拠のないことを知りながら訴えを提起した場合（不当訴訟の場合），または代表訴訟制度の趣旨を逸脱し，不当な目的をもって被告を害することを知りながら訴えを提起した場合（不当目的訴訟の場合）はそれにあたると解される（東京高決平成7・2・20判タ895・252〔百選68〕）。

担保提供制度は，被告の原告株主に対する損害賠償請求を確保するためのものであり，濫訴防止の機能を有する。担保の額の決定は，裁判所の裁量に委ねられているため，裁判所は，通常被告が被ると予測される損害額を考慮するほか，不当訴訟となる蓋然性の程度，悪意の態様・程度等諸般の事情を総合的に考慮した上，担保額を決定することとなる（東京地決平成6・7・22・判時1504・12）。

b．再審の訴え　原告株主と被告取締役が共謀して訴訟の目的たる会社の権利を害する目的で判決をさせた場合には，訴訟当事者でない会社または株主は確定した終局判決に対し再審の訴えをもって不服を申し立てることができる（853条1項）。再審の訴えに対し原告株主の権利と義務に関する規定（852条）は適用される（853条2項）。

3　多重代表訴訟

多重代表訴訟（法文上，「最終完全親会社等の株主による責任追及等の訴え」と呼ばれる）とは，企業グループの頂点に位置する株式会社（最終完全親会社等）の株主が，その子会社（孫会社も含む）の取締役等の責任（法文上，「特定責任」と呼ばれる）を追及するために提起する代表訴訟をいう。1997（平成９）年の持株会社設立の解禁を受けて，1999（平成11）に会社法成立前商法改正により株式交換・株式移転制度が創設された。その結果，持株会社形態や完全親子会社関係にある企業グループが多数形成されるようになった。こうした企業グループにおいては，実際に事業活動を行うのは完全子会社であるため，完全子会社の企業価値がその完全親会社である持株会社の企業価値に大きな影響を与え得ることになる。

他方，完全子会社である株式会社の取締役等が当該会社に対し責任を負っている場合であっても，当該取締役等と当該会社の完全親会社の取締役との間の特殊関係が存在するため，当該完全親会社が当該会社の株主として代表訴訟を提起するなどして当該取締役等の責任を追及することを怠ることが類型的かつ構造的にあり得る。そのため，当該会社の損害が賠償されず，その結果として当該完全親会社ひいてはその株主が不利益を受けるおそれがある。そこで，こうした地位におかれる完全親会社の株主を保護するため，2014（平成26）年会社法改正で多重代表訴訟が導入された[9)]（847条の３）。また，多重代表訴訟が完全親子会社関係に限定されたのは，非完全親子会社関係の場合に子会社の株主には親会社のほか他の少数株主が存在し，当該少数株主が子会社の取締役等の責任を追及することが期待できるからである。

---

9)　完全親子会社関係を創設するための株式移転・株式交換制度が導入されたことに伴って，従来から潜在的であった親子会社関係にある親会社株主の権利縮減問題がにわかに顕在化した。株式移転・株式交換の導入をめぐる立法段階において，こうした株主権の縮減化問題への対応措置として，①パス・スルーによる親会社株主の子会社重要事項に対する議決権行使，②多重代表訴訟，③親会社株主の子会社に対する情報収集権を法認し，それによって親会社株主の保護を図るという提案が数多くなされた。立法者は，1999（平成11）年商法改正の際に，①と②についてコンセンサスがまだ得られていないという理由でその立法を見送りにし，③については裁判所の許可という要件を設けて，親会社株主に子会社の定款や株主総会・取締役会の議事録や計算書類の閲覧等を，さらに３％以上の議決権・株式数を保有する少数株主には子会社の会計帳簿およびそれに関連する資料の閲覧等を認めた。その後，親会社株主の情報収集権に関する関連諸規定は2005年（平成17年）に成立した会社法に引き継がれた。2014（平成26）年会社法改正により，②の多重代表訴訟が本文中に述べたように導入された。ただ，原告適格に関して相当厳しい株式数・議決権保有などの要件が設けられているため，当該制度が活用されるかは見守る必要がある。①について今回もその導入が先送られたが，一定の場合において子会社の株式等の譲渡につき株主総会の決議による承認が必要であるという規定が新たに設けられた（467条１項２号の２）。

原告株主は，多重代表訴訟を提起するために，次のような要件を満たしなければならない。まず，原告株主は，６か月前から引き続き会社の最終完全親会社等の[10]総株主（株主総会において決議をすることができる事項の全部につき議決権を行使することができない株主を除く）の議決権の100分の１（定款の定めるによる低減が可能である）以上の議決権を有する株主，または当該最終完全親会社等の発行済株式（自己株式を除く）の100分の１（定款の定めるによる低減が可能である）以上の数の株式を有することを要する（847条の３第１項・７項）。ただ，６か月の議決権・株式の継続保有期間は，定款の定めで短縮することができ（同条１項），非公開会社の最終完全親会社等の場合には，この期間要件は不要とされる（同条６項）。この要件から明らかなように，多重代表訴訟の提起は，単独株主権ではなく，少数株主権である。このようにしたのは，最終完全親会社等の株主については，利害関係をより強く有する場合に，多重代表訴訟の提起権を認めるのが適切であるとの趣旨によるものである。

原告株主は，前述の客観的要件のほか，次のような主観的要件をも満たすことを要求される。すなわち，多重代表訴訟が株主・第三者の不正な利益を図りまたは当該株式会社または最終完全親会社等に損害を加えることを目的とする場合には，多重代表訴訟の提起は認められない（同条１項１号）。

多重代表訴訟をもって追及される特定責任の原因となった事実によって当該最終完全親会社等に損害が生じていない場合には，多重代表訴訟の提起が認められない（847条の３第１項２号）。

多重代表訴訟の提起が認められる完全親子会社関係とは，取締役等の責任の原因となった事実が生じた日において最終完全親会社等およびその完全子会社等における当該株式会社の株式の帳簿価額が当該最終完全親会社等の総資産額として法務省令（会社則218条の６）で定める方法により算定される額の５分の１（定款の定めによる割合の低減が可能である）を超える場合の関係をいう。

以上のような提訴要件を満たした原告株主は，通常の代表訴訟と同様に，多重代表訴訟を提起する前にまずは会社に対し書面その他法務省令（会社則218条の５）で定める方法により取締役等の責任を追及する訴えを提起するよう請求しなければならない（847条の３第１項）。ただ，提訴請求される会社は提訴株主が直接に株式を保有しない完全子会社となる。この会社が60日以内に提訴をしない場合，または60日の期間の経

10）　最終完全親会社等とは，当該会社の完全親会社等であって，その完全親会社等がないものといい（847条の３第１項），それには，①完全親会社，②株式会社の発行済株式の全部を他の株式会社およびその完全子会社等（株式会社がその株式または持分の全部を有する法人をいう）または他の株式会社の完全子会社等が有する場合における当該他の株式会社（完全親会社を除く）が含まれるとされる（同条２項）。

過により会社に回復できない損害が生じるおそれがある場合に，株主は，この会社のために提訴することができる（同条７項・８項・９項）。そのほか，多重代表訴訟の訴訟参加，和解などについて通常の代表訴訟訴訟の場合のそれらと類似する規定が置かれている。

4　株主の差止請求権

(1)　差止請求権の意義

株主代表訴訟は取締役が義務違反行為をして会社に損害を被らせた場合に，株主が会社のために取締役に対し損害賠償責任を追及する訴訟形態としての事後的な救済措置である。しかし，取締役の違法行為が行われる前に，これを阻止し得るのであれば，その効果はよりいっそう大きい。このことに関して，会社法は，まず会社自身が差し止めること，すなわち監査役（監査等委員会設置会社の場合は，監査等委員。指名委員会等設置会社の場合は，監査委員）が取締役の違法な行為を差し止めることができると規定している（385条・399条の６・407条）。しかし，代表訴訟の場合と同様に，取締役・監査役間の特殊関係のため，会社は差し止めることを怠ることがあり得る。そこで，1950（昭和25）年商法改正で，株主権強化の一環として，アメリカ法上の差止命令制度（injunction）に倣って，会社のために取締役の違法な行為を差し止める権利を個々の株主に与えることが会社法成立前商法に導入され，会社法に受け継がれた（360条。株主による執行役の行為の差止めについては，422条）。このような権利を株主の違法行為差止請求権という。

(2)　差止請求権の行使要件

ａ．差止請求の対象　差止めの請求は，取締役が行おうとする法令・定款に違反する行為や会社目的の範囲外の行為に対して認められる。まずは，法令・定款違反行為である。この行為は，具体的な規定に違反する行為に限らず，一般的な善管注意義務・忠実義務に違反する行為をも含む。取締役の善管注意義務違反の行為に対していわゆる経営判断の原則が適用され得るかについて学説上肯定説と否定説との争いがあるが，判例はその適用を認めている（東京地決平成16・６・23金判1213・61〔百選60〕）。

つぎに，会社目的の範囲外の行為である。当該行為も定款違反行為の１つである。ただ，その判断基準は，会社の権利能力に関連する場合のそれと異なるものにすべきであると考えられる。会社の権利能力に関する場合には，取引の安全のため，いわゆる客観的・抽象的な判断基準を用いる必要がある（最判昭和27・２・15民集６・２・77〔百選１〕）。これに対して，差止請求の場合には，取引の安全を考慮する必要がないため，会社および株主の利益保護の見地から，会社目的の範囲を厳格に解すべきである。

b．差止請求権者　差止請求権者は，6か月前から継続して株式を保有する株主であるが，定款で定めれば，この株式保有期間は短縮されることができる（360条1項）。また，非公開会社の株式会社の場合には，当該要件は不要とされる（同条2項）。監査役設置会社・監査等委員会設置会社・指名委員会等設置会社の場合に差止めが請求され得るのは，取締役の違法な行為が会社に回復できない損害を被らせる行為であるとされる（同条3項）。

たとえば，処分された財産を取り戻すことができず，しかも損害賠償によってもその損害を償えないなどの場合がそれにあたる。それ以外の会社において差止めが請求され得るのは，取締役の違法な行為が会社に著しい損害を被らせる行為であるとされる（360条1項）。

c．差止めの手続と効果　取締役が違法な行為を行おうとする場合には，株主は，代表訴訟の場合に要求される会社に対する請求を経ることなく，裁判上または裁判外において直ちに当該取締役に対し当該行為を止めるよう請求することができる。というのも，差止請求権を行使する際には，その事前的救済装置としての機能を発揮させるために速やかに取締役の違法な行為を差し止めなければならないからである。ただし，取締役がこれに応じない場合には，その取締役を被告として差止めの訴えを提起し，さらにこの訴えに基づく仮処分を申請することができる（民保23条2項）。

差止めの訴えに関しては，会社法は何ら規定も置いていない。しかし，差止めの訴えは代表訴訟と共通な性質を持つ制度であるため，訴訟管轄，訴訟参加，担保提供など代表訴訟に関する規定を類推適用すべきであろう。なお，差止めの訴えは会社のために提起されたものであるから，その判決の効力は，いうまでもなく会社に及ぶ（民訴115条1項2号）。

5　株主の検査役選任請求権

(1)　検査役選任請求の要件

株主が代表訴訟提起権や差止請求権などの権利を行使する際に，会社の業務・財産の状況を現実に調査する必要が生じる場合がある。そのような場合に備えて，会社法は，会社の業務の執行に関し不正の行為または法令・定款に違反する重大なる事実があることを疑うに足りる事由があるときは，一定の要件を満たしたのであれば，株主が会社の業務および財産の状況を調査させるため，裁判所に検査役の選任を申し立てることができるという規定を設けている（358条）。一定の要件とは，次のようなものである。

まずは，議決権・株式の保有要件である。株主（株主総会において決議をすることができる事項の全部につき議決権を行使することができない株主を除く）は，総株主の議決権の100分の３（定款の定めによる割合の低減が可能である）以上を有し，または発行済株式（自己株式を除く）の100分の３（定款の定めによる割合の低減が可能である）以上の数を有する株主でなければならない[11)]。このように少数株主権とされているのは会社の業務・財産の状況を調査する権利が強力なものであるだけに，濫用の危険性も大きいと考えられたからである。

つぎに，実質的要件として，会社の業務の執行に関し不正の行為または法令・定款違反の重大なる事実があることを疑うに足りる事由があることは要求される。判例にはこの要件をさらに厳格にとらえるものがある（東京高決昭和40・４・27下民集16・４・770）。すなわち，違法・不正の業務執行により，会社財産に損害を及ぼしているかどうか，または取締役に責任を生ずるかどうかを検査役が調査する必要があると疑われる場合であることを要し，会社財産になんら影響のない単なる違法の業務執行がある場合だけでは足りず，単なる株主総会不開催等の主張だけでは足りないとされる。しかし，このように会社財産に直接損害を及ぼすことに限定するのは疑問である。というのは，会社法358条は，取締役の責任を追及するなどして会社財産の減少を防ぐことのほかに，一般に取締役の適格性を疑わせる業務執行上の違法・不正を発見し，解任へと導くことをもその趣旨としていると考えるべきだからである。

株主は，検査役の選任を申し立てる際に単に請求事由の存在を疎明するだけでは足りず，これを立証しなければならない。

いうまでもなく，少数株主の要件を満たした者が選任申立の実質的要件を満たした事由に基づいて検査役の選任を申し立てた場合であっても，その権利行使が少数株主の利益追求のみの手段として，または会社の業務担当者を困らせることのみを目的とする場合には，権利の濫用としてこれを排除することができる（前掲・東京高決昭和40・４・27）。

⑵　検査役の選任手続等

裁判所は，前述の要件が満たされた場合に検査役を選任しなければならず，ならびに会社が当該検査役に対して支払う報酬額をも定めることができる（358条２項・３項）。

---

11)　この点に関して問題となるのは，株主が検査役選任を申し立てた時点で当該持株要件を満たしていればよいかどうかである。最高裁は，株主が検査役選任申請の時点で持株要件を満たしたとしても，その後会社の新株発行により当該持株要件を満たさないものとなった場合には，当該会社が当該株主の申請を妨害する目的で新株を発行したなどの特段の事情のない限り，当該申請は，申請人の適格を欠くものとして不適法であり却下を免れないとの旨を示した（最決平成18・９・28民集60・７・2634〔百選59〕）。これに対し，通説は反対しており，それが妥当である。

検査役は必要な調査をし，その調査の結果を記載し，または記録した書面または電磁的記録を裁判所に提供し，報告することを要する（同条５項）。裁判所は，当該報告についてその内容を明瞭にし，またはその根拠を確認するため必要があると認めるときは，検査役に対し再報告を求めることができる（同条６項）。検査役は，その職務を行うため必要があるときは子会社の業務および財産の状況を調査することもできる（同条４項）。

6　責任免除

(1)　全部免除

任務懈怠による役員等の会社に対する損害賠償責任（423条１項）は，総株主の同意がなければ免除されることができない（424条）。株主代表訴訟（847条）との関連で，株主の代表訴訟提起権が単独株主権であるため，総株主の同意という要件を設けないと，株主の代表訴訟提起権の行使を担保することができず，会社の利益ひいては株主の利益を保護する代表訴訟の機能が損なわれるおそれがある。取締役の会社に対する責任は，会社または株主による追及がなされなかった場合には，10年の時効によって消滅する（民166条１項２号。最判平成20・１・28民集62・１・28）が，会社が権利を行使することができることを知った時から，５年間それを行使しなかった場合は，時効によって消滅する（同項１号）。

(2)　一部免除

a．制度の趣旨等　役員等の責任免除に関する総株主の同意という要件は，相当厳しいものであるため，上場会社の役員等の責任免除は，ほぼ不可能といってよい。しかし，軽過失の場合においても役員等の対会社責任が追及され，しかもその損害賠償額が高額となると，取締役の経営意欲の萎縮を招き，また社外取締役や社外監査役になろうという者がいなくなるおそれが生じ得る。

したがって，そうしたことの発生を防止するために，2001（平成13）年商法改正でいわゆる取締役の責任の一部軽減制度が導入され，2005（平成17）年会社法に役員等の責任の一部免除という形で受け継がれた。役員等の責任の一部免除のために，役員等がその職務執行につき故意または重大な過失がないこと（軽過失）は要求される（425条１項柱書・426条１項・427条１項）。責任の一部免除の額は，賠償の責任を負う額から最低責任限度額を控除して得た額を限度とする額をいう（同項柱書）。

最低責任限度額は，①当該役員等がその在職中に会社から職務執行の対価として受け，または受けるべき財産上の利益の１年間当たりの額に相当する額として法務省令（会社則113条）で定める方法により算定される額に次に述べる数を乗じて得た額と，

②当該役員等が当該株式会社の新株予約権を引き受けた場合における当該新株予約権に関する財産上の利益に相当する額として法務省令（会社則114条）で定める方法により算定される額との合計額を指す（425条1項1・2号）。前記①の額の算定に用いられる乗数は，役員等の区分に応じて，代表取締役（または代表執行役）について6，代表取締役以外の業務執行取締役等（または代表執行役以外の執行役）について4，非業務執行取締役（または会計参与，監査役，会計監査人）について2であるとされる（同条1項1号イ・ロ・ハ）。

b．一部免除の方法　次に述べるように，役員等の会社に対する損害賠償責任を一部免除する方法は3つある。

(a)　株主総会決議による一部免除

株主総会の特別決議によって役員等の責任を一部免除することができる（425条1項柱書）。この場合において，取締役は，①責任の原因となった事実および賠償の責任を負う額，②免除可能額の限度およびその算定の根拠，③責任免除すべき理由および免除額を開示しなければならない（同条2項）。そして，当該会社が監査役設置会社（または監査等委員会設置会社，指名委員会等設置会社）である場合に，取締役（監査等委員，監査委員を除く）および執行役の責任の一部免除に関する議案を株主総会に提出する際，監査役（監査等委員，監査委員）全員の同意が要求される（同条3項）。さらにまた，責任の一部免除の決議がなされた場合において，会社が当該決議後に役員等に対し退職慰労金その他の法務省令（会社則115条）で定める財産上の利益を与えるときは，株主総会の承認を受けることが必要とされ，当該役員等が新株予約権を当該決議後に行使し，または譲渡するときも同様とされる（同条4項）。なお，責任の一部免除の決議がなされた場合において，当該役員等が当該新株予約権を表示する新株予約権証券を所持するときは，当該役員等は，遅滞なく当該新株予約権証券を株式会社に対し預託しなければならず，新株予約権の譲渡について株主総会の承認を受けた後でなければ，当該新株予約権証券の返還を請求することができないとされる（同条5項）。

(b)　定款の定めによる一部免除

監査役設置会社（取締役が2名以上の会社に限る），監査等委員会設置会社および指名委員会等設置会社は，前述の株主総会決議によるほか，責任の原因となった事実の内容，当該役員等の職務執行の状況その他の事情を勘案してとくに必要と認める場合に，役員等の責任を一部免除する旨を定款で定めることができる（426条1項）。取締役（監査等委員，監査委員を除く）および執行役の責任を一部免除することができる旨の定めを設ける定款変更議案を株主総会に提出する場合に，(a)に述べた株主総会への議案提出の場合と同様，各監査役または各監査等委員，各監査委員による同意が要求される（同条２項）。定款の定めによる責任の一部免除についての取締役の同意を得る場合に，当該責任の一部免除に関する議案を取締役会に提出する場合にも，同様であるとされる（同条同項）。

定款の定めに基づいて役員等の責任を一部免除する旨の同意（取締役会設置会社では，取締役会の決議）を行ったときは，取締役は，遅滞なく(a)に述べた①〜③の事項ならびに責任を一部免除することに異議があるのであれば一定の期間内（１か月以上）に当該異議を述べる旨を公告し，または株主に通知することを要する（同条３項。また，非公開会社の株式会社や最終完全親会社等，非公開会社の最終完全親会社等については，同条４項・５項・６項）。

しかしながら，総株主（423条１項に基づく損害賠償責任を負う役員等を除く）の議決権の100分の３（定款の定めによる割合の低減が可能である）以上の議決権を有する株主が一定の期間内（１か月以上）に異議を述べたときは，株式会社は，定款の定めに基づく責任を一部免除してはならない（426条７項）。

(c)　責任限定契約による一部免除

株式会社は，取締役（業務執行取締役等を除く），会計参与，監査役または会計監査人といった非業務執行取締役等の責任について，定款で定めた額の範囲内であらかじめ会社が定めた額と最低責任限度額とのいずれが高い額を限度とする旨の契約を当該非業務執行取締役等と締結することができる旨を定めることができる（427条１項）。ただし，この契約を締結した非業務執行取締役等が当該株式会社の業務執行取締役等に就任したときは，当該契約は，将来に向かってその効力を失う（同条２項）。

取締役（監査等委員，または監査委員を除く）の責任について，定款を変更して，こうした契約を締結することができる旨を定款で設ける議案を株主総会に提出する場合に，監査役，または各監査等委員，各監査委員による同意が必要とされる（427条３項）。

この契約を締結した株式会社は，契約の相手方である非業務執行取締役等が任務を怠ったことにより損害を受けたことを知ったときは，その後最初に招集される株主総会において，①責任の原因となった事実および賠償の責任を負う額，かつ免除可能額の限度およびその算定の根拠，②当該契約の内容および当該契約を締結した理由，③役員等が賠償すべき損害のうち，当該非業務執行取締役等が責任を負わないとされた額を開示することを要する（427条４項）。

7　役員等の第三者に対する責任

(1)　役員等の対第三者の責任を規定する429条1項の趣旨等

役員等が任務懈怠により会社に損害が生じた場合に会社に対し賠償責任を負うのは当然であるが，不法行為により直接会社の債権者など第三者に損害をもたらした場合を別として，通常役員等は第三者に対し直接賠償責任を負うことはないはずであると考えられる。というのは，役員と第三者との間に直接法律関係がないからである。しかしながら，会社法は，役員等がその職務を行うについて悪意または重大な過失があったときは，当該役員等は，これによって第三者に生じた損害を賠償する責任を負うと規定している（429条1項）。この規定を設けた趣旨は，第三者を保護するためである（最（大）判昭和44・11・26民集23・11・2150〔百選70〕）。ただ，通説・判例は，429条1項に基づく責任と不法行為に基づく責任が競合することをも認めており，役員等が任務懈怠につき故意または過失により直接第三者に損害を加えた場合に一般不法行為の規定（民709条）によって損害を賠償する義務を負うと解する（前掲・最（大）判昭和44・11・26）。

学説は，429条1項による責任の法的性質をめぐって争いがあり，特別の法定責任説と不法行為責任特則説に大別される。特別の法定責任説は，当該規定をとくに第三者保護のために設けられたものであるとして，この責任を特別の法定責任であると解し，判例（前掲・最（大）判昭和44・11・26）はこれを支持する。これに対し，不法行為責任特則説は，株式会社における複雑な職務執行を大量かつ迅速に行わなければならない取締役の地位を考慮して，取締役の第三者に対する責任は，取締役の不法行為について軽過失による責任を免除したところの特別な不法行為責任であるとする考えである。

第三者に生じた損害を賠償する責任を負う役員等が複数である場合に，これらの者は連帯責任を負う（430条）。なお，第三者は会社以外の者であるため，第三者には株主も含まれると解される。

(2)　第三者が被った損害の範囲

429条1項にいう第三者が被った損害の範囲について学説上争いがある。すなわち，当該損害は，直接損害と間接損害との双方に及ぶのか，それともそのどちらかに限られるかである。直接損害とは，会社自身が損害を被ったかどうかを問わず，役員等の悪意または重大な過失のある業務執行により第三者が直接に被った損害をいう。

特別の法定責任説は，直接損害と間接損害を問わず，役員等の悪意または重大な過失のある業務執行により第三者が損害を被った場合に損害賠償を請求できるとする

（両損害包含説）。判例の立場は，この説と同様である（前掲・最（大）判昭和44・11・26）。これに対し，不法行為責任特則説は，第三者が損害賠償を請求できる場合を直接損害の場合に限定し，その被った間接損害については債権者代位権（民423条）や株主代表訴訟（847条）を通じて損害賠償を求めるとする（直接損害限定説）。株主が間接損害の場合にも損害賠償を請求し得るかについて議論の余地がある。間接損害を受けた株主（たとえば，取締役の放漫経営によって，その持ち株の価値が下がった場合）は，代表訴訟を通じて救済を図るべきとする見解が有力的に主張される。他方において，オーナー兼経営者の閉鎖会社の場合には，少数株主の実効的救済のために，株主の間接損害についても429条１項を適用すべきであるとする見解もある。

⑶　責任を負う取締役

ａ．名目的取締役　適法に取締役として選任されたが，会社の代表取締役に依頼され，ただ名義だけを貸すために取締役になったような場合の取締役は，名目的取締役とよばれる。裁判実務上，いわゆる名目的取締役は監視義務違反という理由で429条１項が適用されたことにより第三者に対し損害賠償責任を負うとされた事例が多い（たとえば，最判昭和48・５・22民集27・５・655〔百選71〕）。会社法成立前商法の下では，株式会社の取締役が３人以上必要とされたため，名義貸しのためのような名目的取締役が多かった。会社法では，取締役会非設置会社の場合に取締役が１人でも足りるとされたので（326条１項・331条５項），この種の事例が少なくなったといわれる。

ｂ．登記簿上の取締役　株主総会において正式に取締役として選任されていないにもかかわらず，取締役として登記した者や，取締役を辞任したが，取締役として登記簿上残存する者（辞任登記未了の取締役）は，登記簿上の取締役とよばれる。裁判実務上，不実登記の効力に関する908条２項を類推適用して，不実の就任登記を承諾した者は自分が取締役でないことを善意の第三者に対抗できず，取締役としての責任を免れないとした判例がある（最判昭和47・６・15民集26・５・984）。他方，善意の第三者に対し辞任登記未了の取締役が責任を負うかについて，判例は，取締役を辞任した者は，辞任したにもかかわらずなお積極的に取締役として対外的または対内的な行為をあえてした場合を除いて，損害賠償責任を負わないものというべきであるが，不実の登記を残存させることにつき明示的に承諾を与えていたなどの特段の事情がある場合には908条２項の類推適用により，429条１項の責任を免れないとの旨を示した（最判昭和62・４・16金判778・３〔百選72〕）。

ｃ．事実上の取締役　取締役ではないが，対外的にも対内的にも重要な事項について決定権を有する実質的な経営者は，事実上の取締役とよばれる。429条１項を類推適用して，いわゆる事実上の取締役の責任を認めた裁判例がある（たとえば，京都地

判平成4・2・5判時1436・115)。

⑷　虚偽記載等に関する役員等の責任

役員等は，次に掲げるような行為をしたことによって損害を被った第三者に対し賠償責任を負う。この賠償責任は無過失責任であるが，役員等の職務の重大さに鑑み，役員等は，当該行為について注意を怠らなかったこと（無過失）を証明したときは（立証責任の転換），責任を負わないとされる（429条2項）。

まずは，取締役・執行役がした行為について，それは，①株式，新株予約権，社債もしくは新株予約権付社債を引き受ける者の募集をする際に通知しなければならない重要な事項についての虚偽の通知，または当該募集のための当該株式会社の事業その他の事項に関する説明に用いた資料についての虚偽の記載・記録，②計算書類および事業報告ならびにこれらの付属明細書ならびに臨時計算書類に記載し，または記録すべき重要な事項について虚偽の記載・記録，③虚偽の登記，④虚偽の公告（440条3項に規定する措置を含む）である（429条2項1号)。つぎに，会計参与がした行為について，それは，計算書類およびその付属明細書，臨時計算書類ならびに会計参与報告に記載し，または記録すべき重要な事項についての虚偽の記載・記録である（同項2号)。また，監査役，監査等委員および監査委員がした行為について，それは，監査報告に記載し，または記録すべき重要な事項についての虚偽の記載・記録である（同項3号)。なお，会計監査人がした行為について，それは，会計監査報告に記載し，または記録すべき重要な事項についての虚偽の記載・記録である（同項4号)。

8　会社補償

⑴　会社補償の意義

会社補償とは，役員等にその職務の執行に関して発生した費用や損失の全部または一部を会社が事前または事後に負担することをいい，会社補償にあたり，会社と役員等との間で契約を締結することを要するとされる（430条の2本文)。会社補償には，優秀な会社経営人材を確保するとともに，役員等がその職務の執行に伴い損害賠償責任を負うことを過度に恐れ，職務執行が萎縮することがないようにする仕組みとしての意義があるといわれる。従来，会社法上，会社補償に関する規定はなく，会社補償ができるかは解釈に委ねられていた。しかし，どのような範囲において，どのような手続により，会社補償をすることができるかについての解釈は確立していなかった。そこで，会社補償により生ずると恐れられる弊害（たとえば，役員等の責任の趣旨の没却，無責任な経営姿勢の助長など）に対処し，ならびに会社補償の可能な範囲やその手続等を明確にして，会社補償の適切な運用ができるように，2019（令和元）年会社法改正を経て，会社補償制度が新たに会社法に導入された。

(2) 会社補償の手続

株式会社が次のような補償契約の内容の決定をするには，株主総会（取締役会設置会社では，取締役会）の決議によることが必要である（430条の２第１項）。すなわち，①役員等がその職務の執行に関し法令の規定に違反したことが疑われ，または責任の追及にかかる請求を受けたことに対処するために支出する費用，②役員等がその職務の執行に関し第三者に生じた損害を賠償する責任を負う場合において，(ア)役員等が損害を賠償することにより生ずる損失，(イ)損害の賠償に関する紛争について当事者間に和解が成立したときは，役員等がその和解に基づく金銭を支払うことにより生ずる損失，である。

しかし，株式会社は，補償契約を締結している場合であっても，補償契約に基づき次のような費用等を補償することができない（同条２項）。すなわち，(i)前記の①の費用のうち通常要する費用の額を超える部分，(ii)株式会社が前記②の損害を賠償するとすれば役員等が株式会社に対して損害賠償責任を負う場合（423条１項）には，前記②の損失のうち責任にかかる部分，③役員等がその職務を行うにつき悪意または重大な過失があったことにより前記②の責任を負う場合には，前記②に掲げる損失の全部，である。

補償契約に基づいて前記①の費用を補償した株式会社が，その役員等が自己・第三者の不正な利益を図り，または株式会社に損害を加える目的でその職務を執行したことを知ったときは，その役員等に対し，補償した金額に相当する金銭を返還することを請求することができる（430条の２第３項）。取締役会設置会社では，補償契約に基づく補償をした取締役および補償を受けた取締役は，遅滞なく補償についての重要な事実を取締役会に報告しなければならない（同条４項）。補償を受けた執行役も同様な報告義務を負うとされる（同条５項）。なお，法的安定性のために，利益相反取引等の規律（356条１項，365条２項，423条３項，428条１項，民108条）は，会社と取締役・執行役との間の補償契約には適用しないとされる（430条の２第６項・第７項）。

9　役員等賠償責任保険契約

役員等賠償責任保険契約とは，株式会社が保険者との間で締結する保険契約のうち役員等がその職務の執行に関し責任を負うことまたは当該責任の追及に係る請求を受けることによって生ずることのある損害を保険者が塡補することを約するものであって，役員等を被保険者とするものをいう（430条の３第１項・３項ただし書）。ただ，ここにいう役員等賠償責任保険契約には，当該保険契約を締結することにより被保険者である役員等の職務の執行の適正性が著しく損なわれるおそれがないものとして法務省令（会社則115条の2）で定めるものが含まれないとされる（430条の3第1項かっこ書)。この保険契約については，前述の会社補償と同様な意義があると認められている。

従来，この保険契約は，会社実務上とりわけ上場会社を中心にすでに広く普及しているといわれるが，会社法はこの保険契約の締結について規定を置いていないため，会社がこの保険契約を締結するためにどのような手続等が必要であるかについての解釈は必ずしも確立されていなかった。そこで，この保険契約の締結により生ずると恐れられる弊害（たとえば，会社と役員等の間の利益相反性，役員等の職務執行の適正性への影響など）に対処するとともに，会社が契約を締結するための手続等を明確にして役員等賠償責任保険が適切に運用されるように，2019（令和元）年会社法改正で役員等賠償責任保険契約の規定が会社法に新たに設けられた。

役員等賠償責任保険契約の内容の決定は，株主総会（取締役会設置会社では，取締役会）の決議によらなければならない（430条の3第1項)。また，法的安定性のために，会社補償の場合と同様に，利益相反取引等の規律（356条1項・365条2項・419条2項・423条3項，民108条）は，役員等賠償責任保険契約の締結には適用しないとされる（430条の3第2項・第3項)。

第10章

計　算

第1節　総　説

1　計算規制の必要性

会社の計算とは，会社の会計のことを指す。会社の会計は，会社の財務状況や経営実績を明らかにして，会社の経営者が効率的かつ合理的な会社経営を行うことにとって重要な意味を有するため，会社経営者は，とくに法的に強制されなくとも，自ら進んで会社の会計を行うはずである。しかし，会社法は，会社の会計を会社に委ねることをせず，計算に関して諸規定を設けている（431条～465条）。このことは，株主と会社債権者にとって重要な意味を有する。

株主は，会社の実質的な所有者であり，会社への出資目的が営利を追求することにある。そのため，株主は，会社経営の結果を示す財務状況・経営実績，利益分配の可否などを知る権利を有する。また株主有限責任の原則がゆえに，会社債権者にとっては唯一の担保財産となるのは，株主の出資によって形成された会社財産のみである。そのため，会社債権者は，債権回収ができるほどの財産が会社にあるかを知る権利を有する。もっとも，会社との関係性では株主と会社債権者が性質上異なるため，利益配当（剰余金の分配）をめぐって株主と会社債権者との間に利害衝突が起こり得る。というのは，株主ができるだけ利益配当を多く得ることを期待するのに対して，会社債権者が利益配当を通じて会社財産が不必要に流出されるのではないかと危惧するからである。したがって，株主と会社債権者の利益保護，株主と会社債権者との利害調整という要請に応えるために，会社法は，会計情報の開示や剰余金の分配等について多くの規律を設けて，規制を行っている。

2 株式会社会計の一般原則

株式会社の会計は，一般に公正妥当と認められる企業会計の慣行に従うものとされる（431条）。ここにいう公正妥当とは，会社の財務状況や経営実績を明らかにするに適したものであると考えられる。従来，企業会計審議会が制定した企業会計原則は，企業会計の実務慣習の中から一般に公正妥当と認められるものを要約したものであるため，公正妥当と認められる企業会計の慣行にあたると一般的に解される。また，会社計算規則は，同規則の用語の解釈および規定の適用に関して公正妥当な会計慣行をしん酌すると規定する（計算規則３条）。なお，会社法は，持分会社の会計の原則についても，株式会社の会計と同様な規定を設ける（614条）。このように，企業会計の慣行に関する一般原則について規律を設けることは，企業会計の実務上公正妥当な会計慣行である以上，それに従うことを会社法が求め，かつ法的な強制力を付与することを示している。

3 会計帳簿

(1) 会計帳簿の作成と保存等

株式会社は，法務省令（会社則116条，計算規則４条～56条）で定めるところにより適時に正確な会計帳簿を作成することを要求される（432条１項）。会計帳簿とは，通常会計学上の仕訳帳，元帳および補助簿を意味するものであり（横浜地判平成３・４・19判時1397・114〔百選A30〕），計算書類である貸借対照表や損益計算書などの材料となる。そしてまた，株式会社は，会計帳簿の閉鎖の時から10年間，その会計帳簿およびその事業に関する重要な資料を保存する義務を負うとされる（432条２項）。

なお，裁判所は，申立てによりまたは職権で訴訟の当事者に対し会計帳簿の全部，または一部の提出を命ずることができる（434条）。

(2) 会計帳簿等の閲覧・謄写の請求

株主には会計帳簿閲覧謄写請求権が付与される（433条）。すなわち，総株主の議決権の100分の３（定款の定めによる割合の低減が可能である）以上の議決権を有する株主または発行済株式（自己株式を除く）の100分の３（定款の定めによる割合の低減が可能である）以上の数の株式を有する株主は，会社の営業時間内にいつでも会計帳簿またはこれに関する資料の書面（電磁的記録も含む）の閲覧・謄写を請求することができる。この場合においては，その請求の理由を明らかにすることが求められる。会計帳簿の意味については，前述したとおりであるが，会計帳簿に関する資料とは，会計帳簿の作成にあたり直接の資料となった資料その他会計帳簿を実質的に補充する書類をいうと解される（前掲・横浜地判平成３・４・19)。また，請求の理由について，判例は，具体的に記載されなければならないが，その記載される請求の理由を基礎付ける事実が存在することを立証する必要はないとする（最判平成16・７・１民集58・５・1214〔百選77〕)。

前記の請求があった場合に，会社は，次のいずれかに該当すると認められるときを除き，その請求を拒むことができない。すなわち，①その請求を行う株主（法文上，請求者と呼ばれる）がその権利の確保または行使に関する調査以外の目的で請求を行ったとき，②株主が会社の業務の遂行を妨げ，株主の共同の利益を害する目的で請求を行ったとき，③株主が株式会社の業務と実質的に競争関係にある事業を営み，またはそうした事業に従事するものであるとき，④株主が会計帳簿またはこれに関する資料の閲覧・謄写によって知り得た事実を利益を得て第三者に通報するため請求したとき，および⑤株主が過去２年以内において会計帳簿またはこれに関する資料の閲覧・謄写によって知り得た事実を利益を得るため第三者に通報したことがあるとき，である。③に関連して請求株主には主観的な意図が要るかについて，判例は，その株主が会社と競業をなす者であるなどの客観的事実が認められれば足り，その株主に会計帳簿等の閲覧・謄写によって知り得る情報を自己の競業に利用するなどの主観的意図があることを要しないとする（最判平成21・１・15判タ1288・61〔百選78〕)。

また，会社の親会社社員は，その権利を行使するため必要があるときは，請求の理由を明らかにした上で，裁判所の許可を得て，会計帳簿またはこれに関する資料について閲覧・謄写を請求することもできる。これに対して，親会社社員について前記①～⑤のいずれかの事由に該当する場合に，裁判所は，その許可をすることができない。

株主の会計帳簿等閲覧謄写請求権は，株主による経営監督是正権の行使にとって重要な意味をもつ権利である。しかしながら，会計帳簿等は，会社の営業秘密を含むため，そのような権利が濫用されると，会社の利益ひいては株主全体の利益が害されることになる。そこで，前記のように，この権利が濫用されることを防止するため，会社法は，この権利を少数株主権にし，請求の理由の明確化を要求し，かつ会社による拒絶事由を明記した。

第２節　計算書類

1　計算書類等の作成と保存

株式会社は，法務省令（会社則116条，計算規則57条以下・同72条以下）で定めるところにより，その成立の日における貸借対照表のほか，各事業年度に係る計算書類および事業報告ならびにこれらの附属明細書をも作成しなければならない（435条１項・２項）。計算書類とは，貸借対照表，損益計算書その他会社の財産および損益の状況を示すために必要かつ適当なものとして法務省令（計算規則59条１項）で定めるもの（株主資本等変動計算書[1]・個別注記表[2]を指す）をいう（435条２項かっこ書）。計算書類および事業報告[3]ならびにこれらの附属明細書[4]は，書面だけではなく，電磁的記録をもって作成されることもできる（同条３項）。また，株式会社は，計算書類を作成した時から10年間，その計算書類および附属明細書を保存する義務を負う（同条４項）。

貸借対照表とは，会社の財務状況を明らかにするため，一定の時点（各事業年度末日）におけるすべての資産，負債および資本を記載し，株主，債権者その他の利害関係者にこれを正しく表示する計算書類である（企業会計原則・第３の１）。これにより，会社の資産の調達・運用の状況が明らかにされることになる。貸借対照表は，①資産②負債③純資産の部に区分して表示され（計算規則73条１項），一般にその左側（借方と呼ばれる）に資産の部を，その右側（貸方と呼ばれる）に負債の部と純資産の部を記載する。借方に掲載される合計額と貸方に掲載される合計額とは一致しなければならない。また，資産の部は，①流動資産②固定資産③繰延資産に区分され，さらに各項目は適当な項目に細分されなければならないとされる（計算規則74条１項）。負債の部は，①流動負債②固定負債に区分され，各項目はさらに適当な項目に細分され（計

1）株主資本等変動計算書とは，貸借対照表の純資産の部の１会計期間（事業年度）における変動額のうち，主として株主に帰属する部分である株主資本（資本金，新株式申込証拠金，資本剰余金，利益剰余金など）の各項目の変動事由（剰余金の配当，株式の発行，自己株式の取得など）を報告するために作成される決算書である。株主資本等変動計算書は，①株主資本，②評価・換算差額等，③株式引受権，④新株予約権という項目に区分して表示されることを要する（計算規則96条１項）。会社法では剰余金の配当を定時株主総会以外でも行うことができるため，期中の純資産の変動を適切に把握できる必要性に鑑みて株主資本等変動計算書の作成が強制されている。

2）個別注記表とは，各計算書類に記載されていた注記を一覧にして表示する決算書である。貸借対照表に関する注記，損益計算書に関する注記，株主資本等変動計算書に関する注記に加えて継続企業の前提に関する注記，重要な会計方針に関する注記などが多数規定されている（計算規則97条～116条）。個別注記表は，会社の会計を適正に処理するにあたり必要な補足情報を記載して提供するものである。

3）事業報告とは，会社の状況に関する重要な事項（計算書類およびその付属明細書等を除く），内部統制システムの整備についての決定・決議の内容の概要および当該システムの運用の概要，会社の支配者のあり方に関する基本方針などの事項に関する各事業年度の会社の状況を説明する書類である（会社則117条・118条）。

4）付属明細書とは，計算書類（貸借対照表，損益計算書，株主資本等変動計算書と個別注記表）や事業報告の内容を補足する重要な事項を表示する書類であり，その中には①有形固定資産および無形固定資産の明細，②引当金の明細，③販売費および一般管理費の明細，および④会社計算規則112条１項ただし書の規定により省略した事項があるときは当該事項が含まれなければならない（計算規則117条）。

算規則75条１項)，純資産の部は，①株主資本②評価・換算差額等③株式引受権④新株予約権に区分され（計算規則76条１項１号)，株主資本は，さらに資本金・新株式申込証拠金・資本剰余金・利益剰余金・自己株式・自己株式申込証拠金に区分される（同条２項)。

損益計算書とは，会社の経営成績を明らかにするため，１会計期間（１事業年度）に属するすべての収益と費用とを記載して対応させることにより経常利益を表示し，これに特別損益に属する項目を加減して当期純利益を表示する計算書類である。損益計算書は，売上高（売上高以外の名称を付することが適当な場合には，当該名称を付した項目)・売上原価・販売費および一般管理費・営業外収益・営業外費用・特別利益・特別損失という項目に区分して表示されるが，さらに各項目について細分することが適当な場合には，適当な項目に細分することができるとされる（計算規則88条１項)。

2　計算書類等の監査・承認等

会計監査人設置会社を除く監査役設置会社（定款で監査役の監査範囲を会計監査に限定する株式会社を含む）では，計算書類および事業報告ならびにこれらの附属明細書は，法務省令（会社則116条，計算規則121条以下）で定めるところにより監査役の監査を受けるとされる（436条１項)。そして，会計監査人設置会社では，①計算書類およびその附属明細書は，監査役（監査等委員会設置会社では監査等委員会，指名委員会等設置会社では監査委員会）および会計監査人の監査，②事業報告およびその附属明細書は，監査役（監査等委員会設置会社では監査等委員会，指名委員会等設置会社では監査委員会）の監査を受けるとされる（同条２項)。

取締役会設置会社では，計算書類および事業報告ならびにこれらの附属明細書（会計監査人設置会社を除く監査役設置会社および会計監査人設置会社の場合には，前記の監査を受けたもの）は，いずれも取締役会の承認を受けなければならない（436条３項)。

なお，取締役会設置会社では，取締役は，定時株主総会の招集の通知に際して，法務省令（会社則133条，計算規則133条）で定めるところにより，株主に対し取締役会の承認を受けた計算書類および事業報告（会計監査人設置会社を除く監査役設置会社および会計監査人設置会社の場合には，監査報告または会計監査報告を含む）を提供する義務を負う（437条)。

3　定時株主総会への提出・承認

取締役は，①監査役設置会社（436条１項に規定するもの。ただし，取締役会設置会社を除く）では，監査役の監査を受けた計算書類および事業報告，②会計監査人設置会社（取締役会設置会社を除く）では，監査役等の監査を受けた計算書類および事業報告，③取締役会設置会社では，取締役会の承認を受けた計算書類および事業報告，④それら以外の株式会社では，計算書類および事業報告をそれぞれ定時株主総会に提出等をする義務を負う（438条１項）。提出等をされた計算書類は，定時株主総会の承認を受けなければならない（同条２項）。また，取締役は，提出等をされた事業報告の内容を定時株主総会に報告することをも要する（同条３項）。

なお，会社法は，会計監査人設置会社に対して定時株主総会による計算書類等の承認を要らないという場合をも規定しているが，この場合には，取締役はその計算書類の内容を定時株主総会に報告することを要する（439条）。

4　計算書類の公告

株式会社は，法務省令（会社則116条，計算規則136条以下）で定めるところにより，定時株主総会の終結後遅滞なく，貸借対照表（大会社では，貸借対照表および損益計算書）を公告することを義務づけられる（440条１項）。もっとも，官報または時事日刊新聞のいずれかに掲載するといった公告方法（939条１項１号・２号）を用いる株式会社は，貸借対照表の要旨を公告すれば足りるとされる（440条２項）。こうした株式会社は，法務省令（会社則116条，計算規則147条）で定めるところにより，定時株主総会の終結後遅滞なく貸借対照表の内容に関する情報を，定時株主総会の終結の日後５年を経過する日までの間，継続して電磁的方法により不特定多数の者が提供を受けられ状態に置く措置をとることができる（440条３項）。ただ，有価証券報告書の提出義務を負う会社（金商法24条１項）に対しては，これらの措置を適用しないとされる（440条４項）。

5　臨時計算書類

株式会社は，臨時決算日（最終事業年度の直後の事業年度に属する一定の日）における財産の状況を把握するため，法務省令（会社則116条，計算規則60条）で定めるところにより，臨時計算書類（臨時決算日における貸借対照表，臨時決算日の属する事業年度の初日から臨時決算日までの期間に係る損益計算書）を作成することができる（441条１項）。監査役設置会社（436条１項に規定する）または会計監査人設置会社では，臨時計算書類は，法務省令（会社則116条，計算規則121以下）で定めるところにより，監査役または会計監査人（監査等委員会設置会社では，監査等委員会および会計監査人，指名委員会等設置会社では，監査委員会および会計監査人）の監査を受ける（441条２項）。取締役会設置会社では，臨時計算書類（監査役等の監査を受けたもの）は，取締役会の承認を受けなければならない（同条３項）。

なお，臨時計算書類は，原則として株主総会の承認を受けることを要する（441条４項）。

6　計算書類等の開示等

株式会社は，①計算書類等を定時株主総会の日の１週間（取締役会設置会社では，２週間）前の日から５年間，ならびに臨時計算書類を，それが作成された日から５年間その本店に，②原則として計算書類等の写しを定時株主総会の日の１週間（取締役会設置会社では，２週間）前の日から３年間，ならびに臨時計算書類の写しを，それが作成された日から３年間その支店に備え置かなければならない（442条１項・２項）。

株主や会社債権者は，会社の営業時間内にいつでも計算書類等の書面・書面の写しの閲覧，書面の謄本・抄本の交付を，また計算書類等が電磁的記録をもって作成されている場合には，電磁的記録の閲覧・提供を請求することができる（同条３項）。なお，会社の親会社社員は，権利を行使するため必要がある場合に，裁判所の許可を得て株式会社の計算書類等について前記の請求をすることもできる（同条４項）。

裁判所は，申立てによりまたは職権で，訴訟の当事者に対し計算書類およびその附属明細書の全部または一部の提出を命ずることができる（443条）。

7　連結計算書類

資本結合によって形成される企業集団の財務状況や経営実績を知ることは，株主や取引先にとって重要なことである。会社法は，株主や取引先のそのようなニーズに応えるために，いわゆる連結計算書類制度を設けている。ここにいう連結計算書類とは，会計監査人設置会社およびその子会社から成る企業集団の財産および損益の状況を示すために必要かつ適当なものとして法務省令で定めるものをいい（444条１項かっこ書），具体的に連結貸借対照表，連結損益計算書，連結株主資本等変動計算書と連結注記表を指す（計算規則61条１号）。連結の範囲は，原則として株式会社とそのすべての子会社を含むとされる（計算規則63条１項本文）。連結計算書類について，次のような規定が置かれている。

すなわち，会計監査人設置会社は，法務省令（会社則116条，計算規則61条以下）で定めるところにより，各事業年度に係る連結計算書類（電磁的記録をも含む）を作成することができる（444条１項・２項）。これに対して，事業年度の末日において大会社であってかつ有価証券報告書の提出義務を負う会社（金商法24条１項）は，事業年度に係る連結計算書類を作成しなければならないとされる（444条３項）。

連結計算書類は，法務省令（会社則116条，計算規則121条以下）で定めるところにより，監査役（監査等委員会設置会社では監査等委員会，指名委員会等設置会社では監査委員会）および会計監査人の監査を受けなければならない（444条４項）。会計監査人設置会社が取締役会設置会社である場合には，監査役と会計監査人の監査を受けた連結計算書類は，取締役会の承認を受けるとともに，取締役は，定時株主総会の招集の通知に際して，法務省令（会社則116条，計算規則134条）で定めるところにより，株主に対し取締役会の承認を受けた連結計算書類を提供する義務を負う（444条５項・６項）。

なお，取締役会設置会社である会計監査人設置会社では，取締役会の承認を受けた連結計算書類について，それ以外の会計監査人設置会社では，監査役の監査を受けた連結計算書類について，取締役はそれを定時株主総会に提出し，提供するとともに，その内容および監査役等による監査の結果を定時株主総会に報告しなければならない（444条７項）。

第３節　資本金と準備金

１　資本金

資本金は，原則として会社の設立または株式の発行に際して株主となる者が会社に対して払い込んだ金銭または給付をした財産の額のことをいい（445条１項），具体的に貸借対照表上純資産の部における株主資本の中の資本金という項目に計上される金額のことである（計算規則141条２項１号）。しかし，その例外として，会社が株主の払い込んだ金銭または給付した財産に係る額の２分の１を超えない額を資本金として計上しないことは認められている（445条２項）。

２　準備金

準備金は，会社法上資本準備金と利益準備金に分けられており，この２種類の準備金は，通常，法定準備金と呼ばれる。会社は，設立や株式発行に際して株主が会社に払い込んだ金銭や給付した財産に係る額の２分の１を超えない額を資本金として計上せず，資本準備金として計上することができるほか（445条３項），剰余金の配当をする際に，剰余金の配当により減少する剰余金の額に10分の１を乗じて得た額を資本準備金または利益準備金として計上する義務を負う（同条４項，会社則116条，計算規則22条）。資本準備金については，任意と強制という両面からその積立ては規定されているのに対して，利益準備金の積立ては強制される。いうまでもなく会社は，任意に利益準備金を積み立てることができる。

合併，吸収分割，新設分割，株式交換・株式移転，株式交付に際して資本金または準備金として計上すべき額を法務省令（会社則116条，計算規則35条以下）で定めるとされる（445条5項）。なお，取締役の報酬規制に関する2019（令和元）年会社法改正を受けて，定款または株主総会の決議（指名委員会等設置会社では，報酬委員会の定め）による報酬等のうち会社の募集株式等（361条1項3号・4号または5号ロ，409条3項3号・4号または5号ロ）の事項についての決定に基づく株式の発行により資本金または準備金として計上すべき額については法務省令（計算規則42条の2・42条の3）で定めるとされる（445条6項）。

3 資本金・準備金制度の意義

株主有限責任の原則のため，会社債権者にとってその債権の支払いを担保できる責任財産は，株主の出資で形成された会社財産のほかには存在しない。そこで，会社債権者の利益を保護するために，会社には少なくとも一定の金額に相当する財産を保持させる必要がある。ここにいう一定の金額（計算上の数字）に相当する会社財産とは，会社法上の資本金である。会社法は，資本金制度と並んで，資本金の一定額を基準にして準備金制度をも設けて，それに対応する会社財産を維持することを求める。さらにまた，資本金・準備金制度の有する会社債権者利益の保護機能を実効的なものにするために，会社法は，原則として資本金・準備金の合計額を超える額を「分配可能額」として算出し，会社がその額を限度として株主に剰余金の配当をできることを法定する。このようにみると，資本金・準備金制度の意義は，剰余金の配当額を制約して，会社財産を維持させることにあると考えられる。

4 資本金・準備金の減少

資本金の減少（減資とも呼ばれる）とは，会社の資本金の額を減少させることである。資本金の減少は，会社債権者への債権の支払いを担保する財産を減少させることを意味する。そのため，会社法は，資本金を減少させることを容易に認めないとする（資本不変の原則）。準備金の減少は，準備金の額を減少することであり，資本金の減少と同様に会社債権者を保護するための会社財産を減少することをも意味する。他方，分配可能額を捻出し，または資本欠損を解消するために，資本金の額を減少させるニーズがあるのも事実である。こうしたことを考慮して，会社法は，次のよう規律を設けている。

(1) 資本金の減少

会社は，資本金の額を減少することができるが，この場合に株主総会の特別決議によって，①減少する資本金の額，②減少する資本金の額の全部または一部を準備金とするときは，その旨および準備金とする額，③資本金額の減少の効力発生日といった事項を定めなければならない（447条１項・309条２項９号）。株主総会の特別決議を必要とするのは，資本金の減少が会社の基礎的変更の事項にあたるからである。ただし，減少する資本金の額は，減資の効力発生日の資本金の額を超えてはならない（447条２項）。その趣旨は，資本金の額がマイナスになることを防止することにある。

また，会社が株式の発行と同時に資本金の額を減少する場合に，その資本金額の減少の効力発生日後の資本金の額がその日前の資本金の額を下回らないのであれば，株主総会の特別決議」は要らず，取締役の決定（取締役会設置会社では，取締役会の決議）があれば足りるとされる（447条３項）。

(2) 準備金の減少

株式会社は，準備金の額を減少することができ，その場合には①減少する準備金の額，②減少する準備金の額の全部または一部を資本金とするとき，その旨および資本金とする額，③準備金の額の減少の効力発生日という事項を株主総会の普通決議によりを定めなければならない（448条１項）。また，準備金の減少の額がその効力発生日における準備金の額よりマイナスになることは認められない（同条２項・309条１項）。

なお，株式会社が株式の発行と同時に準備金の額を減少する場合に，その準備金額の減少の効力発生日後の準備金の額がその日前の準備金の額を下回らないのであれば，株主総会の決議は要らず，取締役の決定（取締役会設置会社では，取締役会の決議）があれば足りるとされる（448条３項）。

(3) 債権者の異議の申立て

減少する準備金の額の全部を資本金とする場合など準備金に限って例外が認められるものの，株式会社が資本金または準備金の額を減少する場合には，その債権者は，会社に対し資本金または準備金の額の減少について異議を述べることができるとされる（449条１項）。その債権者が異議を述べることができる場合に，会社は，①資本金または準備金の額の減少の内容，②会社の計算書類に関する事項として法務省令（計算規則152条）で定めるもの，③債権者が一定の期間内（１か月以上）に異議を述べることができる旨といった事項を官報に公告し，かつ知れている債権者には，各別にこれを催告する（449条２項。例外について，同条３項）。

一定の期間内に異議が述べられなかった場合には，その債権者は，資本金・準備金の額の減少を承認したとみなされる（449条４項）。これに対して，資本金・準備金の額の減少をしてもその債権者を害するおそれがない場合を除き，債権者が一定の期間内に異議を述べた場合に，会社は，その債権者に対し，弁済するか，相当の担保を提供し，またはその債権者に弁済を受けさせることを目的として信託会社等に相当の財産を信託しなければならない（同条５項）。

問題は，「債権者を害するおそれ」の判断基準である。これについて，判例は，資本金の額の減少によって抽象的に将来に向けて剰余金の分配可能性が高まるというだけでなく，より具体的な影響が債権者に与えられるかを検討して判断する必要があり，その判断にあたっては，資本金の額の減少の直後に剰余金の配当等が予定されているか否かに加え，当該債権者の債権の額，その弁済期等を総合的に勘案し，当該債権者に対して不当に付加的なリスクを負わせることがないかの観点から行うべきであると解する（大阪高判平成29・４・27判タ1446・142）。

5 資本金・準備金の増加

会社は，剰余金の額を減少して，資本金の額を増加することができ，この場合には株主総会の決議（普通決議）によって，①減少する剰余金の額，②資本金額の増加の効力発生日という事項を定めなければならない（450条１項・２項）。その際に，減少する剰余金の額は，資本金額の増加の効力発生日における剰余金の額を超えてはならないとされる（同条３項）。

また，会社は，剰余金の額を減少して，準備金の額を増加することができ，この場合には，株主総会の決議（普通決議）によって①減少する剰余金の額，②準備金額の増加の効力発生日という事項を定めなければならない（451条１項・２項）。その際にも，減少する剰余金の額は，資本金額の増加の効力発生日における剰余金の額を超えてはならない（同条３項）。

6 任意積立金等

株式会社は，株主総会の普通決議によって，損失の処理，任意積立金の積立てその他の剰余金の処分（資本金・準備金の増加と減少に関して定めるものおよび剰余金の配当その他株式会社の財産を処分するものを除く）をすることができる。この場合においては，その剰余金の処分の額その他の法務省令（会社則116条，計算規則153条）で定める事項を定めなければならないとされる（452条）。こうした規定から明らかなように，会社の任意積立金の積立て等について会社法は，強制せず，それを株主総会の決議に委ねている。

第４節　利益の分配

1　総　説

株式会社は，会社自身を除き，その株主に対し剰余金の配当をすることができる(453条)。株主への利益の分配は，株主に対する剰余金の配当という形によって実現される。会社法上，株主は剰余金の配当を受ける権利を有すると規定される（105条１項１号)。この権利は，会社の営利性に由来し，自明のものである。しかし，剰余金の配当が無制限にできるようになると，会社の財産的基盤を危うくし，会社の経営に支障をきたし，また会社債権者の利益を害するおそれが生じ得る。剰余金の配当の場面においては，株主と会社債権者との利害が最も衝突しやすいということを考慮して，両者の利害を調整するためには，会社法は，分配可能額の算出要件を明確化するにより，剰余金の配当を制約し，規律する。会社法上の配当規制等に違反した者は，相応の責任が追及されることになる。

なお，会社法は，自己株式の有償取得と剰余金の配当との類似性を考慮して，自己株式の取得に対する財源規制と剰余金の配当規制を統一的に捉え，規律を設けている。

2　剰余金の配当の手続

(1)　剰余金の額

剰余金の額は，基本的に最終事業年度の末日における純資産額と自己株式の帳簿価額との合計額から，負債の額，資本金・準備金の額の合計額，法務省令（計算規則149条）で定める各勘定科目に計上した額の合計額を差し引いて得た額であるが，さらにそれに最終事業年度の末日後に加算・控除の調整が必要とされる項目を加えて算定された額が，ここにいう剰余金の額となる。具体的な算定方法として，剰余金の額は，次の①～④に述べる額の合計額から⑤～⑦に述べる額の合計額を減じて得た額であるとされる（446条)。

それは，①最終事業年度の末日における資産の額，自己株式の帳簿価額の合計額から，負債の額，資本金・準備金の額の合計額，法務省令（計算規則149条）で定める各勘定科目に計上した額の合計額を減じて得た額，②最終事業年度の末日後に自己株式の処分をした場合における当該自己株式の対価の額から当該自己株式の帳簿価額を控除して得た額，③最終事業年度の末日後に資本金の額の減少をした場合における当該減少額（447条１項２号の額を除く)，④最終事業年度の末日後に準備金の額の減少をした場合における当該減少額（448条１項２号の額を除く)，⑤最終事業年度の末日後に自己株式の消却をした場合（178条1項）における当該自己株式の帳簿価額，⑥最終事業年度の末日後に剰余金の配当をした場合における次の合計額――(i)配当財産の帳簿価額の総額（454条4項1号。ただし，所定の金銭分配請求権[5)]を行使した株主に割り当てた当該配当財産の帳簿価額を除く），(ii)所定の金銭分配請求権（454条4項1号）を行使した株主に交付した金銭の額の合計額，(iii)基準未満株式（456条）の株主に支払った金銭の額の合計額，⑦法務省令（計算規則150条）で定める各勘定科目に計上した額の合計額，というものである。

(2)　剰余金の配当に関する事項の決定

株式会社は，剰余金の配当をする場合にそのつど株主総会の決議（普通決議）を経て，①配当財産の種類（自己株式等を除く）および帳簿価額の総額，②株主に対する配当財産の割当てに関する事項，③剰余金の配当の効力発生日という事項を定めなければならない（454条1項）。また，剰余金の配当について内容の異なる2以上の種類の株式を発行している場合に，株式会社は，種類の株式の内容に応じ，株主に対する配当財産の割当てに関する事項として，①ある種類の株式の株主に対して配当財産の割当てをしないこととするときは，その旨および当該株式の種類，②①の事項のほか，配当財産の割当てについて株式の種類ごとに異なる取扱いを行うときは，その旨および異なる取扱いの内容という事項を定めることができる（同条2項）。

さらに，株主に対する配当財産の割当てに関する事項についての定めは，株主（当該株式会社および前記①の種類の株式の株主を除く）の有する株式の数（配当財産の割当てについて株式の種類ごとに異なる取扱いについての定めがある場合に，各種類の株式の数）に応じて配当財産を割り当てることを内容とするものでなければならない（454条3項）。これは，株主平等の原則を具現化した規定である。

なお，配当財産が金銭以外の財産（現物配当）である場合に，株式会社は，株主総会の特別決議によって，①株主に対して金銭分配請求権を与えるときは，その旨および金銭分配請求権を行使することができる期間（その末日は剰余金の配当の効力発生日以前の日である），②一定の数未満の数の株式（法文上「基準未満株式」と呼ばれる）を有する株主に対して配当財産の割当てをしないこととするときは，その旨およびその数という事項を定めることができる（454条4項・309条2項10号）。

そのほか，取締役会設置会社は，取締役会の決議によって中間配当（1事業年度の途中において回数が1回，配当財産が金銭に限る剰余金の配当）をすることができる旨を定款で定めることができる（454条5項）。

---

5)　ここにいう金銭分配請求権とは，配当財産に代えて金銭を交付することを株式会社に対して請求する権利である（454条4項1号かっこ書）。

(3) 金銭分配請求権の行使

金銭分配請求権を株主に与える場合には，株式会社は，その権利行使の期間の末日の20日前までに，株主に対し，金銭分配請求権付与の旨と権利行使の期間を通知しなければならない（455条１項）。会社は，金銭分配請求権を行使した株主に対し当該株主が割当てを受けた配当財産に代えて，当該配当財産の価額に相当する金銭を支払わなければならない。この際に，①その配当財産が市場価格のある財産である場合にその配当財産の市場価格として法務省令（計算規則154条）で定める方法により算定される額，②①以外の場合に会社の申立てにより裁判所が定める額は，その配当財産の価額であるとされる（455条２項）。

(4) 現物配当の基準株式数を設定した場合の取扱い

株式会社は，基準株式数（現物配当を享受できる一定の持株数）に満たない数の株式を有する株主に対し，基準株式数の株式を有する株主が割当てを受けた配当財産の価額として定めた額に当該基準未満株式の数の基準株式数に対する割合を乗じて得た額に相当する金銭を支払わなければならない（456条）。これは，少数の株式しか有しない株主が不利な扱いを受けないようにするための措置である。

(5) 配当財産の交付

配当財産（それにかわる金銭の支払いおよび基準株式数未満の株式を有する株主に対する金銭の支払いを含む）は，株主名簿に記載し，または記録した株主（登録株式質権者を含む）の住所または株主が株式会社に通知した場所において交付されなければならない（457条１項）。配当財産の交付に要する費用は，原則として会社の負担であるとされるが，株主の責めに帰すべき事由によってその費用が増加した場合に，その増加額は，株主が負担するとされる（同条２項）。

(6) 取締役会による剰余金の配当等の決定

剰余金の配当は，原則として株主総会の決議（普通決議）によって決定されるが，その例外の場合もある（459条）。すなわち，会計監査人設置会社（取締役〔監査等委員会設置会社では，監査等委員である取締役以外の取締役〕の任期の末日が選任後１年以内に終了する事業年度のうち最終のものに関する定時株主総会の終結の日後の日であるものおよび監査役設置会社であって監査役会設置会社でないものを除く）は，剰余金の配当等の事項を取締役会が定めることができる旨を定款で定めることができる（同条１項）。このような定款の定めは，最終事業年度に係る計算書類が法令・定款に従い株式会社の財産および損益の状況を正しく表示しているものとして法務省令

（会社則116条，計算規則155条）で定める要件に該当する場合に限り，その効力を有するとされる（459条2項）。この趣旨は，適正な財務処理を求めることにある。

また，このような定款の定めがある場合には，株式会社は，剰余金の配当等の事項を株主総会の決議によっては定めない旨を定款で定めることもできるとされる。ただし，このような場合も適正な財務処理が求められる（460条）。

(7) 剰余金の配当に対する制限

a．分配可能額による制限　会社法は，分配可能額について定義を明文化している（461条2項）。分配可能額とは，次の①および②に述べる額の合計額から，③から⑥までに述べる額の合計額を減じて得た額をいう。それは，①剰余金の額，②臨時計算書類につき441条4項の承認（同項ただし書に規定する場合は同条3項の承認）を受けた場合における次に述べる額――(i)441条1項2号の期間（臨時決済日の属する事業年度の初日から臨時決済日まで）の利益の額として法務省令（会社則116条，計算規則156条）で定める各勘定科目に計上した額の合計額，(ii)441条1項2号の期間内に自己株式を処分した場合における当該自己株式の対価の額，③自己株式の帳簿価額，④最終事業年度の末日後に自己株式を処分した場合における当該自己株式の対価の額，⑤②の場合における441条1項2号の期間の損失の額として法務省令（会社則116条，計算規則157条）で定める各勘定科目に計上した額の合計額，および⑥前記③④⑤に述べるもののほか法務省令（会社則116条，計算規則158条）で定める各勘定科目に計上した額の合計額，というものである。

剰余金の配当を含めた以下のような行為により株主に対して交付する金銭等（自己株式を除く）の帳簿価額の総額は，その行為の効力発生日における分配可能額を超えてはならないとの制限を受ける（461条1項）。その行為とは，①会社による譲渡制限株式の買取り（138条1号ハ・2号ハ），②子会社からの自己株式の取得（156条1項・163条），市場取引等による自己株式の取得（165条1項），③株主総会決議に基づき取締役（会）の決定による自己株式の取得（157条1項），④全部取得条項付種類株式の取得（173条1項），⑤相続人等に対する売渡し請求による自己株式の取得（176条1項）⑥所在不明株主の持株の会社による買取り（197条3項），⑦端数処理のための会社による株式の買取り（234条4項），⑧剰余金の配当，というものである。

このように，会社法は，剰余金の配当のみならず，一定の自己株式の取得に対しても分配可能額という制約を加え，横断的に財源規制をしている。そうした規制は，債権者に先立って会社から株主に対して会社財産（金銭）が交付される点では，剰余金の配当の場合が会社による自己株式の有償取得の場合と同様であると考慮した結果である。

b．純資産額による制限　株式会社の純資産額が300万円を下回る場合には，剰余金の配当はできないとされる（458条）。その趣旨は，過少資本の会社の場合には，剰余金があってもそれを株主に配当することを禁止して，会社債権者の保護を強化することにある。

3　剰余金の配当等に関する責任

(1)　違法な剰余金配当の返還責任

分配可能額を超えて剰余金の配当を行った場合（通常，俗に蛸（たこ）配当と呼ばれる）には，当該違法な配当行為は無効であると解される。違法な剰余金の配当行為に関する責任は，次のように明文化されている。

すなわち，①違法な配当行為により金銭等の交付を受けた者，ならびに②当該違法な配当行為に関する職務を行った業務執行者（業務執行取締役〔指名委員会等設置会社では，執行役〕その他当該業務執行取締役の行う業務の執行に職務上関与した者として法務省令〔会社則116条，計算規則159条１項８号〕で定めるものをいう），および③当該違法な配当行為が株主総会の決議によった場合（ただ，当該決議によって定められた配当財産の帳簿価額が当該決議の日における分配可能額を超える場合に限る）における当該株主総会に係る総会議案提案取締役，または④当該行為が取締役会の決議によった場合（ただ，当該決議によって定められた配当財産の帳簿価額が当該決議の日における分配可能額を超える場合に限る）における当該取締役会に係る取締役会議案提案取締役は，会社に対し連帯して金銭等の交付を受けた者が交付を受けた金銭等の帳簿価額に相当する金銭を支払う義務を負う（462条１項）。業務執行者等に対して，こうした義務を負わせることは，違法な配当行為により金銭等の交付を受けた者に返還責任を負わせても，その返還の完全な実現が困難であると考慮したからである。

しかし，前記の業務執行者等が負うべき義務は，過失責任であるとされる。すなわち，その職務を行うについて注意を怠らなかったことを証明した場合は，その金銭等の返還義務を負わない（同条２項）。業務執行者等の義務は，原則として免除することができないが，総株主の同意を経たのであれば，違法な配当行為時における分配可能額を限度としてその義務が免除できるとされる（同条３項）。

(2)　株主に対する求償権の制限等

剰余金配当の行為により株主に対して交付した金銭等の帳簿価額の総額が当該行為の効力発生日における分配可能額を超えることにつき善意の株主は，その交付を受けた金銭等について，金銭を支払った前記の業務執行者等者からの求償の請求に応ずる義務を負わないとされる（463条１項）。ただし，この場合には，会社債権者は，求償の請求に応ずる義務を負う株主に対し，その交付を受けた金銭等の帳簿価額（当該額が当該債権者の会社に対して有する債権額を超える場合には，当該債権額）に相当する金銭を支払わせることができる（同条２項）。これは，会社債権者の保護を強化するための措置である。

⑶　買取請求に応じて株式を取得した場合の責任

株式会社が種類株式の発行等（116条１項）または株式の併合（182条の４第１項）に反対する株主の株式買取請求に応じて株式を取得する場合において，請求した株主に対して支払った金銭の額が支払の日における分配可能額を超えるときは，株式の取得に関する職務を行った業務執行者は，株式会社に対し連帯してその超過額を支払う義務を負う（464条１項本文）。しかし，その業務執行者は，その職務執行について注意を怠らなかったことを証明したのであれば，支払義務を負わないとされる（同条同項ただし書）。なお，その義務は，総株主の同意があれば，免除することができるとされる（同条２項）。

⑷　期末に欠損が生じた場合の責任

会社法は，特別の法定責任として期末に欠損が生じた場合における業務執行者の塡補責任をも明文化している。それによれば，会社が剰余金の配当などの行為（465条１項１号～10号）をした場合に，その行為をした日の属する事業年度（その事業年度の直前の事業年度が最終事業年度でないときは，その事業年度の直前の事業年度）に係る計算書類について，定時株主総会（または取締役会）の承認を受けた時における①自己株式の帳簿価額（461条２項３号），②最終事業年度の末日後に自己株式を処分した自己株式の対価の額（同項４号）および③法務省令（会社則116条計算規則158条）で定める各勘定科目に計上した額（461条２項６号）の合計額が剰余金の額（同項１号）を超えるときは，剰余金の配当などの行為に関する職務を行った業務執行者（462条１項）は，会社に対し連帯してその超過額（欠損額）を支払う義務を負う（465条１項）。

しかし，当該業務執行者がその職務を行うについて注意を怠らなかったことを証明した場合は，欠損塡補の責任が免除できる（過失責任。同条１項ただし書）。また，総株主の同意があれば，責任の免除は可能である（465条２項）。

なお，定時株主総会（または取締役会）が決議した剰余金の配当，資本金・準備金の額の減少決定に伴う剰余金の配当によって生じた欠損については，当該業務執行者は責任が免除される（465条１項10号かっこ書）。

第11章

社　債

第1節　総　説

1　社債の意義

会社法成立前商法には社債に関する定義はなかった。従来講学上，社債とは，公衆に対する起債によって生じた会社に対する債権であって，かつ有価証券の発行が伴われるものであると解されている。会社法は，会社法成立前商法と違って，社債は会社法の規定に基づいて会社が行う割当てにより発生するその会社を債務者とする金銭債権であって，会社法676条各号にいう事項についての定めに従い償還されるものとの定義を設けている（2条23号）。

こうした定義から明らかなように，社債は，会社に対する純粋な債権である。そうなると，社債をめぐる法的処理は，契約法に基づいて行うのであれば足りると考えられる。それにもかかわらず，会社法上の制度として社債制度が構築された背景には，社債の持つ集団性，大量性，有価証券化に伴う流通性といった特色に鑑み，特別の技術的処理や団体的な取扱いを通じて，社債権者を保護するために，会社法上の規律を整備する必要があるからである。

会社法上，すべての会社は社債を発行することができるとされるが，本書では，株式会社による社債発行に限定して述べることとする。

2　社債の種類

会社法と関連法令の規定に基づいて，社債を普通社債と特殊な社債に分類することができる。

⑴ 普通社債

普通社債（straight bond）とは，担保付や転換可能などのような特別な条件を付さないで，予め約定した利率，償還の方法・期限，利息支払の方法・期限に従い発行されるものをいい，会社法上の社債に関する規定のほとんどは普通社債に関するものである。

⑵ 特殊な社債

a．新株予約権付社債　新株予約権付社債とは，新株予約権を付した社債をいう（２条22号）。会社法成立前商法の2001（平成13）年改正によって新株予約権の発行が認められたことに伴い，それまでに発行が認められていた転換社債（convertible bond）と新株引受権付社債が統合され，新株予約権付社債として新たに概念・規定されるようになった。それに続いて，2005（平成17）年に成立した会社法は，会社法成立前商法にあった新株予約権付社債に関する規定を引き継いだ。新株予約権付社債は，実務上通常エクイティー・リンク債と呼ばれる。新株予約権付社債には次のようなメリットがあるといわれる。すなわち，社債権者は，社債としての安定的な償還を期待できると同時に，会社の業績が向上すれば新株予約権を行使して株主となる機会も得られる。他方，会社は，新株予約権を付ける分だけ金利を低く抑え，比較的安く資金調達ができ，資金調達の選択肢が増えることになる。

新株予約権付社債は，新株予約権の部分と社債の部分とを備える特徴を有するため，その発行や流通に際して，この２つの部分を分離することはできないとされる。新株予約権付社債の発行手続は，新株予約権の発行手続に関する規定に従うこととされ，社債の募集の規定（676条～680条）の適用を受けることが排除され（248条），募集新株予約権の申込みは社債の申込みとみなされ（242条６項），新株予約権の権利者となる日に社債の社債権者となる（245条２項）。また，新株予約権付社債の譲渡について，新株予約権と社債のいずれかが消滅しなければ，新株予約権と社債を分離して譲渡することができないとされる（254条２項・３項）。

b．担保付社債　担保付社債とは，社債権担保のために物上担保が付けられた社債をいい，会社法と担信法の適用を受ける。担保付社債には，信託法理を利用して，社債発行会社と社債権者の中間に信託会社を置き，信託会社には社債権者のための物上担保権を信託するという仕組みが組み込まれている。この仕組みに基づいて，社債発行会社は，委託会社として受託会社である信託会社と信託契約（担信２条１項）を締結して，受託会社の信託会社は担保権を取得し，総社債権者のためにのみそれを行使し，社債権者は受益者として担保の利益を債権額に応じて享受することになる（担信37条）。このような仕組みが法定されているのは，社債が大量に発行され，社債権者の数も多く，社債の移転も頻繁であるので，各個の社債について個別に物上担保権を設定することが事実上困難であることが考慮されたからである。担保付社債について，信託会社は社債権者のために社債管理義務を負うが，社債管理者に関する会社法の規定（702条）は，適用しないとされる（担信2条2項・3項）。

⑶　振替社債

振替社債とは，社債等のペーパーレス化を目的とする振替法の適用を受けて，振替機関が取り扱う社債であるが，具体的には次のようなものを指す（振替66条）。すなわち，①(i)各社債の金額が1億円を下回らないこと，(ii)元本の償還について社債の総額の払込みのあった日から1年未満の日とする確定期限の定めがあり，かつ分割払の定めがないこと，(iii)利息の支払期限を(ii)の元本の償還期限と同じ日とする旨の定めがあること，(iv)担信法の規定により担保が付されるものでないことを内容とする短期社債（たとえば，コマーシャル・ペーパー，CP）と，②当該社債の発行の決定において当該決定に基づき発行する社債の全部について振替法の規定の適用を受けることとする旨を定めた社債，である。振替社債は，その権利の帰属が振替口座の原簿・記録により定まり（振替66条1項），また社債券に関する規定を除いて会社法の規定の適用を受ける（振替84条1項本文）とされる。もっとも短期社債については，新株予約権を付することができないこと，社債原簿を作成することを要しないこと，会社法の社債権者集会に関する規定を適用しないことが明記されている（振替83条）。

3　社債と株式との異同

社債と株式とは，株式会社が公衆に発行を通して外部から大量，長期に資金を調達する方法であり，その有価証券化に伴う流通性を有し，かつその保有者が保有期間中に会社から一定の経済的な利益を得られるという点では類似性を持つ。しかし，社債と株式との法的な地位はまったく異なるものである。すなわち，社債権者は，会社の純然たる債権者であるのに対して，株主は，株式会社の社員であり，その実質的所有者である。このような法的な地位の違いから，次のような具体的な差異がみられる。

第1に，社債権者は，会社の経営に関与する権利を与えられていない。これに対して，株主は，株主総会での議決権，株主代表訴訟提起権のような監督是正権などを行使して会社の経営に関与する権利を持つ。第2に，社債権者は，会社に利益が生じたか否かに関係なく定期的に予め決められた利息の支払いを得られる。これに対して，株主は，分配可能額があれば剰余金の配当を得られ，かつ分配可能額内においてしか剰余金の配当を得られない（461条）。第3に，社債権者は，予め決められた償還期間が到来した際に社債の償還を得られる。これに対して，株主は，一定の例外の場合を除いて会社から出資金の払戻しを得ることができない。第4に，社債権者は，会社解散の場合に株主に優先して他の会社債権者と一緒に会社から債権を回収することができる。これに対して，株主は，社債権者を含めた会社債権者に劣後して，会社に残余財産があれば，その有する株式の数に応じてその分配を受けることになる（504条3項）。

もっとも，上場会社の場合は実際に議決権を行使しようともしない少数派株主が数多く存在し，社債権者に化している。また，取得請求権付株式のような社債的な側面を有する株式や，新株予約権社債のような株式的な側面を有する社債が発行されている。こうしたことは，いわゆる社債と株式との法律上・事実上の接近を意味するといわれる。

第2節　社債の発行と流通

1　社債発行の手続

(1)　募集社債に関する事項の決定

募集社債とは，募集に応じて社債の引受けの申込みをした者に対して割り当てられるものをいう（676条1項かっこ書）。会社は，発行する社債を引き受ける者の募集をするときは，そのつど募集社債について次のような事項を定めなければならない（同条）。すなわち，①募集社債の総額，②各募集社債の金額，③募集社債の利率，④募集社債の償還の方法・期限，⑤利息支払の方法・期限，⑥社債券を発行するときは，その旨，⑦社債権者が記名式社債券と無記名式社債券との間の転換に関する規定（698条）による請求の全部または一部をすることができないこととするときは，その旨，⑧社債管理者を定めないときは，その旨，⑨社債管理者が社債権者集会の決議によらずに社債の全部についてする訴訟行為等（706条1項2号）をすることができることとするときは，その旨，⑩社債管理補助者を定めるときは，その旨，⑪各募集社債の払込金額（各募集社債と引換えに払い込む金銭の額をいう）・その最低金額またはこれらの算定方法，⑫募集社債と引換えにする金銭の払込みの期日，⑬一定の日までに募集社債の総額について割当てを受ける者を定めていない場合において，募集社債の全部を発行しないこととするときは，その旨およびその一定の日，⑭そのほか法務省令（会社則162条）で定める事項，である。

取締役会設置会社では，前記の事項の決定は，取締役会の決議によるとされており（362条4項5号），取締役に委ねることが許されない（同条4項）。ただ，指名委員会等設置会社では，取締役会は前記の事項の決定を執行役に委任することができることに留意すべきである（416条4項）。

(2) 募集社債の申込み・割当て

会社は，募集社債の申込者に対し会社の商号，当該募集に係る前記(1)の事項，ならびにその他法務省令（会社則163条）で定める事項を通知する（677条1項）。

申込者は，①申込者の氏名・名称および住所，②引き受ける募集社債の金額および金額ごとの数，③会社が各募集社債の最低金額を定めたときは，希望する払込金額といった事項を記載した書面を会社に交付するか，書面交付に代えて，会社の承諾を得て，それらの事項を電磁的方法により提供する（同条2項・3項）。会社は，申込者の中から募集社債の割当てを受ける者を定め，かつその者に割り当てる募集社債の金額および金額ごとの数を定めるが，申込者の申し込んだ数より少ない数を割り当てることができる（割当自由の原則〔678条1項〕）。

会社は，募集社債と引換えにする金銭の払込みの期日までに申込者に対し割り当てる募集社債の金額および金額ごとの数を通知する（678条2項）。もっとも，募集社債の総額引受契約が締結された場合には，前記の一連行為の履行は要求されない（679条）。会社から募集社債を割り当てられた者，または総額引受契約により募集社債の総額を引き受けた者は，社債権者となる（680条）。また，会社法は，募集社債の応募額がその発行予定総額に達さなかった場合であっても，実際の応募額を総額として社債が成立することとする（打切り発行〔676条1項11号〕）。

なお，社債の払込みについて，1回の全額払いは通常であるが，数回に分けての分割払いも認められる（676条1項12号，会社則162条1号）。

2 社債原簿

会社は，社債発行日以後，遅滞なく社債原簿を作成し，社債原簿には次のような事項（法文上，「社債原簿記載事項」と呼ばれる）を記載し，または記録するとされる（681条）。

すなわち，①募集社債の利率等（676条1項3号～8号の2）の事項その他の社債の内容を特定するものとして法務省令（会社則165条）で定める事項（法文上，募集社債の種類と呼ばれる），②種類ごとの社債の総額および各社債の金額，③各社債と引換えに払い込まれた金銭の額および払込みの日，④社債権者（無記名社債〔無記名式の社債券が発行されている社債をいう〕の社債権者を除く）の氏名・名称および住所，⑤④の社債権者が各社債を取得した日，⑥社債券を発行したときは，社債券の番号，発行の日，社債券が記名式か，または無記名式かの別および無記名式の社債券の数，⑦そのほか法務省令（会社則166条）で定める事項，である。社債権者（無記名社債の社債権者を除く）は，社債発行会社に対し，その社債権者についての社債原簿記載事項を記載した書面の交付（または当該事項の電磁的記録の提供）を請求することができる（682条１項）。

会社は，社債原簿管理人（会社に代わって社債原簿の作成および備置きその他の社債原簿に関する事務を行う者）を定め，当該事務を行うことを委託することができる（683条）。また，会社法は，社債原簿の備置きおよび閲覧等について，株主名簿と同様な規定を置くほか（684条），社債権者に対する通知や社債共有者による権利の行使についても規定している（685条・686条）。

3　社債の流通

⑴　社債権者の権利

社債権者には，約定に従い，社債の返還期限が到来した時に償還（社債の元本の返済），ならびにそれまでの間に利息の支払を受ける権利がある。償還の期限，利息の支払の時期などといった権利の内容は，募集事項で決定され，社債券および社債原簿の記載・記録の事項とされる（681条・691条）。会社法は，会社が募集社債に関する事項を決定する際に社債券の発行を定めたのであれば，社債を社債券という形で有価証券化することができるとした（676条６号）。

⑵　社債券の発行と喪失

社債発行会社は，社債券を発行する旨の定めがある社債を発行した日以後遅滞なく，その社債に係る社債券を発行することを要する（696条）。社債券には，社債発行会社の商号，②その社債券に係る社債の金額，③その社債券に係る社債の種類といった事項およびその番号を記載し，会社の代表者がこれに署名し，または記名押印することを要する（697条１項）。また，社債券には利札を付することができるとされる（同条２項）。社債券から切り離された利札は，利息支払請求権を表章した独立の有価証券として流通することになる。社債券は，記名式または無記名式によって発行される。社債権者は，その無記名式社債券とその記名式社債券との転換を請求することができる（698条）。

社債券喪失者の救済について，喪失した社債券は，公示催告手続（非訟100条）によって無効にすることができるが，社債券の喪失者は，除権決定（非訟106条１項）を得た後でなければ，その再発行を請求することができない（699条）。

⑶　社債の譲渡

社債券を発行する旨の定めがある社債の譲渡は，その社債に係る社債券を交付しなければ，その効力を生じない（効力要件〔687条〕）。社債の譲渡は，その社債を取得した者の氏名・名称および住所を社債原簿に記載し，または記録しなければ，社債発行会社に対抗することができないが，第三者には対抗できる（対抗要件〔688条1項・2項〕）。ただ，無記名社債について，こうした取扱いを適用しないとされる（同条3項）。社債券の占有者は，その社債券に係る社債についての権利を適法に有するものと推定される（689条1項），社債券の交付を受けた者は，その者に悪意または重大な過失があるときを除いて，その社債券に係る社債についての権利を取得する（同条2項）。無記名社債を除き，社債権者の請求によらないで，社債発行会社は，社債発行会社の社債を取得した場合と社債発行会社が有する自己の社債を処分した場合には，社債権者に係る社債原簿記載事項を社債原簿に記載し，または記録しなければならない（690条）。

これに対して，社債を社債発行会社以外の者から取得した者（当該社債発行会社を除く）は，社債発行会社に対しその社債に係る社債原簿記載事項を社債原簿に記載し，または記録することを請求することができ，この請求は，利害関係人の利益を害するおそれがないものとして法務省令（会社則168条）で定める場合を除き，その取得した社債の社債権者として社債原簿に記載され，記録された者またはその相続人その他の一般承継人と共同して行うことを要する（ただし，無記名社債を除く〔691条〕）。

他方，社債券無発行会社の場合には，社債の譲渡は，単に意思表示のみ効力が生じる。ただし，社債権者は，会社やその他の第三者に対抗するために，その氏名・名称および住所を社債原簿に記載し，または記録することを要する（688条1項）。

⑷ 社債の質入れ

社債券が発行される場合には，社債の質入れは，その社債に係る社債券を交付しなければ，その効力を生じず（効力要件〔692条〕），社債の質権者は，継続して当該社債に係る社債券を占有しなければ，その質権をもって社債発行会社その他の第三者に対抗することができない（対抗要件〔693条2項〕）。

他方，社債券無発行会社の場合には，社債の質入れは，意思表示のみによって効力を生じる。ただ，社債の質入れは，その質権者の氏名・名称および住所を社債原簿に記載し，または記録しなければ，社債発行会社その他の第三者に対抗することができない（同条1項）。

⑸ 社債の償還

会社は，募集社債の償還および期限（676条4号）についての約定に従い，社債の償還をする。償還期限が到来する前に社債の償還もできる。ただ，社債発行会社は，利札付社債券が発行されている社債をその償還の期限前に償還する場合に，利札が欠けているときは，その利札に表示される社債の利息の請求権の額を償還額から控除しなければならない（700条１項本文）。利札の所持人は，いつでも社債発行会社に対し利札と引換えに控除額の支払を請求することができる（同条２項）。

権利行使ができる時からという要件のもとで，社債の償還請求権は，10年間行使しないとき，また社債の利息の請求権および前記の利札所持人の控除額支払の請求権は，５年間行使しないとき，いずれも時効によって消滅する（701条）。

なお，社債発行会社が社債の利息の支払を怠ったとき，または定期に社債の一部を償還しなければならない場合において償還を怠ったときは，社債権者集会の決議に基づき，当該決議の執行者は，社債発行会社に対し，一定の期間内（２か月以上）にその弁済をしなければならない旨および当該期間内にその弁済をしないときは当該社債の総額について期限の利益を喪失する旨を書面により通知することができる（〔739条１項〕。または電磁的方法による提供も可能である〔同条２項〕）。社債発行会社は，所定の期間内にその弁済をしなかったときは，当該社債の総額について期限の利益を喪失する（同条３項）。

第３節　社債権者の保護

公衆が保有するという社債の集団性のため，社債権者は，ほとんど少額の債権者であって，社債発行会社が経営困難の状態に陥ったなどの場合に各自が行動して利益の保護を求めるのは決して容易なことではない。そこで，会社法は，そうしたことを想定して，社債権者がいわゆる団体的行動をとることを通じて，その共同の利益を保護するための制度として，社債管理者，社債管理補助者と社債権者集会制度を構築している。

１　社債管理者

(1)　社債管理者の設置

社債管理者とは，社債発行会社によって決定され，社債権者のために弁済の受領・債権の保全その他の社債の管理を行うことの委託を受ける者である（702条本文）。ただし，各社債の金額が１億円以上である場合その他社債権者の保護に欠けるおそれがないものとして法務省令（会社則169条）で定める場合（ある種類の社債の総額を当該種類の各社債の金額の最低額で除して得た数が50を下回る場合）には，社債管理者の設置は強制されない（702条ただし書）。社債管理者になれるのは，銀行，信託会社，そのほかこれらに準ずるものとして法務省令（会社則170条）で定める者であるとされる（703条）。しかし，証券会社は，社債管理者にはなれない（金商法36条の4第1項）。

(2) 社債管理者の義務

社債管理者は，社債の管理に関して社債発行会社と委任契約を締結するが，社債権者とは直接法律関係を持たない。そこで，会社法は，社債権者を保護するために，社債管理者の法定義務として社債権者に対する公平・誠実の義務（公平かつ誠実に社債の管理を行うこと）と善管注意義務（善良な管理者の注意をもって社債の管理を行うこと）を規定している（704条）。

(3) 社債管理者の権限

社債管理者は，社債権者のために社債に係る債権の弁済を受け，または社債に係る債権の実現を保全するために必要な一切の裁判上または裁判外の行為をする権限を有する（705条1項）[1]。そして，社債管理者は，その管理の委託を受けた社債について前記の行為をするために必要があるときは，裁判所の許可を得て，社債発行会社の業務および財産の状況を調査することができる（同条4項）。また，社債管理者が社債に係る債権の弁済を受けた場合には，社債権者は，その社債管理者に対し，社債の償還額および利息の支払を請求することができる。この場合において，社債券を発行する旨の定めがあるときは，社債権者は，社債券と引換えに当該償還額の支払を，利札と引換えに当該利息の支払を請求しなければならない（同条2項）。ただ，社債の償還額・利息の支払の請求権は，これを行使できる時から10年間行使しないときは，時効によって消滅する（同条3項）。

社債管理者は，社債権者集会の決議を経たのであれば，①社債の全部について支払の猶予，債務の不履行によって生じた責任の免除または和解（ただ，後記の②の行為を除く），②社債の全部について訴訟行為または破産手続，再生手続，更生手続・特別清算に関する手続に属する行為（ただし，705条1項に規定する包括的権限を除く）をすることができる（706条1項）。ただし，②の行為については，募集事項で定めた場合には（676条8号），社債権者集会の決議が要らないとされる（706条1項ただし書）。社債管理者は，社債権者集会の決議によらずに②の行為をしたときは，遅滞なくその旨を公告し，かつ知れている社債権者には各別にこれを通知することを要する（同条2項）。社債管理者は，①と②の行為をするために必要がある場合に，裁判所の許可

1) 担保付社債権者が単独で社債の償還を請求する権利を有するかが争われた裁判例では，当該社債権者の単独償還請求が認められた（大判昭和3・11・28民集7・1008〔百選84〕）。学説のほとんどは，当該判例の立場が無担保社債についても妥当であるとしている。

を得て，社債発行会社の業務・財産の状況を調査し得る（同条４項）。

社債権者と社債管理者との利益が相反する場合に，社債権者のために裁判上または裁判外の行為をする必要があるのであれば，裁判所は，社債権者集会の申立てにより，特別代理人を選任しなければならない（707条）。

なお，２以上の社債管理者がある場合には，これらの者が共同してその権限に属する行為をしなければならない。社債管理者は，社債の弁済を受けた場合に，社債権者に対し，連帯してその弁済の額を支払う義務を負う（708条）。

(4) 社債管理者の責任

社債管理者は，社債権者に対して次のような法定責任を負う。

まず，社債管理者は，会社法または社債権者集会の決議に違反する行為をした場合に，社債権者に対し連帯してこれによって生じた損害を賠償する責任を負う（710条１項）。

つぎに，社債管理者は，社債発行会社が社債の償還・利息の支払を怠り，社債発行会社について支払の停止があった後，またはその前３か月以内に，以下のような行為をした場合に，社債権者に対し損害を賠償する責任を負う（710条２項）。

すなわち，①社債管理者の債権に係る債務について社債発行会社から担保の供与・債務の消滅に関する行為を受けること，②社債管理者と法務省令（会社則171条）で定める特別の関係がある者に対して社債管理者の債権を譲り渡すこと（特別の関係がある者が債権に係る債務について社債発行会社から担保の供与・債務の消滅に関する行為を受けた場合に限る），③社債管理者が社債発行会社に対する債権を有する場合において，契約によって負担する債務を専ら債権をもってする相殺に供する目的で社債発行会社の財産の処分を内容とする契約を社債発行会社との間で締結し，または社債発行会社に対して債務を負担する者の債務を引き受けることを内容とする契約を締結し，かつこれにより社債発行会社に対し負担した債務と当該債権とを相殺すること，④社債管理者が社債発行会社に対して債務を負担する場合において，社債発行会社に対する債権を譲り受け，かつ債務と債権とを相殺すること，である。

しかし，社債管理者が誠実にすべき社債の管理を怠らなかったこと，またはその損害が行為によって生じたものでないことを証明した場合には，上記の法定責任を負わないとされる（710条２項ただし書。関連判例として，名古屋高判平成21・５・28判時2073・42〔百選83〕がある）。

(5) 社債管理者の辞任・解任

社債管理者は，社債発行会社および社債権者集会の同意を得て辞任することができる。この場合において，他に社債管理者がないときは，当該社債管理者は，予め事務を承継する社債管理者を定めなければならない（711条１項）。また，社債管理者は，やむを得ない事由があるときは，裁判所の許可を得て辞任することもできる（同条３項）。

裁判所は，社債管理者がその義務に違反した，その事務処理に不適任である，その他正当な理由がある場合には，社債発行会社または社債権者集会の申立てにより社債管理者を解任することができる（713条）。社債管理者の解任等の場合における社債管理者の事務の承継について，他に社債管理者がないのであれば，社債発行会社は，事務を承継する社債管理者を定め，社債権者のために社債の管理を行うことを委託する。この場合においては，社債発行会社は，社債権者集会の同意を得るため，遅滞なくこれを招集し，かつその同意を得ることができなかったときは，その同意に代わる裁判所の許可を申し立てる（714条）。

2 社債管理補助者

(1) 社債管理補助者制度の新設

既述のように，担保付社債を発行する場合には，受託会社を定めなければならないとされており（担信法２条），そして無担保社債を発行する場合であっても，原則として社債管理者を定め，社債権者の保護のために，社債の管理を行うことを委託しなければならないこととされる（702条本文）。しかし，実際には会社が社債を公募により発行する場合には，例外規定（同条ただし書）に基づき，社債管理者を定めていないことが多かったといわれる。

その理由として，会社法上社債管理者の権限が広範であり，またその義務，責任および資格要件が厳格であるため，社債管理者の設置に要するコストが高くなることや，社債管理者となる者の確保が難しいことが挙げられる。もっとも，近年社債管理者を定めないで発行された社債について，その債務の不履行が発生し，社債権者に損失や混乱が生ずるという事例が見られたことを契機として，このような社債について，社債の管理に関する最低限の事務を第三者に委託することを望む声が出てきた。

このような状況を踏まえ，実務上社債管理者または受託会社を定めることを要しない社債を対象として，社債管理者よりも限定された権限および機能を有する社債権者補佐人という名称の社債管理機関を契約に基づいて設置する取組みも進められていた。しかし，このような契約のみによる方法によっては，全ての社債権者の代理人として破産手続等において債権の届出をする場合であっても，個別の社債権者を表示することが必要となり，煩雑である。そのほか，社債権者集会の招集を請求した社債権者の委託を受けて，会社法の規定（718条３項）による裁判所の許可の申立てをすることや，裁判所に対して社債権者集会の決議の認可の申立てをすることなどの業務を社債権者補佐人が行うことが困難であった。

そこで，立法によってこうした問題を解消するために，2019年（令和元）年会社法改正を経て，社債管理補助者制度が新たに導入されるに至った。

(2) 社債管理補助者の設置

各社債の金額が１億円以上である場合その他社債権者の保護に欠けるおそれがないものとして法務省令（会社則169条）で定める場合（702条ただし書）に，会社は，社債管理補助者を定め，社債権者のために社債管理の補助を行うことを委託することができる（714条の２）。ただし，社債が担保付社債である場合に，社債管理補助者の設置は除外される（同条ただし書）。社債管理補助者になれるのは，社債管理者の場合と同様に，銀行，信託会社などのような者のほか，法務省令（会社則171条の２）で定める者として弁護士や弁護士法人をも含むとされる（714条の３・703条）。しかし，証券会社などの金融商品取引業者は，社債管理補助者になれる者から除外されている（金商法36条の４第１項）。

なお，社債管理者等との関係について，社債管理者への委託契約（702条）や担保付社債をめぐる信託契約（担信法２条１項）の効力が生じた場合には，社債管理補助者への委託契約が終了するとされる（714条の６）。

(3) 社債管理補助者の権限等

社債管理補助者は，社債権者のために①破産手続参加，再生手続参加または更生手続参加，②強制執行または担保権の実行の手続における配当要求，③一定の期間内（２か月〔499条１項〕）の債権の申出といった行為をする権限を有すると法定されるほか，社債管理の委託に係る契約に定める範囲内において次のような行為をする権限をも有するとされる（714条の４第１項・第２項）。

すなわち，①社債に係る債権の弁済を受けること，②社債に係る債権の弁済等のために必要な一切の裁判上または裁判外の行為（〔705条１項〕。なお，同条２項・３項は，社債に係る債権の弁済を受けることをする権限を有する社債管理補助者について準用する〔714条の４第５項〕），③社債の全部についての支払いの猶予等の行為（706条１項各号），④社債発行会社が社債の総額について期限の利益を喪失することとなる行為，である。

もっとも，委託契約を締結する場合には，社債管理補助者は，社債権者集会の決議によらなければ，社債の全部についての支払の請求等の行為をしてはならない（714条の４第３項）。なお，社債管理補助者は，委託に係る契約に従い，社債の管理に関する事項を社債権者に報告し，または社債権者がこれを知ることができるようにする措置をとらなければならない（同条４項）。

また，会社は，２以上の社債管理補助者を設置することが可能である。その際に社債管理補助者は，各自その権限に属する行為をすることになる（714条の５第１項）。社債管理補助者が社債権者に生じた損害を賠償する責任を負う場合において，他の社債管理補助者も当該損害を賠償する責任を負うときは，これらの者は連帯債務者であるとされる（同条２項）。

なお，社債管理補助者の役割は基本的に社債管理者のそれと類似性を有するため，社債管理者に関する多くの規定は，社債管理補助者に準用するとされる（714条の７）。

3 社債権者集会

(1) 社債権者集会の意義

社債権者集会とは，社債権者によって社債の種類ごとに組織される合議体である（715条）。社債権者集会は，株主総会と違って臨時的な合議体であるが，会社法に規定する事項や社債権者の利害に関する事項について決議をする権限を有するため（716条），その団体的な行動を通して社債権者を保護することが期待される。

(2) 社債権者集会の招集

社債権者集会は，必要がある場合に原則として社債発行会社，社債管理者または社債管理補助者[2)]がいつでも招集することができる（717条１項～３項）。ある種類の社債の総額（償還済みの額を除く）の10分の１以上にあたる社債を有する社債権者は，社債発行会社，社債管理者または社債管理補助者に対し，社債権者集会の目的である事項および招集の理由を示して，社債権者集会の招集を請求することができる（718条１項）。その際に，社債発行会社が有する自己の当該種類の社債の金額の合計額は，社債の総額に算入されない（同条２項）。①社債権者による招集請求の後遅滞なく招集の手続が行われない場合，②社債権者による請求があった日から８週間以内の日を社債権者集会の日とする社債権者集会の招集の通知が発せられない場合には，請求をした社債権者は，裁判所の許可を得て，社債権者集会を招集することができる（同条３項）。

招集者は，社債権者集会を招集する場合に，①社債権者集会の日時および場所，②社債権者集会の目的である事項，③社債権者集会に出席しない社債権者が電磁的方法

2) 711条１項を準用する形であるが，社債管理補助者が辞任する場合に社債権者集会の同意が必要であるとされるため，その際に社債管理補助者は，社債権者集会を招集することもできるとされる（717条３項２号）。

によって議決権を行使することができることとするときは，その旨，④そのほか法務省令（会社則172条）で定める事項を定めなければならない（719条）。

そしてまた，社債権者集会を招集するには，招集者は，社債権者集会の日の２週間前までに，知れている社債権者および社債発行会社，社債管理者または社債管理補助者がある場合に，社債管理者または社債管理補助者に対して，書面（または電磁的方法）をもって前記①〜④の事項を記載（または記録）した通知を発しなければならない（〔720条１項・２項・３項〕。無記名社債券を発行した場合には，社債権者集会の日の３週間前までに社債権者集会を招集する旨および前記①〜④の事項を公告する〔同条４項〕)。招集通知に関連して，社債権者集会参考書類および議決権行使書面の交付等についての規定も設けられている（721条・722条）。

(3) 社債権者集会の決議

社債権者（自己の社債を有する社債会社を除く）は，社債権者集会において，その有する種類の社債の金額の合計額（償還済みの額を除く）に応じて議決権を有する(723条１項・２項)。無記名社債の社債権者は，議決権を行使する際には社債権者集会の日の１週間前までにその社債券を招集者に提示することを要する（同条３項)。

社債権者集会において決議する事項を可決するには，出席した議決権者（議決権を行使することができる社債権者に限る）の議決権の総額の２分の１を超える議決権を有する者の同意が必要である（724条１項)。ただ，社債権者集会において，①社債全部に関する訴訟行為など（706条１項各号）に関する事項，②関連規定（706条１項・714条の４第３項〔ただし，同条２項３号所定の行為に限る〕・736条１項・737条１項ただし書・738条）により社債権者集会の決議を必要とする事項を可決する場合には，議決権者の議決権の総額の５分の１以上で，かつ出席した議決権者の議決権の総額の３分の２以上の議決権を有する者の同意が必要であるとされる（724条２項)。社債権者集会は，社債権者集会の目的である事項（719条２号）以外の事項について決議をすることができないとされる（724条３項)。

社債権者集会に直接参加できない社債権者の意思表示の機会を確保するために，会社法は，議決権の代理行使（725条)，書面による議決権の行使（726条)，電磁的方法による議決権の行使（727条）ならびに議決権の不統一行使（728条）について規定を設けている。社債発行会社，社債管理者・社債管理補助者は，その代表者・代理人を社債権者集会に出席させ，または書面により意見を述べることができるほか，社債権者集会・招集者は，必要があると認める場合には，社債発行会社に対しその代表者または代理人の出席を求めることができる。ただ，その際に社債権者集会においてその旨の決議を経なければならない（729条)。

社債権者集会の議事について，招集者は，法務省令（会社則177条）で定めるところにより議事録（書面または電磁的記録）を作成し，社債発行会社は，社債権者集会の日から10年間，議事録をその本店に備え置かなければならない。社債管理者・社債管理補助者および社債権者は，社債発行会社の営業時間内にいつでも議事録（書面または電磁的記録）につきその閲覧・謄写を請求することができる（731条）。

⑷　社債権者集会の決議の認可・効力

社債権者集会の決議があったときは，招集者は，当該決議があった日から１週間以内に裁判所に対しその決議の認可の申立てをしなければならない（732条）。これに対して，裁判所は，次のいずれかに該当する場合には，社債権者集会の決議の認可をすることができない（733条）。

すなわち，①社債権者集会の招集の手続またはその決議の方法が法令または社債募集のための当該社債発行会社の事業その他の事項に関する説明に用いられた資料に記載され，記録された事項に違反するとき，②決議が不正の方法によって成立するに至ったとき，③決議が著しく不公正であるとき，④決議が社債権者の一般の利益に反するとき，である。社債発行会社は，社債権者集会の決議の認可または不認可の決定があった場合に遅滞なくその旨を公告しなければならない（735条）。

社債権者集会の決議は，裁判所の認可を受けなければその効力を生じない（734条１項）。効力が生じた社債権者集会の決議は，その種類の社債を有するすべての社債権者に対してその効力を有する（同条２項）。社債権者集会の決議の執行は，社債管理者（社債管理者のある場合），社債管理補助者（ただ，社債管理補助者が置かれており，かつ社債管理補助者の権限に属する行為に関する事項を可決する旨の社債権者集会の決議があった場合に限る）または代表社債権者（社債管理者と社債管理補助者が設置される場合以外の場合）によってなされることになるが，社債権者集会の決議が別に社債権者集会の決議の執行者を定めた場合は，その定めに従うとされる（737条１項）。

⑸　代表社債権者

社債権者集会は，決議によってその種類の社債の総額（償還済みの額ならびに社債発行会社の有する自己社債を除く）の1000分の１以上に当たる社債を有する社債権者の中から，１人または２人以上の代表社債権者が選任され，代表社債権者に社債権者集会で決議される事項の決定を委任することができる（736条１項・２項）。代表社債権者が２人以上ある場合に，社債権者集会において別段の定めが行われなかったときは，委任事項の決定は，その過半数をもって行われる（同条３項）。また，社債権者集会は，決議によって，いつでも代表社債権者・決議執行者を解任し，またはこれらの者に委任した事項を変更することができる（738条）。

第12章

会社の基礎的変更

会社の基礎的変更（fundamental changes）とは，株主の利益に重大な影響を及ぼす事項を変更することをいう。こうした事項を変更するにあたっては，株主総会の決議要件として原則的に株主総会の特別決議が必要とされる。本章では，会社の基礎的変更にあたる事項としての定款の変更，事業譲渡等，組織変更，組織再編（合併，会社分割，株式交換・株式移転と株式交付）について述べることとする[1)]。

第1節　定款の変更

定款の変更とは，会社の成立後，会社の根本規則の内容を変更することをいう。定款の変更には，現在の規定の変更・削除のほか，新規定の追加が含まれる。また，変更の内容には，絶対的記載（または記録）事項，相対的記載（または記録）事項のほか，任意的記載（または記録）事項が含まれる。定款の変更は，会社の設立中における定款の作成と異なり，公証人による認証が要らない。

会社は，定款の変更にあたって，株主総会の決議によると規定されている（466条）。その決議は，原則として特別決議であるとされる（309条2項11号）。ただし，例外として取締役会決議によってできる場合がある。たとえば，株式分割における発行可能株式総数に関する定款の変更（184条2項）や，株式の分割と同時に単元株式数を増加し，または単元株式数についての定款の定めを設ける定款の変更（191条1項）などがそれにあたる。こうした場合には，株主の利益が害されるおそれがないからである。

また，種類株式発行会社が①株式の種類の追加，②株式の内容の変更，③発行可能株式総数または発行可能種類株式総数の増加について定款の変更（ただし，111条1項または2項に規定するものを除く）をすることによって，ある種類の株式の種類株主に損害を及ぼすおそれがある場合に，当該行為は，当該種類の株式の種類株主を構

1）　いうまでもなく，会社の基礎的変更にあたる事項は，これらに限らず，本書における該当個所で既述の株式の併合などをも含む。

成員とする種類株主総会（ただし，当該種類株主にかかる株式の種類が２以上ある場合に，当該２以上の株式の種類別に区分された種類株主を構成員とする各種類株主総会を指す）の決議がなければ，その効力を生じないとされる（322条１項１号）。このように，通常の株主総会の決議を経た後で，種類株主総会の承認決議を必要とすることは，当該種類の株式を有する種類株主の利益の保護を考慮したからである。なお，一定の事項に関する定款変更の決議に反対する株主に対して株式買取請求が付与されている（116条・117条）。

定款変更の効力は，原則として株主総会の決議の成立により生じる。いうまでもなく，決議の際に定款変更の効力発生日を決定することもできる。

第２節　事業譲渡等

1　事業譲渡等とは

事業譲渡とは，会社の事業の全部または重要な一部を譲渡することであり，会社がその事業を移転する方法である。事業譲渡は，会社の取引行為であるが，会社の基礎的変更をきたし，会社・株主の利益に重大な影響を与えるため，会社法は，株主総会の特別決議を要することなど手続の面を重点的に整備して株主利益の保護を図ることとしている。また，事業譲渡と並べて，会社・株主の利益に重大な影響を与える会社の幾つかの行為（法文上「事業譲渡等」と呼ばれる）が同様な手続に基づいてなされることは規定されている。

事業譲渡等とは，具体的に，①事業の全部の譲渡，②事業の重要な一部の譲渡（ただし，当該譲渡により譲り渡す資産の帳簿価額が当該株式会社の総資産額として法務省令〔会社則134条〕で定める方法により算定される額の５分の１〔定款の定めによる割合の低減が可能である〕を超えないものを除く），③子会社の株式または持分の全部または一部の譲渡（ただし，(i)当該譲渡により譲り渡す株式または持分の帳簿価額が当該株式会社の総資産額として法務省令（会社則同条）で定める方法により算定される額の５分の１（定款の定めによる割合の低減が可能である）を超える場合，(ii)当該株式会社が効力発生日において当該子会社の議決権の総数の過半数の議決権を有しない場合のいずれにも該当する），④他の会社の事業の全部の譲受け，⑤事業の全部の賃貸，事業の全部の経営の委任，他人と事業上の損益の全部を共通にする契約その他これらに準ずる契約の締結，変更または解約，⑥事後設立で，あるとされる（467条１項１号～５号）。

2　事業譲渡等に関する手続規制

(1)　事業譲渡等の承認が要る場合

株式会社は，事業譲渡等の行為をする場合には，当該行為の効力発生日の前日までに，株主総会の特別決議によって当該行為に係る契約の承認を受けなければならない（467条1項本文・309条2項11号）。そしてまた，他の会社の事業の全部を譲り受ける場合に，当該行為をする株式会社が譲り受ける資産に当該株式会社の株式が含まれるときは，取締役は，株主総会において当該株式に関する事項を説明しなければならない（467条2項）。

(2)　事業譲渡等の承認が要らない場合

まず，略式手続と呼ばれる場合である（468条1項）。すなわち，事後設立を除いた前記の事業譲渡等の行為に係る契約の相手方（譲受会社等）が当該事業譲渡等をする株式会社の特別支配会社である場合は，株主総会の特別決議による承認は要らないとされる。特別支配会社とは，ある株式会社（たとえば，Ｂ会社）の総株主の議決権の10分の９（定款の定めによる割合の増加が可能である）以上を他の会社（たとえば，Ａ会社）および当該他の会社（Ａ会社）が発行済株式の全部を有する株式会社（たとえば，Ｃ会社）その他これに準ずるものとして法務省令（会社則136条）で定める法人が有している場合における当該他の会社（Ａ会社）であると定義される（468条１項かっこ書）。この定義によれば，Ａ会社自身，またはＡ会社の完全子会社のＣ会社がＢ会社の総株主の議決権の10分の９以上を有する場合に，Ａ会社はＢ会社の特別支配株主となる。この場合には，株主総会を招集して特別決議を行う意味があまりないからである。

つぎに，簡易手続と呼ばれる場合である（468条２項）。すなわち，他の会社の事業の全部を譲り受ける場合に，当該他の会社の事業の全部の対価として交付する財産の帳簿価額の合計額が当該株式会社（譲受会社）の純資産額として法務省令（会社則137条）で定める方法により算定される額の５分の１（定款の定めによる割合の低減が可能である）を超えない場合に，当該株式会社（譲受会社）の株主総会の特別決議による承認は要らないとされる。ただ，この場合において，法務省令（会社則138条）で定める数の株式（株主総会において議決権を行使することができるものに限る）を有する株主が事業譲渡等に関する通知または公告の日から２週間以内に他の会社の事業の全部を譲り受ける行為に反対する旨を，当該行為をする株式会社に対し通知したときは，当該株式会社は，効力発生日の前日までに，株主総会の特別決議によって当該行為に係る契約の承認を受けなければならない（468条３項）。

(3) 事後設立

事後設立とは，株式会社（発起設立または募集設立〔25条１項各号〕の方法により設立したものに限る）が成立後２年以内においてその成立前から存在する財産であって，かつその事業のために継続して使用するものを取得することをいう（467条１項５号本文）。事後設立に際して，株主総会の特別決議による承認手続のほか，簡易手続も認められている（同号ただし書）が，略式手続は認められていない（468条１項）。事後設立に関する規制は，会社設立段階における現物出資や財産引受に対する規制を逃れることを防止するための措置である。

3 反対株主の株式買取請求権

(1) 意 義

反対株主の株式買取請求権（apprasial rights of shareholder）とは，会社の基礎的変更などにあたる事項を決議する場合に，そうした決議に反対する株主が公正な価格でその保有する株式を会社に買い取るよう請求して，その投下資本を回収することができるようにする法定の権利である。一定の定款の変更，事業譲渡等，組織再編（合併，会社の分割，株式交換・株式移転，株式交付）などに対して決議がなされる場合に，決議に対する反対の株主は，株式買取請求権を付与されている。この権利付与の趣旨は，会社の基礎的変更を株主総会での多数決により可能としながらも，これに反対する少数派株主にその経済的な利益を確保した上で会社から退出する機会を与えることにある。そのため，反対株主の株式買取請求権は，少数派株主の利益を保護する機能を有するものである。

(2) 反対株主の株式買取請求権の行使

事業譲渡等をする場合（ただし，事業の全部の譲渡に関して株主総会が決議したと同時に会社の解散をも決議した場合，他社の事業の全部の譲受けに関して簡易手続がなされた場合を除く）には，反対株主は，事業譲渡等をする株式会社に対し，自己の有する株式を公正な価格で買い取ることを請求することができる（469条１項）。

ここにいう反対株主とは，下記の場合における株主をいう（469条２項）。すなわち，１つ目は，事業譲渡等をするために株主総会（種類株主総会を含む）の決議を要する場合における①当該株主総会に先立って当該事業譲渡等に反対する旨を当該株式会社に対し通知し，かつ当該株主総会において当該事業譲渡等に反対した株主（当該株主総会において議決権を行使することができるものに限る），②当該株主総会において議決権を行使することができない株主を指す。２つ目は，１つ目の場合以外の場合（決議が要らない場合）における全ての株主（ただし，略式手続がなされる場合の特別支配会社を除く）である。

事業譲渡等をする株式会社は，効力発生日の20日前までに，その株主（ただし，略式手続がなされる場合における当該特別支配会社を除く）に対し，事業譲渡等をする旨を通知しなければならない（469条３項）。ただ，株式会社は，①事業譲渡等をする株式会社が公開会社である場合，②事業譲渡等をする会社が株主総会の特別決議（467条１項）によって事業譲渡等に係る契約の承認を受けた場合には，公告をもって通知に代えることができる（469条４項）。

また，株式買取請求をする株主は，効力発生日の20日前の日から効力発生日の前日までの間に，その株式買取請求に係る株式の数を明らかにし，株券が発行される株式について買取請求をする場合に，当該株式の株主は，株式会社に対し当該株式に係る株券を提出しなければならない（〔同条５項・６項〕。ただし，223条により株券喪失登録を請求した者を除く）。なお，株式買取請求をした株主は，事業譲渡等をする株式会社の承諾を得た場合に限り，その株式買取請求を撤回することができるほか，事業譲渡等を中止したときは，株式買取請求は，その効力を失うとされる（469条７項・８項）。

⑶　株式の価格の決定等

株式買取請求があった場合に，株式の価格の決定について，株主と事業譲渡等をする株式会社との間に協議が調ったときは，会社は，効力発生日から60日以内にその支払をしなければならない（470条１項）。しかし，効力発生日から30日以内にその協議が調わないときは，株主または会社は，その期間の満了の日後30日以内に，裁判所に対し価格の決定の申立てをすることができる（同条２項）。もっとも，株式買取請求の撤回について会社の承諾が要ることにかかわらず，効力発生日から60日以内に裁判所に対する価格の決定の申立てがない場合に，その期間の満了後，株主は，いつでもその請求を撤回することができる（同条３項）。

株式会社は，裁判所の決定した価格に対する法定期間（効力発生日から60日以内）の満了の日後の法定利率により算定した利息をも支払わなければならない（470条４項・１項）。株式会社は，株式の価格の決定があるまでは，株主に対し，当該株式会社が公正な価格と認める額を支払うことができ，株式買取請求に係る株式の買取りは，効力発生日にその効力を生ずることになる（同条５項・６項）。株券発行会社は，株券が発行されている株式について株式買取請求があったときは，株券と引換えにその株式買取請求に係る株式の代金を支払う（同条７項）。

4　株主総会の特別決議を要する事業譲渡の意味

会社法上，株主総会の特別決議を要する事業譲渡についての定義は置かれていない。そこで，その意味の解明が解釈に委ねられることになる。判例は，会社法成立前商法245条１項１号に規定する営業譲渡（営業は会社法上の事業と同じ意味とされる）と会社法成立前商法24条以下（会社法21条～24条）に規定する営業譲渡とが同様であると解した上で，営業（事業）譲渡は営業そのものの全部または重要な一部を譲渡することであって，次にいうような要件を満たす必要があると明らかにした（最（大）判昭和40・９・22民集19・６・1600〔百選85〕）。すなわち，営業（事業）譲渡とは，一定の営業の目的のため組織化され，有機的一体として機能する財産（得意先関係等の経済的価値のある事実関係を含む）の全部または重要なる一部を譲渡し，これによって譲渡会社がその財産によって営んでいた営業的活動の全部または重要な一部を譲受人に受け継がせ，譲渡会社がその譲渡の限度に応じ，法律上当然に競業避止業務を負う結果を伴うものをいう。

これに対して，学説上争いがある。判例の立場と同じ見解をとる学説がある一方，それに反対する学説もある。賛成説は，根拠として法解釈の統一性・安定性の観点から商法15条・会社法21条以下に定められる営業（事業）譲渡と同一意義を有するものと解するのが適当であること，特別決議を要する事業譲渡かどうかが事業活動の承継と競業避止義務の負担の有無を基準として比較的容易に判断できるので，法律関係の明確性・取引の安全が確保されることを挙げる。反対説は，事業譲渡を有機的一体性を有する機能的・組織的財産の譲渡それ自体であることとして捉えるが，事業活動の承継や競業避止義務の負担は要件でないとする。その主な理由は，会社法467条１項１号・２号が譲渡会社・株主の保護を図るために，事業譲渡によって会社の運命に重大な影響を及ぼす場合に株主総会の特別決議を要件とする規定だからであるとされる。

第３節　組織変更

1　組織変更の意義

組織変更とは，会社がその法人格を保持しながら，その組織を変更することによって，株式会社が持分会社（合名会社，合資会社または合同会社）になり，またそれとは逆に持分会社（合名会社，合資会社または合同会社）が株式会社になることをいう（２条26号）。組織変更をする場合に，組織変更計画の作成が義務づけられる（743条）。組織変更の効力発効日は，組織変更計画に定められた日であり（744条１項９号），効力発効日に株式会社が持分会社（745条1項），または持分会社が株式会社となる（747条1項）。ただ，効力発生日の変更も可能であるとされる（780条1項）。

2　組織変更の手続

(1)　組織変更計画

株式会社が組織変更をする場合には，当該株式会社は，組織変更計画において，①組織変更後持分会社が合名会社，合資会社または合同会社のいずれであるかの別，②組織変更後持分会社の目的，商号および本店の所在地，③組織変更後持分会社の社員についての事項（(i)当該社員の氏名・名称および住所，(ii)当該社員が無限責任社員または有限責任社員のいずれであるかの別，(iii)当該社員の出資の価額），④組織変更後持分会社の定款で定める事項などを定めなければならない（744条1項）。そして，③については，組織変更後持分会社が合名会社であるときは，その社員の全部を無限責任社員とする旨，組織変更後持分会社が合資会社であるときは，その社員の一部を無限責任社員とし，その他の社員を有限責任社員とする旨，組織変更後持分会社が合同会社であるときは，その社員の全部を有限責任社員とする旨が定められなければならない（同条2項～4項）。また，組織変更計画に関する書面・電磁的記録の備置きおよび閲覧等について会社法は規定を設けている（775条参照）。

なお，持分会社の組織変更計画についても，会社法上詳細な規定が置かれている（746条）。

(2)　総株主・総社員の承認，新株予約権買取請求と債権者の異議手続

組織変更をする株式会社は，効力発生日の前日までに組織変更計画について総株主の同意を得なければならない（776条1項）。というのは，組織変更それ自体がすべての株主にとってその利益に重大な影響を与えるからである。また，組織変更をする株式会社は，効力発生日の20日前までに，その登録株式質権者および登録新株予約権質権者に対して組織変更をする旨を通知または公告することを要する（同条2項・3項）。組織変更をする持分会社は，効力発生日の前日までに，組織変更計画について当該持分会社の総社員の同意を得なければならない。ただ，定款に別段の定めがある場合は，それに従って取扱いがなされることになる（781条1項）。

組織変更をする株式会社の新株予約権の新株予約権者は，会社に対し自己の有する新株予約権を公正な価格で買い取ることを請求することができる（777条参照）。

組織変更をする株式会社の債権者は，当該株式会社に対し組織変更について異議を述べることができる（779条参照）。

第4節　合　併

1　合併の意義

合併（会社の合併）とは，２つ以上の会社を契約によって１つの会社に統合することである。会社法上，合併には吸収合併と新設合併という２つの形態があると規定されている。吸収合併とは，合併当事会社（たとえば，Ａ会社とＢ会社）のうち，１つの会社（Ａ会社）が存続し，他の会社（Ｂ会社）が存続する会社（Ａ会社）に吸収され，消滅することである（２条27号）のに対して，新設合併とは，合併当事会社（たとえば，Ｃ会社とＤ会社）が全部消滅し，１つの新会社（たとえば，Ｅ会社）を設立することである（同条28号）。吸収合併の場合には，Ａ会社は，存続会社（法文上，吸収合併存続会社と呼ばれる）であって，Ｂ会社は，消滅会社（法文上，吸収合併消滅会社と呼ばれる）である。そして，新設会社の場合には，Ｃ会社とＤ会社は，ともに消滅会社（法文上，新設合併消滅会社と呼ばれる）であって，Ｅ会社は，新設会社（法文上，新設合併設立会社と呼ばれる）である。

合併は，事業譲渡（467条）と並んで企業を統合する行為であるが，組織法上の行為であって，取引法上の行為である事業譲渡とは異なる。合併が行われると，その効果として消滅会社の権利義務が包括的に存続会社または新設会社に承継される（750条・752条・754条・756条）。これに対して，事業譲渡の場合には，譲渡会社から譲受会社への財産の移転が個別的に行われる。また，合併は，消滅会社が解散となる（471条４号）が，清算手続を行うことを要しない。これに対して，事業譲渡では，必ずしも譲渡会社が解散することにはならないが，譲渡会社が解散する場合には，清算手続を行うことが必要である。なお，合併については，吸収合併の場合における消滅会社の解散登記と存続会社の変更登記，そして新設合併における消滅会社の解散登記と新設会社の設立登記がそれぞれ要求される（921条・922条）。

2　手　続

会社法は，合併の手続について詳細な規定を設けており，その構成について，まず吸収合併と新設合併に分けて，それに続いて，吸収合併では，吸収合併消滅会社（株式会社の手続と持分会社の手続）と吸収合併存続会社（株式会社の手続と持分会社の手続），新設合併では新設合併消滅会社（株式会社の手続と持分会社の手続）と新設合併設立会社（株式会社の手続と持分会社の手続）に分けるという形をとる。また，会社法は，合併，会社分割と株式交換・株式移転の手続について，横断的な規制を行っている。以下では，合併の手続について主に株式会社に関する手続を述べることとする。

(1)　合併契約の締結

株式会社と持分会社を問わず，いずれもが他の会社と合併をすることができる（748条）。合併をする会社は，合併契約を締結しなければならない（同条）。合併契約の締結について，いわゆる契約自由の原則が当然貫かれるが，存続会社，消滅会社および新設会社の商号・住所，合併の対価，合併の効力発生日，合併交付金など多くの事項を定めること，株主総会の承認決議を経ることが規定されている（749条・753条・754条）。合併契約が定める事項のうち，とりわけ合併の対価には留意すべきであろう。合併の対価に関しては，会社法成立前商法と違って，いわゆる対価の柔軟化が実現されており，株式・持分のみではなく，社債，新株予約権，金銭などをも合併の対価とすることができる。この対価の柔軟化は，企業買収の容易化を図るべきという要望に応えるために実現されたものである。

(2)　合併契約等情報の事前開示

合併の当事会社（吸収合併の場合における存続会社・消滅会社，ならびに新設合併の場合における消滅会社）は，合併契約等に関する書面または電磁的記録を合併契約等備置開始日（通常は，合併承認決議に関する株主総会の日の２週間前の日となるが，例外がある）から吸収合併・新設合併の効力発生日後６か月を経過する日（ただ，消滅株式会社にあっては，効力発生日）までの間，合併契約の内容その他法務省令（会社則182条・同191条・同204条）で定める事項を記載した書面（または記録した電磁的記録）をその本店に備え置かなければならず，株主・会社債権者は，当該会社に対して，その営業時間内にいつでも合併契約の書面等の閲覧，ならびにその謄本の交付を請求することができる（782条・794条・803条）。

(3)　合併の承認決議

吸収合併の当事会社は，効力発生日の前日までに株主総会の特別決議によって合併契約等の承認を受け，そして新設合併の当事会社は，新設会社の成立日までに株主総会の特別決議を受けなければならない（783条１項・795条１項・804条１項・309条２項２号）。ただ，吸収合併または新設合併により消滅する株式会社が公開会社であり，かつ当該株式会社の株主に対して交付する金銭等の全部または一部が譲渡制限株式等である場合は，当該株主総会の特殊決議によることが必要とされる（309条３項２号・３号）。

また，株主総会による承認に関して，吸収合併の場合に，①差損が生じる（存続会社の承継債務額がその承継資産額を超える）とき，または②存続会社の消滅会社株主に対して交付する金銭等（ただ，存続会社の株式等を除く）の帳簿価額が承継資産額から承継債務額を控除して得た額を超えるときには，取締役は，株主総会において，その旨を説明しなければならない（795条2項1号・2号)。承継資産の中に，存続会社の株式（自己株式）が含まれるときにも，同じく取締役による説明が必要とされる(同条3項)。

(4) 略式手続・簡易手続

合併に関する略式手続や簡易手続の場合には株主総会の決議は不要とされる。

a．略式手続　吸収合併の場合における略式合併は，次のとおりである。

まず，存続会社が消滅会社の特別支配会社である場合は，消滅会社の株主総会の特別決議を要しないとされる（784条1項本文)。ただ，吸収合併における合併対価等の全部または一部が譲渡制限株式等である場合であって，消滅会社が公開会社であり，かつ種類株式発行会社でないときは，株主総会の決議を要するとされる（同条1項ただし書)。

つぎに，消滅会社が存続会社の特別支配会社である場合は，存続会社の株主総会の決議を要しないとされる（796条1項本文)。ただ，消滅会社の株主に対して交付する金銭等の全部または一部が存続会社の譲渡制限株式である場合であって，存続会社が公開会社でないときは，株主総会の決議を要するとされる（同条1項ただし書)。

b．簡易手続　簡易手続について，吸収合併における存続会社に対してのみ規定が置かれている。

すなわち，下記の①に掲げる合計額の②に掲げる額に対する割合が5分の1（存続会社の定款の定めによる割合の低減が可能である）を超えない場合には，株主総会の決議も取締役による説明も要らないとされる（〔796条2項〕。ただし，例外もある〔同項ただし書〕)。すなわち，①の合計額は，（ｉ）消滅会社の株主に対して交付する存続会社の株式の数に1株当たり純資産額を乗じて得た額，（ii）消滅会社の株主に対して交付する存続会社の社債，新株予約権または新株予約権付社債の帳簿価額の合計額，（iii）消滅会社の株主に対して交付する存続会社の株式等以外の財産の帳簿価額の合計額，②は，存続会社の純資産額として法務省令（会社則196条）で定める方法により算定される額を指す。

法務省令（会社則197条）で定める数の株式（株主総会において議決権を行使することができる者に限る）を有する株主が所定の通知・公告（797条3項・4項）の日から2週間以内に吸収合併に反対する旨を存続会社に対し通知した場合も，存続会社は，効力発生日の前日までに株主総会の決議によって吸収合併契約の承認を受けなければならない（796条３項・309条２項12号）。

(5)　反対株主の株式・新株予約権の買取請求権

合併をする場合に，反対株主は，会社に対し自己の有する株式を公正な価格で買い取ることを請求することができる（785条１項柱書〔吸収合併消滅会社〕・797条１項柱書〔吸収合併存続会社〕・806条１項柱書〔新設合併消滅会社〕）。ここにいう反対株主とは，①合併をするために株主総会（種類株主総会を含む）の決議を要する場合に，（ⅰ）当該株主総会に先立って当該合併に反対する旨を当該株式会社に対し通知し，かつ当該株主総会において当該合併に反対した株主（当該株主総会において議決権を行使することができるものに限る），（ⅱ）当該株主総会において議決権を行使することができない株主，②①の場合以外の場合（株主総会の決議が要らない場合），そのすべての株主（ただ，略式手続における特別支配会社を除く）をいう（785条２項・797条２項・806条２項）。そして，公正な価格の決定基準については，主として①「ナカリセバ価格」（2005〔平成17〕年会社法成立前商法の法文上の表現で，「総会決議がなければ有すべき価格」の意味である）と②合併等による企業価値の増加（シナジー効果）を反映した価格（最決平成23・４・19民集65・３・1311〔百選86〕）という２つの要素を入れるべきであると解されている。

反対株主の株式買取請求の行使手続等（785条・786条・797条・798条・806条・807条）は，前述の事業譲渡等の場合と同様である。

また，吸収合併の効力が発生し，または新設会社が成立すると，消滅会社の新株予約権が消滅することになる（750条４項・754条４項）。それに備えて，会社法は，次のような場合において，消滅会社の新株予約権者が消滅会社に対してその有する新株予約権を公正な価格で買い取るよう請求することができると規定する（787条１項・808条１項）。すなわち，それは，消滅株式会社の新株予約権者に対して，その有する新株予約権に代わる対価として交付される存続会社または新設会社の新株予約権の内容等または交付される金銭の額等が消滅会社の当該新株予約権を発行する際に定めた合併時の承継条項（236条１項８号イ）に合致しない場合を指す。

(6)　会社債権者の保護手続

前述の組織変更と並んで，合併は株主のほか会社の債権者の利益にも重大な影響を与えるため，会社法は，会社債権者の保護のため，債権者の異議手続を設けている。

合併の当事会社の債権者は，会社に対して合併について異議を述べることができる（789条１項１号〔吸収合併消滅会社の場合〕・799条１項１号〔吸収合併存続会社の場合〕・

810条１項１号〔新設合併消滅会社の場合〕)。その異議手続は，次のようなものである(789条２項以下・799条２項以下・810条２項以下)。すなわち，債権者が異議を述べることができる場合に，合併の当事会社は，①合併をする旨，②消滅会社・存続会社・新設会社の商号および住所，③消滅会社および存続会社の計算書類に関する事項として法務省令（会社則188条・同199条・同208条）で定めるもの，④債権者が一定の期間内（１か月以上）に異議を述べることができる旨という事項を官報に公告し，かつ知れている債権者には各別にこれを催告しなければならない。

もっとも，官報のほか，日刊新聞紙上での公告または電子公告を行う場合には，知れている債権者への各別の催告は要らないとされる。債権者が一定の期間内に異議を述べなかったときは，当該債権者は，当該合併について承認をしたものとみなされる。債権者が一定の期間内に異議を述べたときは，合併の当事会社は，当該債権者に対し，弁済や相当の担保の提供をし，または当該債権者に弁済を受けさせることを目的として信託会社等に相当の財産を信託しなければならない。ただし，当該合併をしても当該債権者を害するおそれがないときは，このような行為は要らないとされる。

(7) 合併に関する書面等の事後開示

吸収合併の場合における存続会社は，効力発生日後遅滞なく，吸収合併により存続会社が承継した消滅会社の権利義務その他の吸収合併に関する事項として法務省令（会社則200条）で定める事項を記載し，または記録した書面等（電磁的記録を含む）を作成し，効力発生日から６か月間当該書面等をその本店に備え置かなければならない（801条１項・３項１号)。存続会社の株主および債権者は，存続会社に対してその営業時間内にいつでも書面等の閲覧，その謄本・抄本の交付を請求することができる(同条４項)。新設合併の場合における新設会社は，その成立の日後遅滞なく，それと同様なことを行うことが求められる（815条１項・３項１号・４項)。

3　合併の差止請求

瑕疵のある合併を事前に救済する手段としては，2014（平成26）年会社法改正を経て導入された合併の差止請求制度がある。すなわち，合併が法令・定款に違反するなどのことで，株主が不利益を受けるおそれがある場合に，合併の当事会社の株主は，会社に対し合併をやめることを請求することができる（784条の２第１号〔吸収合併消滅会社〕・796条の２第１号〔吸収合併存続会社〕・805条の２〔新設合併消滅会社〕)。

ただ，略式手続がなされる場合に，合併が法令・定款の違反に該当しなくとも，合併の対価などが消滅会社または存続会社の財産の状況その他の事情に照らして著しく不当であるとき，それによって不利益を受ける株主も会社に対し合併をやめることを請求することができる（784条の２第２号〔吸収合併消滅会社〕・796条の２第２号〔吸収合併存続会社〕）。これに対して，簡易手続がなされる場合に，株主の差止請求は認められないとされる（796条の２ただし書〔吸収合併存続会社〕）。

4　合併無効の訴え

瑕疵のある合併を事後的に救済する手段として，合併の無効の訴えがある（828条１項７号・８号）。すなわち，合併が効力を生じた後でも，その合併手続に違法があれば，その効力が争われることになる。合併の無効は，訴えをもってのみ主張されなければならない（同条１項柱書）。これによって，無効の効果が画一的に確定され，法的安定性が図られる。

合併無効の訴えは，合併の効力発生日から６か月以内に限り提起されなければならない（828条１項７号・８号）。提訴権者は，合併の効力発生日に合併の当事会社の株主等（株主，取締役または清算人〔監査役設置会社では株主，取締役，監査役または清算人，指名委員会等設置会社では株主，取締役，執行役または清算人〕をいう）・社員等（社員または清算人をいう）であった者，または存続会社・新設会社の株主等・社員等，破産管財人，合併について承認しなかった債権者とされる（828条２項７号・８号・１号）。これに対して，被告となるのは，存続会社（834条７号〔吸収合併の場合〕）と新設会社（同条８号〔新設合併の場合〕）である。なお，専属管轄・担保提供命令・弁論等の併合・原告が敗訴した場合に悪意または重過失があったときの損害賠償責任などの規定は，合併無効の訴えについても適用される（835条～837条・846条）。

合併無効の訴えを認容する確定判決は，第三者に対しても効力を有する（対世効〔838条〕）。ただ，当該確定判決は，遡及効を有せず，将来に向かってのみ合併の効力を失うとされる（839条）。そうすると，合併によって消滅した会社が復活し，新設した会社が消滅する。合併の効力発生日後に存続会社や新設会社が負担する債務について，合併の当事会社は，連帯して弁済責任を負い（843条１項１号・２号），存続会社や新設会社が取得した財産は，合併の当事会社の共有に属する（同条２項本文）。また，債務の負担部分および財産の共有持分は，合併の各当事会社が協議によって定める（同条３項）。しかし，協議が調わない場合に，裁判所は，合併の各当事会社の申立てにより，合併の効力発生時における各当事会社の財産の額その他一切の事情を考慮してそれを定めることになる（同条４項）。

合併の無効の訴えについて，とりわけ問題とされるのは，無効原因である。何が無効原因にあたるかは，会社法が規定しておらず，解釈に委ねられている。合併契約が作成されていないこと，合併契約が作成されたが法定事項が定められていないこと，合併承認決議がないこと，債権者異議手続に違反したことなど，いわゆる重大な手続違反が無効原因にあたると解される。合併手続違反ではなく，合併比率の不公正が無効原因にあたるかについて，判例は否定するが（東京高判平成２・１・31資料版商事法務77・193〔百選91〕），学説上争いがあり，合併比率の著しい不公正は無効原因であると解すべきである。

第５節　会社分割

1　会社分割の意義

会社分割とは，１つの会社を２つ以上の会社に分けることをいう。会社法は，会社の分割について吸収分割と新設分割という２つの形態を規定する。吸収分割とは，株式会社または合同会社（たとえば，Ａ会社）がその事業に関して有する権利義務の全部または一部を分割後他の会社（たとえば，Ｂ会社）に承継させることをいい（２条29号），Ａ会社は吸収分割会社，Ｂ会社は吸収分割承継会社とそれぞれ呼ばれる。そして，新設分割とは，１または２以上の株式会社，または合同会社（たとえば，Ｃ会社〔分割される会社が１つの場合〕）がその事業に関して有する権利義務の全部または一部を分割により設立する会社（たとえば，Ｄ会社）に承継させることをいい（２条30号），Ｃ会社は新設分割会社，Ｄ会社は新設分割設立会社とそれぞれ呼ばれる。また，吸収分割・新設分割をすることができる会社は，株式会社と合同会社に限られる（757条・762条）。これに対して，株式会社と持分会社のすべては，いずれも吸収分割承継会社・新設分割設立会社になることができるとされる（760条・765条）。

通常，会社分割の対価となる株式等が分割会社に交付される場合を物的分割といい，分割会社の株主に交付される場合を人的分割という。会社法は，物的分割のみを規定しているが（758条４号・763条６号），従来会社法成立前商法において認められていた人的分割を規定しておらず，物的分割を行ったうえで，吸収分割承継会社または新設分割設立会社の株式のみを配当財産とすることを認めることで，人的分割と同様な効果の実現を可能としている（758条８号ロ・763条12号ロ）。

なお，吸収分割については，吸収分割会社および吸収分割承継会社が変更の登記をし，新設分割については，新設分割会社が変更の登記をし，新設分割設立会社が設立の登記をすることを要求される（923条・924条）。

2　手　続

会社法は，会社分割の手続について詳細な規定を設けており，その構成について，まず吸収分割と新設分割に分けて，それに続いて，吸収分割では，吸収分割会社（株式会社の手続と持分会社の手続）と吸収分割承継会社（株式会社の手続と持分会社の手続），新設分割では新設分割会社（株式会社の手続と持分会社の手続）と新設分割設立会社（株式会社の手続と持分会社の手続）に分けるという形をとる。以下では，会社分割の手続について主に株式会社に関する手続を述べることとする。

(1)　吸収分割契約の締結・新設分割計画の作成

株式会社または合同会社は吸収分割をすることができる（757条）。この場合においては，吸収分割会社がその事業に関して有する権利義務の全部または一部を吸収分割承継会社との間で吸収分割契約を締結しなければならない（同条）。吸収分割契約において，①吸収分割会社と吸収分割承継会社の商号および住所，②吸収分割承継会社が吸収分割会社から承継する資産，債務，雇用契約その他の権利義務，③吸収分割承継会社が吸収分割に際して吸収分割会社に対してその事業に関する権利義務の全部または一部に代わる金銭等を交付するときは，当該金銭等についての諸事項，④吸収分割の効力発生日，などのことを定めなければならない（758条参照）。吸収分割承継会社は，効力発生日に吸収分割契約の定めに従い吸収分割会社の権利義務を承継することになる（759条）。

１または２以上の株式会社または合同会社は，新設分割をすることができ，この場合においては，新設分割計画を作成し，また２以上の株式会社または合同会社が共同して新設分割をする場合には，当該２以上の株式会社または合同会社は，共同して新設分割計画を作成しなければならないとされる（762条）。新設分割計画において，①新設分割設立会社の目的，商号，本店の所在地および発行可能株式総数，②新設分割設立会社の定款で定める事項，③新設分割設立会社の設立時取締役の氏名，④新設分割設立会社が新設分割会社から承継する資産，債務，雇用契約その他の権利義務に関する事項，⑤新設分割設立会社が新設分割に際して，新設分割会社に対して交付するその事業に関する権利義務の全部または一部に代わる当該新設分割設立会社の株式の数またはその数の算定方法，ならびに当該新設分割設立会社の資本金および準備金の額に関する事項などのことが定められなければならない（763条参照）。新設分割設立会社は，その成立の日に新設分割計画の定めに従い，新設分割会社の権利義務を承継することになる（764条）。

(2)　吸収分割契約・新設分割計画等情報の事前開示

会社分割の当事会社（吸収分割の場合における吸収分割会社・承継会社，ならびに新設分割の場合における新設分割会社）による吸収分割契約・新設分割計画等情報の備え置き，株主・会社債権者への閲覧等の提供について，会社法は，合併の場合と同様なことを規定する（782条・794条・803条）。

⑶　会社分割の承認決議

吸収分割の当事会社は，効力発生日の前日までに株主総会の特別決議によって吸収分割契約等の承認を受け，そして新設分割の当事会社は，新設会社の成立日までに株主総会の特別決議を受けなければならない（783条１項・795条１項・804条１項・309条２項12号）。

⑷　略式手続・簡易手続

合併の場合と同様，会社分割について，会社法は，株主総会の決議を要しないとする略式手続や簡易手続をも規定している（784条・796条・805条）。

⑸　反対株主の株式買取請求権・一定の新株予約権者の買取請求権

合併の場合と同様，会社法は，反対株主の株式買取請求権・一定の新株予約権者の新株予約権買取請求権，ならびにそれらの権利の行使手続について規定を設けている（吸収分割の場合における分割会社について785条・786条・787条・788条，承継会社について797条・798条。新設分割会社について806条・807条・808条・809条）。

⑹　会社債権者の保護手続

ａ．会社債権者の異議手続　会社分割とは，会社がその事業に関して有する権利義務の全部または一部を分割後他の会社，または分割により新たに設立する会社に承継させることである。そうすると，分割会社の負っている債務が吸収分割契約や新設分割計画によって分割会社，承継会社および新設会社に分散することになり得る。そこで，会社法は，会社債権者を保護するための異議申立制度を設けている（789条・799条・810条）。その手続は，基本的に合併の場合と同様である。

異議を述べることができる会社債権者は，吸収分割の場合に分割後分割会社に対して債務の履行を請求し得ない分割会社債権者（789条１項２号），承継会社の債権者（799条１項２号），新設分割においては分割後分割会社に対して債務の履行を請求し得ない分割会社債権者（810条１項２号）である。ただ，分割会社が全部取得条項付種類株式を取得し（〔171条１項〕。取得対価が承継会社または設立会社の株式に限る〔758条８号イ・763条１項12号イ〕），または剰余金を配当する（配当財産が承継会社または設立会社の株式に限る〔758条８号ロ・763条１項12号ロ〕）場合には，分割会社に債務の履行を請求し得る債権者も異議を述べることができる（789条１項２号かっこ書・810条１項２号かっこ書）。

b．詐害的会社分割と残存債権者の保護　詐害的会社分割とは，承継会社または設立会社に承継されない債務の債権者（分割会社の残存債権者）を不当に害する会社分割をいう。会社法は，2014（平成26）年改正を経て，残存債権者を保護するために以下のような規定を設けるに至った（詐害的会社分割が民法424条に規定する詐害行為にあたりその取消しを認めた判例は，最判平成24・10・12民集66・10・3311〔百選93〕などがある）。

すなわち，吸収分割会社が残存債権者を害することを知って吸収分割をした場合には，残存債権者は，吸収分割承継株式会社に対して，承継した財産の価額を限度として，当該債務の履行を請求することができる（759条４項本文）。ただし，吸収分割承継株式会社が吸収分割の効力が生じた時において残存債権者を害すべき事実を知らなかったときは，当該債務の履行責任を負わないとされる（同項ただし書）。また，取得対価が承継会社の株式に限るとされる全部取得条項付種類株式の取得や配当財産が承継会社の株式に限るとされる剰余金の配当という事項について吸収分割契約に定めがある場合には，当該債務の履行責任を負わないとされる（同条５項）。当該履行責任は，吸収分割会社が残存債権者を害することを知って吸収分割をしたことを知った時から２年以内に請求または請求の予告をしない残存債権者に対しては，その期間を経過した時に消滅するほか，効力発生日から10年を経過したときも，消滅する（同条６項）。なお，吸収分割会社について破産手続開始の決定，再生手続開始の決定または更生手続開始の決定があったときは，残存債権者は，吸収分割承継株式会社に対して債務履行請求権を行使することができない（同条７項）。

以上のような規定は，株式会社を設立する新設分割に対して同様に設けられている（764条４～７項）。

(7)　会社分割に関する書面等の事後開示

合併の場合と同様に，会社法は，会社分割に関する書面等を備え置き，株主および会社債権者等の閲覧等に供することをも規定している（791条・801条・811条・815条）。

3　会社分割の差止請求

合併の場合と同様に，会社分割の場合も，簡易手続の場合を除いて，当事会社の株主は，会社分割をやめることを請求できる権利が認められている（784条の２・796条の２・805条の２）。

4　会社分割の無効の訴え

合併の場合と同様に，瑕疵のある会社分割を事後的に救済する手段として，会社分割の無効の訴えがある（828条１項９号・10号）。会社分割の無効の訴えは，会社分割の効力発生日から６か月以内に限り提起されなければならない（同項９号・10号）。提訴権者は，①吸収分割の効力発生日において吸収分割契約をした会社の株主等・社員等であった者，または吸収分割契約をした会社の株主等，社員等，破産管財人・吸収分割について承認をしなかった債権者，②新設分割の効力発生日において新設分割をする会社の株主等・社員等であった者，または新設分割をする会社・新設分割により設立する会社の株主等，社員等，破産管財人・新設分割について承認をしなかった債権者であるとされる（同条２項９号・10号・１号）。これに対して，被告となるのは，吸収分割契約をした会社（834条９号〔吸収分割の場合〕）と新設分割をする会社・新設分割により設立する会社（同条10号〔新設分割の場合〕）である。

また，専属管轄・担保提供命令・弁論等の併合・原告が敗訴した場合に悪意または重過失があったときの損害賠償責任など，会社分割の無効の訴えについて適用される規定が置かれている（835条～837条，846条）。なお，会社分割の無効の訴えを認容する確定判決の対世効（838条），将来効（839条），確定判決による当事者会社の債務の負担（843条１項３号・４号・２項）について，合併の場合と同様に規定が置かれている。

なお，会社分割の無効原因は，会社法が明文化しておらず，合併無効の訴えの場合と同様に，解釈に委ねられることになる。

第６節　株式交換と株式移転

1　株式交換と株式移転の意義

株式交換とは，株式会社がその発行済株式の全部を他の株式会社または合同会社に取得させることをいう（２条31号）。たとえば，Ａ会社がその株式の全部を既存のＢ会社に取得させた場合に，Ｂ会社は，完全親会社（法文上「株式交換完全親会社」と呼ばれる〔767条かっこ書〕），Ａ会社は，完全子会社（法文上「株式交換完全子会社」と呼ばれる〔768条１項１号かっこ書〕）になる。株式移転とは，１または２以上の株式会社がその発行済株式の全部を新たに設立される株式会社に取得させることをいう（２条32号）。たとえば，Ｃ会社がその株式の全部を新たに設立されるＤ会社に取得させた場合に，Ｃ会社は，完全子会社（法文上「株式移転完全子会社」と呼ばれる〔773条１項５号〕），Ｄ会社は，完全親会社（法文上「株式移転設立完全親会社」と呼ばれる〔同項１号かっこ書〕）になる。株式交換と株式移転の制度は，いわゆる持株会社の設立を容易にすることができるように1999（平成11）年に会社法成立前商法に導入され，その後2005（平成17）年に成立した会社法に引き継がれたのである。現在，株式交換と株式移転は，完全親子会社関係の形成には非常に便利な方法になっており，よく利用される制度である。

株式交換と株式移転の定義から明らかなように，完全子会社になり得るのは，株式会社に限り，完全親会社となるのは，株式交換の場合は株式会社と合同会社，株式移転の場合は株式会社であるとされる。また，登記の関係では，株式移転だけに対して，新たに設立された株式会社について設立登記をすることを要求される（925条）。これに対して，株式交換の登記は要求されない。

2　手　続

会社法は，株式交換・株式移転の手続について詳細な規定を設けており，その構成について，まず株式交換と株式移転に分けて，それに続いて，株式交換では，株式交換完全子会社（株式会社の手続）と株式交換完全親会社（株式会社の手続と持分会社〔合同会社〕の手続），株式移転では，株式移転完全子会社（株式会社の手続）と株式移転設立完全親会社（株式会社の手続）に分けるという形をとる。以下では，株式交換と株式移転の手続について主に株式会社に関する手続を述べることとする。

(1)　株式交換契約の締結・株式移転計画の作成

株式会社は，株式交換をすることができる（767条）。この場合においては，当該株式会社は，その株式の全部を取得としてその完全親会社となる会社（株式会社または合同会社）との間で株式交換契約を締結しなければならない（同条）。株式交換契約において，①株式交換完全親会社と株式交換完全子会社の商号および住所，②株式交換完全親会社が株式交換に際して株式交換完全子会社の株主にその株式に代わる金銭等を交付するときは，当該金銭等についての諸事項，③株式交換の効力発生日，などのことを定めなければならない（768条参照）。株式交換完全親会社は，効力発生日に株式交換完全子会社の株式の全部を取得することになる（769条１項）。

１または２以上の株式会社は，株式移転をすることができ，この場合に株式移転計画を作成し，また２以上の株式会社が共同して株式移転をする場合に，当該２以上の株式会社は，共同して株式移転計画を作成しなければならない（772条）。株式移転計画において，①株式移転設立完全親会社の目的，商号，本店の所在地および発行可能株式総数，②株式移転設立完全親会社の定款で定める事項，③株式移転設立完全親会社の設立時取締役の氏名，④株式移転設立完全親会社が株式移転に際して，株式移転完全子会社の株主に対して交付するその株式に代わる当該株式移転設立完全親会社の株式の数またはその数の算定方法，ならびに当該株式移転設立完全親会社の資本金および準備金の額に関する事項などのことが定められなければならない（773条参照）。

株式移転設立完全親会社は，その成立の日に株式移転完全子会社の株式の全部を取得することになる（774条1項）。

(2) 株式交換契約・株式移転計画等情報の事前開示

株式交換と株式移転の当事会社（株式交換完全子会社・完全親会社，ならびに株式移転完全子会社）による株式交換契約・株式移転計画等情報の備え置き，株主・会社債権者への閲覧等の提供について，会社法は，合併・会社分割の場合と同様な規定を設けている（782条・794条・803条）。

(3) 株式交換契約・株式移転計画の承認決議

株式交換の当事会社は，効力発生日の前日までに株主総会の特別決議によって株式交換契約の承認，そして株式移転の当事会社は，株主総会の特別決議により株式移転計画の承認を受けなければならない（783条1項・795条1項・804条1項・309条2項12号）。

(4) 略式手続・簡易手続

合併・会社分割の場合と同様，株式交換は，略式手続や簡易手続が認められており，それによって株主総会の決議を要しないことになる（784条・796条）。

(5) 反対株主の株式買取請求権・一定の新株予約権者の買取請求権

合併・会社分割の場合と同様に，会社法は，反対株主の株式買取請求権・一定の新株予約権者の新株予約権買取請求権，ならびにそれらの権利の行使手続について規定を設けている（株式交換完全子会社について785条・786条・787条・788条，株式交換完全親会社について797条・798条，株式移転完全子会社について806条・807条・808条・809条）。

(6) 会社債権者の保護手続

株式交換・株式移転が完全親子会社関係を形成する措置であるので，消滅会社が生じることはなく，各当事会社の財産が変動することもない。したがって，会社法は，原則として会社債権者の保護手続を規定していないが，対価の柔軟化に対応して，例外的に保護規定を設けている（789条1項3号・799条1項3号・810条1項3号）[2)]。

---

2) たとえば，株式交換の場合には，完全子会社の株主に対して交付する金銭等が親会社の株式その他これに準ずるものとして法務省令（会社則198条）で定めるもののみである場合以外の場合などにおいて，完全親会社の債権者は，株式交換完全親会に対して異議を述べることできるとされる（799条1項3号）。

(7)　株式交換・株式移転に関する書面等の事後開示

合併・会社分割の場合と同様に，会社法は，株式交換・株式移転に関する書面等を備え置き，株主および会社債権者等の閲覧等に供することをも規定している（791条・801条・811条・815条）。

3　株式交換と株式移転の差止請求

合併・会社分割の場合と同様に，株式交換・株式移転の場合も，簡易手続の場合を除いて，当事会社の株主は，株式交換・株式移転をやめることを請求できる権利が認められている（784条の２・796条の２・805条の２）。

4　株式交換と株式移転の無効の訴え

合併・会社分割の場合と同様に，瑕疵のある株式交換・株式移転を事後的に救済する手段として，株式交換・株式移転の無効の訴えがある（828条１項11号・12号）。株式交換・株式移転の無効の訴えは，株式交換・株式移転の効力発生日から６か月以内に限り提起されなければならない（同号）。提訴権者は，①株式交換の効力が生じた日において株式交換契約をした会社の株主等・社員等であった者，または株式交換契約をした会社の株主等，社員等，破産管財人・株式交換について承認をしなかった債権者，②株式移転の効力発生日において株式移転をする会社の株主等・社員等であった者，または株式移転をする会社・株式移転により設立する会社の株主等，社員等，破産管財人・株式移転について承認をしなかった債権者であるとされる（同条２項11号・12号・１号）。これに対して，被告となるのは，株式交換契約をした会社（834条11号〔株式交換の場合〕）と株式移転をする会社・株式移転により設立する会社である（834条12号〔株式移転の場合〕）。

また，専属管轄・担保提供命令・弁論等の併合・原告が敗訴した場合に悪意または重過失があったときの損害賠償責任など，株式交換・株式移転の無効の訴えについて適用される規定が置かれている（835条－837条・846条）。なお，株式交換・株式移転の無効の訴えを認容する確定判決の対世効（838条），将来効（839条）について，合併・会社分割の場合と同様な規定が置かれている。株式交換・株式移転の無効を認容する確定判決が出た後，すでに取得・交付された株式の取扱いについて規定も置かれている（844条）。

なお，株式交換・株式移転の無効原因は，会社法が明文化しておらず，合併無効の訴えの場合と同様に，解釈に委ねられることになる。

第7節　株式交付

1　株式交付の意義

株式交付とは，ある株式会社が他の株式会社をその子会社とするために当該他の株式会社の株式を譲り受け，その株式の譲渡人に対して当該株式の対価として当該株式会社の株式を交付することをいう（2条32の2号）。たとえば，A会社がB株式会社をその子会社とするために，B会社の株式を譲り受け，B会社の株式の譲渡人に対して対価としてA会社の株式を交付した場合に，A会社は，親会社（法文上，株式交付親会社と呼ばれる），B会社は，子会社（法文上，株式交付子会社と呼ばれる）になる。株式交付子会社とは，ある株式会社が財務および事業の方針の決定を支配する場合の他の株式会社であって，すなわちある株式会社が他の株式会社の議決権の総数に対する自己（その子会社および子法人等を含む）の計算において所有している議決権の割合が100分の50を超えている場合の他の株式会社をいう（2条3号，会社則3条3項1号・同4条の2）。

既存の株式会社間において完全親子会社関係を形成する手法として，組織法上の行為である株式交換がある。それに加えて，さらに完全親子会社関係には至らなくても，50%超の議決権を保有することにより親子会社関係を形成する新たな組織法上の行為を法定して，それを企業買収が比較的容易にできる手法とすべきであるという実務界からの要請に応えるために，2019（令和元）年会社法改正を経て株式交付制度が新設された。

株式交付と株式交換は，いずれも株式の交換を通じて親子会社を形成する手法であるが，株式交換は，2つの既存の株式会社間の契約によって実現されるのに対して，株式交付は，親会社となる株式会社と子会社となる株式会社の株主との間の株式譲渡という取引を通じて実現される。

2　手　続

(1)　株式交付計画の作成

株式会社は，株式交付をすることができ，その際に株式交付計画の作成が要求される（774条の2）。株式交付計画において，① 株式交付子会社の商号・住所，②株式交付親会社が株式交付に際して譲り受ける株式交付子会社の株式の数の下限，③株式交付親会社が株式交付に際して株式交付子会社の株式の譲渡人に対して当該株式の対価として交付する株式交付親会社の株式の数またはその数の算定方法ならびに当該株式交付親会社の資本金・準備金の額に関する事項，④株式交付子会社の株式の譲渡人に対する株式交付親会社の株式の割当てに関する事項，⑤株式交付親会社が株式交付に際して株式交付子会社の株式の譲渡人に対して当該株式の対価として金銭等（株式交付親会社の株式を除く）を交付するときは，当該金銭等の関連事項（対価の柔軟化。株式交付親会社の社債などの交付），⑥株式交付子会社の株式・新株予約権等の譲渡しの申込みの期日，⑦株式交付の効力発生日などのことを定めなければならない（774条の3第1項）。

(2)　株式交付子会社の株式の譲渡・引受等

株式交付親会社は，株式交付子会社の株式の譲渡しの申込みをする者に対し，①株式交付親会社の商号，②株式交付計画の内容，③そのほか法務省令（会社則179条の2）で定める事項を通知する（〔774条の4第1項〕。ただし，通知不要の場合も認められる〔会社則179条の3〕）。申込者は，株式交付の効力発生日までに，①申込者の氏名・名称および住所，②譲り渡そうとする株式交付子会社の株式の数を記載した書面を株式交付親会社に交付する（〔774条の4第2項〕。電磁的記録による提供も可能である〔同条3項〕）。株式交付親会社が申込者に対して行う通知・催告は，通常申込者の住所に宛てて発すれば足りるとされ，当該通知・催告は，その通知・催告が通常到達すべきであった時に到達したものとみなされる（同条6項・7項）。

株式交付親会社は，申込者の中から当該株式交付親会社が株式交付子会社の株式を譲り受ける者を定め，かつその者に割り当てる当該株式交付親会社が譲り受ける株式交付子会社の株式の数を定め，また効力発生日の前日までに，申込者に対し当該申込者から当該株式交付親会社が譲り受ける株式交付子会社の株式の数を通知する（774条の5第1項・第2項）。

ただし，前記の手続の流れは総数譲渡契約に適用しないとされる（774条の6）。

申込者は，株式交付親会社から通知を受けた株式交付子会社の株式の数についてその譲渡人になり，総数譲渡契約の譲渡者は，譲り渡すことを約した株式交付子会社の株式の数について譲渡人になる。株式譲渡人となった者は，効力発生日に所定の数の株式交付子会社の株式を株式交付親会社に給付する（774条の7）。もっとも，法的安定性の要請のため，株式交付子会社の株式の譲渡しの無効・取消しに対し，民法上の意思表示の関連規定は適用しないとされる（774条の8）。

株式交付親会社は，効力発生日に規定に基づいて給付を受けた株式交付子会社の株式・新株予約権等を譲り受ける（774条の11第1項）。また規定に基づいて給付をした株式交付子会社の株式の譲渡人は，効力発生日に所定の事項についての定めに従い，株式交付親会社の株式の株主となる（同条2項）。ただし，株式交付親会社は，効力発生日を変更することができ，変更後の効力発生日は，株式交付計画において定めた当初の効力発生日から３か月以内の日であるとされる（816条の９第１項・第２項）。

⑶ 株式交付計画等情報の事前開示等

株式交付の透明性を確保するために，株式交付親会社は，株式交付計画備置開始日（816条の２第２項）から株式交付の効力発生日後６か月を経過する日までの間，株式交付計画の内容その他法務省令（会社則213条の２）で定める事項を記載した（または記録した電磁的記録）をその本店に備え置くなどのことをして，株式交付に関する情報を事前に開示することが義務付けられている（816条の２第１項）。株式交付親会社の株主（場合によって債権者も含む）は，株式交付親会社に対して，その営業時間内にいつでも株式交付計画等の閲覧等を請求することができる（同条３項，会社則213条の３）。

⑷ 株式交付計画の承認等

株式交付親会社は，効力発生日の前日までに，株主総会の特別決議によって株式交付計画の承認を受けなければならない（816条の３第１項・309条２項12号）。その際に，株式交付親会社が株式交付子会社の株式および新株予約権等の譲渡人に対して交付する金銭等（株式交付親会社の株式等を除く）の帳簿価額が株式交付親会社の譲り受ける株式交付子会社の株式および新株予約権等の額として法務省令（会社則213条の４）で定める額を超えるのであれば，取締役は，その旨を説明する義務を負う（816条の３第２項）。

⑸ 簡易手続

株式交付子会社の株式・新株予約権等の譲渡人に対して①交付する株式交付親会社の株式の数に１株当たりの純資産額を乗じて得た額，②交付する株式交付親会社の社債・新株予約権・新株予約権付社債の帳簿価額の合計額，ならびに③交付する株式交付親会社の株式等以外の財産の帳簿価額の合計額の総額が株式交付親会社の純資産額として法務省令（会社則213条の５）で定める方法により算定される額の５分の１（株式交付親会社の定款の定めによる割合の低減が可能である）を超えない場合には，株式交付親会社（非公開会社の株式交付親会社等の場合を除く）の株主総会の特別決議を要しないとされる（816条の４第１項）。

しかし，法務省令（会社則213条の６）で定める数の株式（株主総会において議決権を行使することができるものに限る）を有する株主が所定の通知（816条の６第３項）・公告（同条４項）の日から２週間以内に株式交付に反対する旨を株式交付親会社に対し通知した場合には，当該株式交付親会社は，効力発生日の前日までに，株主総会の特別決議によって，株式交付計画の承認を受けなければならない（816条の4第2項・309条2項12号）。

⑹　反対株主の株式買取請求

簡易手続の場合を除く株式交付をする通常の場合には，反対株主は，株式交付親会社に対して自己の有する株式を公正な価格で買い取ることを請求することができる（816条の6第1項）。株式交付の場合における反対株主の株式買取請求権行使の要件や手続については，会社法は，株式交換などの場合のそれとほぼ同様な規定を設けている（同条2項～9項・816条の7）。

⑺　会社債権者の保護手続

株式交付に際して株式交付子会社の株式・新株予約権等の譲渡人に対して交付されるのが株式のみであるならば，株式交付親会社の財産が変動することもない。しかし，株式の対価として株式以外の金銭等は認められるため，会社法は，株式交付親会社の債権者を保護するための債権者の異議申立制度を設けている（816条の8第1項，会社則213条の7）。その詳細については，株式交換などの場合のそれとほぼ同様である（816条の8第2項～5項。会社則213条の8）。

⑻　株式交付に関する書面等の事後開示

株式交換などの場合と同様に，会社法は，株式交付に関して作成された書面等を備え置き，株式交付親会社の株主・債権者の閲覧等に供することをも規定している（816条の10。会社則213条の9・213条の10）。

3　株式交付の差止請求

株式交換などの場合と同様に，株式交付親会社の株主には差止請求権が付与されている。すなわち，簡易手続の場合を除いて，株式交付が法令・定款に違反する場合に，株式交付親会社の株主が不利益を受けるおそれがあるときは，株式交付親会社の株主は，株式交付親会社に対し，株式交付をやめることを請求することができる（816条の5）。

4　株式交付の無効の訴え

株式交換などの場合と同様に，瑕疵のある株式交付を事後的に救済する手段として，株式交付の無効の訴えがある（828条1項13号）。株式交付無効の訴えは，その効力発生日から6か月以内に限り提起されなければならない（同号・同項柱書)。提訴権者は，株式交付の効力発生日において株式交付親会社の株主等（株主，取締役または清算人〔監査役設置会社では，株主，取締役，監査役または清算人，指名委員会等設置会社では，株主，取締役，執行役または清算人〕）であった者，株式交付に際して株式交付親会社に株式交付子会社の株式・新株予約権等を譲り渡した者または株式交付親会社の株主等，破産管財人・株式交付について承認をしなかった債権者であるとされる(828条2項13号・1号)。株式交付の無効の訴えの被告は，株式交付親会社であるとされる（834条12の2号)。

また，専属管轄・担保提供命令・弁論等の併合・原告が敗訴した場合に悪意または重過失があったときの損害賠償責任など，株式交付の無効の訴えについて適用される規定が置かれている（835条～837条・846条)。株式交付の無効の訴えを認容する確定判決の対世効（838条)，将来効（839条）について，株式交換などの場合と同様な規定が置かれているほか，株式交付の無効を認容する確定判決が出た後，株式交付親会社がすでに株式を交付した場合の取扱いについて規定も置かれている（844条の2)。

なお，株式交付無効の訴えの無効原因は，会社法が明文化しておらず，合併無効の訴えなどの場合と同様に，解釈に委ねられることになる。

【主要参考文献】

相澤 哲編著『一問一答 新・会社法〔第２版〕』（商事法務　2009年）
岩原紳作・神作裕之・藤田友敬編『会社法判例百選〔第３版〕』（有斐閣，2016年）（本書では，百選と略称する）
江頭憲治郎『株式会社法〔第７版〕』（有斐閣　2017年）
江頭憲治郎・森本滋編集代表『会社法コンメンタール』１～21巻，補巻（商事法務　2008年～）
江頭憲治郎・門口正人編集代表『会社法大系〔全４巻〕』（青林書院　2008年）
神作裕之・藤田友敬編『商法判例百選』（有斐閣　2019）（本書では，商法百選と略称する）
神田秀樹『会社法〔第23版〕』（弘文堂　2021年）
川村正幸・仮屋広郷・酒井太郎『詳説・会社法』（中央経済社　2016年）
近藤光男『最新株式会社法〔第９版〕』（中央経済社　2020年）
坂本三郎編著『一問一答・平成26年改正会社法〔第２版〕』（商事法務　2015年）
高橋英治『会社法概説〔第４版〕』（中央経済社　2020年）
竹林俊憲編著『一問一答・令和元年会社法改正』（商事法務　2020年）
浜田道代・岩原紳作『会社法の争点』（有斐閣　2009年）
三浦 治『基本テキスト会社法〔第２版〕』（中央経済社　2020年）
山本爲三郎『会社法の考え方〔第11版〕』（八千代出版　2020年）

事項索引

英数

あ行

か行

さ行

ま行

や行

ら行

わ行

判例索引

大審院・最高裁判所

高等裁判所

地方裁判所

〔著者紹介〕

周　劍龍（しゅう　けんりゅう）

獨協大学経済学部教授

1961年　中国湖南省生まれ

1986年　鹿児島大学法文学部卒業

1991年　一橋大学大学院法学研究科博士課程単位取得

1991年　一橋大学法学部助手，1993年青森公立大学経営経済学部専任講師，1997年同大学助教授，2001年獨協大学法学部助教授，2004年同大学法科大学院教授を経て，2017年より現職

1993年　一橋大学より博士（法学）号授与

1997年8月～1998年３月　アメリカ，ペンシルベニア大学ロースクール客員研究員

主要著作

『株主代表訴訟制度論』（信山社　1996年）

『中国における会社・証券取引法制の形成』（中央経済社　2005年）

『要説中国法』（共著、東京大学出版会　2017年）

『ワンステップ会社法』（共著、嵯峨野書院　2019年）

現代株式会社法講義

2021年３月31日　第１版第１刷発行

著　者　周　劍　龍

発行者　山　本　継

発行所　㈱　中　央　経　済　社

発売元　㈱中央経済グループパブリッシング

〒101-0051　東京都千代田区神田神保町1-31-2

電話　03（3293）3371（編集代表）

03（3293）3381（営業代表）

https://www.chuokeizai.co.jp

印刷／三　英　印　刷　㈱

製本／誠　製　本　㈱

ISBN978-4-502-37671-9　C3032